KB018144

교과세특
탐구주제바이블
교육계열편

CampusMentor 캠퍼스멘토 × 모야 Make Objects You Ask

저자 소개

한승배
양평전자과학고등학교 진로전담교사 재직중

- '10대를 위한 직업백과', '미리 알아보는 미래 유망직업', '학과바이블', '홀랜드 유형별 유망 직업 사전' 등 단행본 다수 집필
- '2009·2015 개정 교육과정 중학교 및 고등학교 진로와 직업' 교과서 집필, '드림온 스토리텔링' 및 '원하는 진로를 잡아라' 보드게임 개발

강서희
안양여자상업고등학교 진로전담교사 재직중

- '홀랜드 유형별 유망 직업 사전', '페이스메이커', '미디어 활용 진로 탐색 워크북' 집필
- '원하는 진로를 잡아라' 및 '드림온 스토리텔링' 보드게임 개발, 고등학교 '진로와 직업' 2015 개정 교육과정 인정도서 심의위원

근장현
대지중학교 진로전담교사 재직중

- '대한민국 미래교육 콘서트' 집필
- 경기도교육청 정책실행연구회 회장, 경기도 진로진학상담교사협의회 부회장, 네이버 지식인 학교생활 컨설턴트, 중학교 '진로와 직업' 2015 개정 교육과정 인정도서 심의위원

김강석
숭신여자고등학교 진로전담교사 재직중

- '학과바이블', '나만의 진로 가이드북', '진로 포트폴리오 하이라이트(고등학교)' 등 단행본 및 교과서 다수 집필
- 경기도 진로진학상담교사협의회 부회장, 2009·2015 개정 교육과정 및 성취기준 연구, 방송통신중 교육 콘텐츠 개발 참여

김미영
수지고등학교 화학과 교사 재직중

- '2015 개정 교육과정 화학 교과 STEAM' 자료개발 및 교사 연수 강사, '블렌디드 러닝 화학교과' 성장 중심 자료개발 참여
- 경기도 화학교육연구회 및 경기도 신과수교육연구회 연구위원, 교과 연계 민주시민교육실천 교사연구회 연구위원, 중등 1급 정교사 자격연수(화학) 멘토링

김수영
죽전고등학교 수학과 교사 재직중

- 경기도 수업비평교육연구회 및 경기도 수학교육연구회 연구위원

김준희
죽전고등학교 진로전담교사 재직중

- '경기도 진로교육생태계' 집필
- 교육부 네이버지식iN 학교생활컨설턴트, 경기도 진로교육 실천사례 연구대회 심사위원, 고등학교 '진로와 직업' 2015 개정 교육과정 인정도서 심의위원

김호범
호원중학교 수석교사 재직중

- '전통교육에 기초한 단비교육', '2030년에 삶이 살아 숨 쉬는 수학수업', '단비 수학선생님' 집필
- 전 자카르타한국국제학교 교감

노동기
상현고등학교 체육과 교사 재직중

- '체대입시 따라잡기 정시전략편', '체대입시 따라잡기 수시전략편' 집필
- 내일교육 '체대입시 칼럼' 기고

배수연
늘푸른고등학교 지리과 교사 재직중

- 전국연합출제위원, 도단위 NTTP 교과연구회 연구위원
- 경기혁신교육모니터단

신경섭

수일고등학교 진로전담교사 재직중

- 경희대학교 입학사정관 교사위원, 안산교육청 진로진학지원단
- 전국연합학력 출제위원, 고입검정고시 출제위원, 고입자기주도학습 전형위원

안병무

여강중학교 진로전담교사 재직중

- '우리는 체인지메이커' 집필
- 고등학교 '진로와 직업' 2015 개정 교육과정 인정도서 심의위원, 경기중등진로진학상담교육 연구회 분과장, 학생 진로교육 사이버 인증 시스템 개발위원, 정부 부처 연계진로체험 사업 자문위원, APEC 국제교육협력단 파견(AIV)

위정의

충현중학교 진로전담교사 재직중

- '교과 연계 독서토론 워크북', '두근두근 미래직업체험 워크북' 집필
- 경기도교육청 독서교육 지원단, 경기도교육청 자격연수 논술평가 출제 및 검토위원, 중등 1급 정교사 국어과 자격연수 강사, 경기도중등진로교육연구회 연구위원

유현종

성남외국어고등학교 영어과 교사 재직중

- '심화영어I' 집필, '심화영어회화I' 검토
- 중·고등학생 영어듣기평가 검토위원, 경기도 전국연합학력평가 문항검토위원, 2012년 경기도교육청 인정도서심의회 심의위원, 2015 개정 교육과정 영어과 교육과정 보고서, 경기도교육청 외고·국제고 교육과정운영 지원단

이남설

수원외국어고등학교 진로전담교사 재직중

- '진로 포트폴리오 하이라이트(고등학교)' 집필, '교과세특 및 진로기반 학생부 프로그램' 개발
- 고3 전국연합학력평가 출제 및 검토위원, 주요 대학 교사 자문위원

이남순

동백고등학교 진로전담교사 재직중

- '기업가정신으로 플레이하자', '꿈틀꿈틀 기업가정신 워크북', '서술형평가 ROADVIEW', '고3 담임 매뉴얼' 집필
- 경기도중등진로교육연구회 연구위원, 경기도중국어교육연구회 연구위원, 전국연합학력평가 출제위원, 경기도진학지도지원단, 대교협 대표강사

최미경

서현고등학교 윤리과 교사 재직중

- 2020 전국현장교육연구대회 1등급 수상
- 단국대학교 논술고사 검토위원, 학교생활기록부 컨설팅 지원단

하희

구리여자중학교 진로전담교사 재직중

- '학과바이블', '나만의 진로가이드북', '진로 포트폴리오 스포트라이트(중학교)', '두근두근 미래직업 체험 워크북', '똑똑 기업가정신', '블랜디드 수업에 기업가 정신을 담다' 집필
- 경기도 진로교육연구회 연구위원

서문

대학입학제도 개편방안과 대입공정성 강화방안, 그리고 2023 서울대학교 입시 예고안이 발표되었습니다. 이에 따르면 교과 활동 중 과목별 세부능력 및 특기사항(교과세특)에 기록된 내용이 학생부종합전형의 평가에서 가장 중요한 영역이 될 것으로 보입니다. 따라서 수업과정 중의 활동이나, 연계된 다양한 활동은 대학에서 가장 중요하게 평가하는 요소로 자리매김할 것입니다. 바로 여기에 탐구주제 활동의 중요성이 있습니다. 교과 수업과 관련하여 자신이 더 알고 싶거나 궁금한 탐구주제에 대해 자기주도적인 연구 활동이나 발표, 보고서, 토론 활동 내용들이 과목별 세부능력 및 특기사항란에 기록되기 때문입니다.

이 책에는 그 중요성이 더욱 커지고 있는 교과세특의 필수 요소인 탐구 주제에 관한 모든 것을 담았습니다.

하지만 자신의 전공분야에 대해 호기심을 가지고 교과별, 전공별 탐구 주제를 선정하는 것은 매우 힘든 부분입니다. 어렵게 탐구 주제를 선택하였다고 할지라도 주제가 너무 쉽거나 흔하다든지 또는 고등학교 수준에서 접근하기 어려운 주제라 이를 탐구하는 과정에 너무 많은 시간과 에너지를 소비하게 되는 문제가 발생합니다.

이 책에는 학생들이 가장 어려워하는 탐구주제 선정 문제 해결을 위해 다양하고 구체적인 내용의 탐구 주제를 담았습니다. 먼저, 대학의 학과를 7개 계열(인문계열, 사회계열, 자연계열, 공학계열, 의학계열, 예체능계열, 교육계열) 등으로 나누고, 2015 개정 고등학교 교육과정의 핵심 과목인 '국어과, 사회과, 도덕과, 수학과, 과학과, 영어과' 등의 일반 선택과목과 진로선택 과목을 선정하였습니다. 그리고 제시된 모든 교과에서 성취기준을 분석하여 7개 계열과 계열별 대표학과에 적합한 탐구 주제를 제시하고 있습니다. 이 책에 제시된 다양한 교과별 탐구 주제를 참고하여, 학생들 스스로 더욱 확장되거나 심화된 주제를 찾아서 연구해 본다면 더욱 좋을 것입니다. 평소에 무심코 지나쳤던 것들에 대해 관심과 의문을 가지고 주제를 찾아보고, 탐구를 통해 질문의 답을 찾아가는 과정은 대학에서 요구하는 가장 중요한 핵심 역량이기도 합니다.

입시 정책은 항상 변화합니다. 변화에 주저하고, 혼란스러워하면 자신에게 주어진 시간을 낭비하는 것입니다. 상황을 분명하게 인식하고 정확한 내용을 파악하여 발 빠르게 대처한다면 누구나 좋은 결과를 얻을 수 있습니다. 이 책에 제시된 탐구할 주제들은 예시 자료입니다. 학생 개개인의 적성과 진로, 흥미를 고려하여 자신에게 적합한 주제를 정해서 열심히 탐구한다면 여러분에게 많은 도움이 될 것입니다. 지금 이 시간에도 자신의 진로를 찾기 위해 열심히 노력하고 있을 대한민국의 모든 고등학생들을 진심으로 응원합니다.

이 책의 활용상 유의점

1.
이 책은 2015 개정 고등학교 교육과정 보통교과군(국어/사회(도덕, 역사 포함)/영어/과학/수학)과 예체능 계열의 경우 보통교과군 외 예술체육 교과군(체육/음악/미술)의 일반 선택 및 진로 과목의 성취기준 분석을 바탕으로 약 4,000여개의 탐구 주제를 추출하였습니다.

2.
이 책은 교과별 구분 이외에 인문, 사회, 자연, 공학, 의약, 예체능, 교육 등 7개 계열과 해당 계열별 핵심 학과별로 구분하여 탐구 주제를 제시하였으므로 자신의 희망 진로에 맞는 탐구 주제를 활용할 수 있습니다.

3.
학생들은 교과의 단원, 성취기준을 학습하는데 발생하는 호기심을 기반으로 심화된 내용에 대해 탐구하고자 하는 주제를 선택하고 자신의 희망 전공에 맞게 내용을 응용 및 재구성, 심화하여 사용하는 것을 권장합니다.

4.
자신의 진로 분야에 맞는 내용만 활용하기 보다는 다른 분야의 같은 단원, 성취기준 내용의 탐구 주제 내용을 참고하여 2~3개의 주제를 통합하여 주제를 선정하는 것을 권장합니다.

5.
같은 주제라고 할지라도 접근하는 방법 및 과정에 따라, 그리고 결과물을 통해 배우고 느낀점에 따라 학교생활기록부의 교과별 세부능력특기사항에 입력되는 내용이 달라질 수 있습니다. 그러므로 탐구 결과뿐만 아니라 과정에 대한 구체적인 기록이 필요합니다.

6.
이 책에서 제시한 탐구 주제는 하나의 예시 자료이며, 해당학과의 탐구 주제를 대변하는 절대적인 주제가 아니므로 학생들은 학교& 학생의 상황 및 시대적인 이슈에 맞게 주제를 융통성 있게 변형하여 사용하는 것을 추천합니다.

이 책의 구성

교과군

상단의 타이틀을 통해 교과군의 이름을 확인할 수 있습니다.
보통 교과군(국어과·사회과·수학과·과학과·영괴)으로 구성되어 있습니다.

세부 과목명과 핵심 키워드

교과군 내 세부과목과 해당 과목 탐구주제의 핵심 키워드를 미리 살펴봅니다. 그리고 체크박스를 활용하여 관련 키워드를 알고 있는지 여부를 체크해볼 수 있습니다.

영역과 성취기준

영역은 해당 과목의 단원에 해당합니다. 각 영역별 성취기준을 정리하였으며, 성취기준을 기반으로 폭넓게 생각해볼 수 있는 탐구주제를 제시하였습니다.

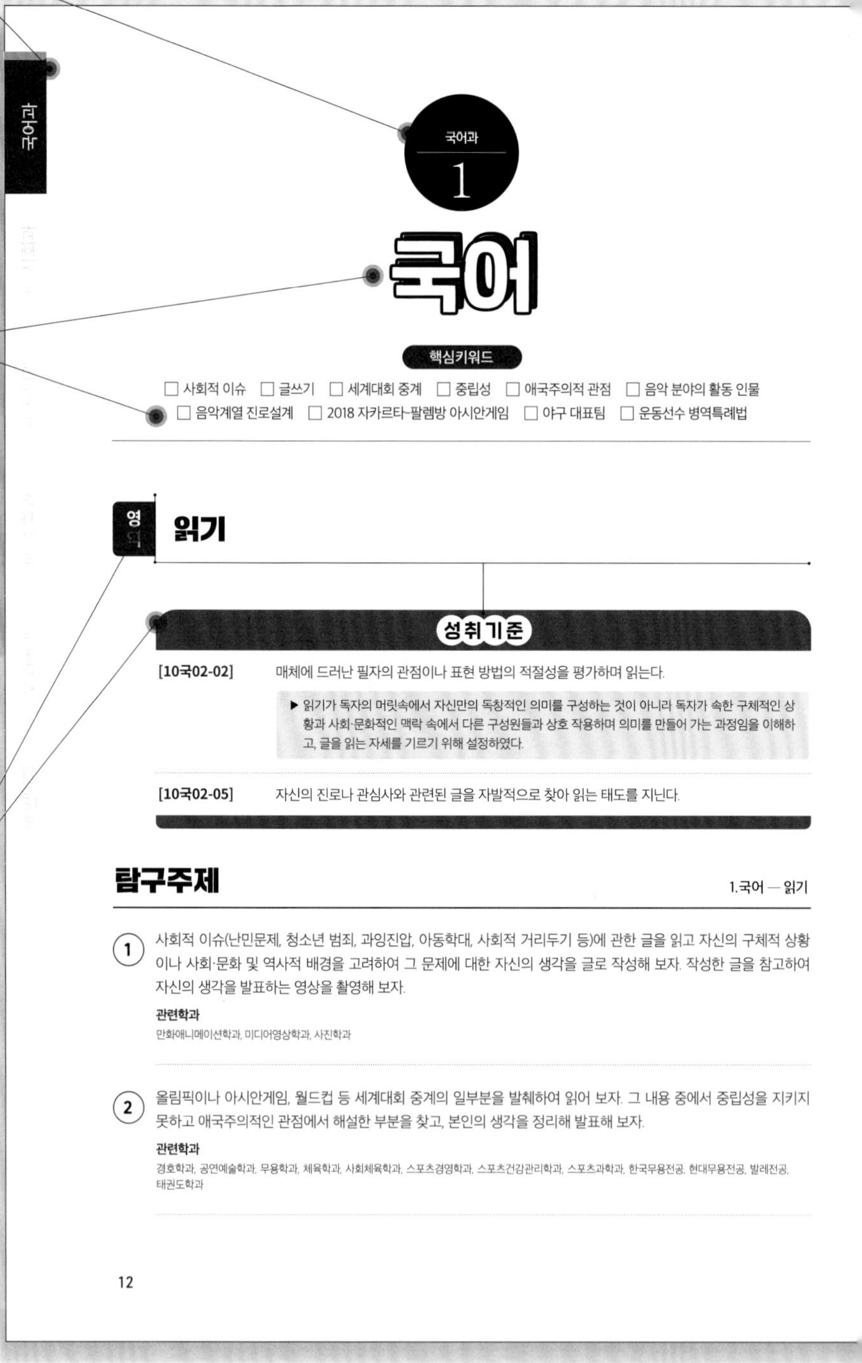

국어과

국어과 1

국어

핵심키워드

☐ 사회적 이슈 ☐ 글쓰기 ☐ 세계대회 중계 ☐ 중립성 ☐ 애국주의적 관점 ☐ 음악 분야의 활동 인물 ☐ 음악계열 진로설계 ☐ 2018 자카르타-팔렘방 아시안게임 ☐ 야구 대표팀 ☐ 운동선수 병역특례법

영역 읽기

성취기준

[10국02-02] 매체에 드러난 필자의 관점이나 표현 방법의 적절성을 평가하며 읽는다.

▶ 읽기가 독자의 머릿속에서 자신만의 독창적인 의미를 구성하는 것이 아니라 독자가 속한 구체적인 상황과 사회·문화적인 맥락 속에서 다른 구성원들과 상호 작용하며 의미를 만들어 가는 과정임을 이해하고, 글을 읽는 자세를 기르기 위해 설정하였다.

[10국02-05] 자신의 진로나 관심사와 관련된 글을 자발적으로 찾아 읽는 태도를 지닌다.

탐구주제 1.국어 — 읽기

① 사회적 이슈(난민문제, 청소년 범죄, 과잉진압, 아동학대, 사회적 거리두기 등)에 관한 글을 읽고 자신의 구체적 상황이나 사회·문화 및 역사적 배경을 고려하여 그 문제에 대한 자신의 생각을 글로 작성해 보자. 작성한 글을 참고하여 자신의 생각을 발표하는 영상을 촬영해 보자.

관련학과

만화애니메이션학과, 미디어영상학과, 사진학과

② 올림픽이나 아시안게임, 월드컵 등 세계대회 중계의 일부분을 발췌하여 읽어 보자. 그 내용 중에서 중립성을 지키지 못하고 애국주의적인 관점에서 해설한 부분을 찾고, 본인의 생각을 정리해 발표해 보자.

관련학과

경호학과, 공연예술학과, 무용학과, 체육학과, 사회체육학과, 스포츠경영학과, 스포츠건강관리학과, 스포츠과학과, 한국무용전공, 현대무용전공, 발레전공, 태권도학과

12

탐구주제

1.국어 — 읽기

③ 음악 분야(작곡가, 뮤지컬가수, 음악감독, 지휘자, 무대행사 음악기획자, 피아니스트 등)에서 활동하는 인물의 인터뷰를 읽어보거나 영상을 시청해 보자. 그리고 관련 분야의 진로를 준비하려면 필요한 것이 무엇인지 조사하여 토론해 보자.

관련학과

국악과, 기악과, 만화애니메이션학과, 미디어영상학과, 성악과, 실용음악과, 음악학과, 작곡과

영역 쓰기

성취기준

[10국03-01] 쓰기는 의미를 구성하여 소통하는 사회적 상호 작용임을 이해하고 글을 쓴다.

▶ 쓰기가 의미를 구성하는 과정이라는 점과 구성한 의미를 독자와 소통하는 사회적 상호 작용이라는 점을 이해하고 글을 쓰는 자세를 기르기 위해 설정하였다. 필자는 쓰기 맥락을 고려하는 가운데 자신이 가지고 있는 배경지식과 다양한 자료에서 얻은 내용을 과정에 따라 종합하고 조직하고 표현하면서 의미를 구성한다.

탐구주제

1.국어 — 쓰기

① 지난 2018 자카르타-팔렘방 아시안게임 야구 국가대표팀의 선발과정이 논란에 휩싸였었다. 관련 기사를 찾아서 읽어 본 후 우리나라 운동선수와 관련된 병역특례법을 이해하고 문제점과 해결 방안에 대한 본인의 생각을 정리하여 발표해 보자.

관련학과

경호학과, 체육학과, 사회체육학과, 생활체육학과, 스포츠경영학과, 스포츠건강관리학과, 스포츠과학과, 태권도학과

활용 자료의 유의점

- (!) 본인의 생각을 표현할 수 있는 일러스트레이션이나 영상을 제작
- (!) 본인이 관심 있는 인물의 인터뷰나 영상을 수업 전에 조사해오는 것을 권장
- (!) 평소에 관심을 가지고 있거나 체육수업시간에 했던 스포츠 종목을 바탕으로 소재 탐색

MEMO

교과세특탐구주제 바이블 교육계열편 13

탐구주제와 관련학과

교과세특 탐구주제와 함께 관련학과를 제시함으로써, 학생들이 자신의 희망 전공과 관련한 탐구주제인지 확인할 수 있도록 돕습니다.

활용 자료의 유의점

해당 과목의 탐구주제 활용 시에 참고해야 할 점을 제시하였습니다.

MEMO

탐구주제와 관련된 내용을 메모란에 자유롭게 적어보세요.

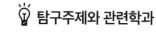

교과세특 탐구주제바이블 교육계열편

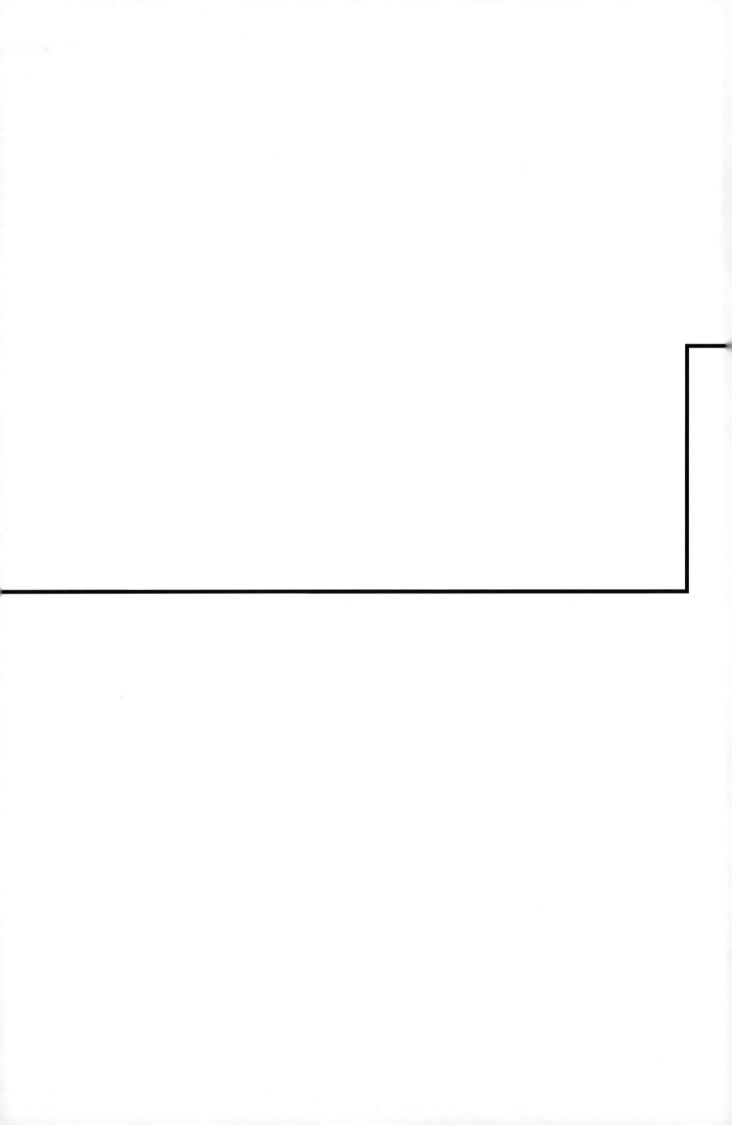

교육계열편

국어과 교과과정

국어과 1

국어

핵심키워드

□ 반려동물 보유세 □ 코로나19 □ 재난 대응 □ 담화 □ 관습 □ 급식실 □ 유전자가위 □ 생명 윤리
□ 사회적 소통 반응 □ 웹 콘텐츠 □ 사회적 가치관 □ 음운변동 현상 □ 한국어 어문 규범
□ 대중가요 □ 정선 아리랑 □ 상호 텍스트성

영역 듣기·말하기

성취기준

[10국01-03] 논제에 따라 쟁점별로 논증을 구성하여 토론에 참여한다.

▶ 정책 논제의 필수 쟁점별로 논증을 구성하여 입론 단계를 수행하는 데 중점을 두도록 한다. 정책 논제의 필수 쟁점으로는 문제의 심각성, 제시된 방안의 문제 해결 가능성 및 실행 가능성, 방안의 실행에 따른 효과 및 개선 이익 등을 들 수 있다.

[10국01-04] 협상에서 서로 만족할 만한 대안을 탐색하여 의사 결정을 한다.

▶ 협상은 시작 단계, 조정 단계, 해결 단계로 전개된다. 시작 단계에서는 갈등의 원인을 분석하고 문제를 해결할 수 있는 가능성이 있는지 확인한다. 조정 단계에서는 문제를 확인하여 상대의 처지와 관점을 이해하며 구체적인 제안이나 대안에 대하여 상호 검토하는 과정을 통해 서로 견해 차이를 좁혀 나간다. 해결 단계에서는 최선의 해결책을 제시하여 타협과 조정을 통해 문제를 해결하고 합의한다. 협상의 개념과 절차를 이해하고 적용하여 협상을 실행함으로써 양측이 모두 만족할 만한 결과를 이끌어 내는 경험을 해 보는 데 중점을 둔다.

[10국01-06] 언어 공동체의 담화 관습을 성찰하고 바람직한 의사소통 문화 발전에 이바지하는 태도를 지닌다.

▶ 언어 공동체가 관습적으로 사용하는 표현에 대하여 성찰하도록 할 때에는 고전이나 속담, 각종 매체에 반영된 담화 자료, 자신이 직접 참여한 담화 자료 등을 비판적으로 살피고 의견을 나누어 보도록 한다.

탐구주제

1 토론에서 '쟁점'이란 찬반 양측이 각자 찬성하는 입장과 반대하는 입장에서 서로 치열하게 맞대결하는 세부 주장이며, '필수 쟁점'은 논제와 관련해 반드시 짚어야 할 쟁점을 말한다. 농림축산부가 '2020~2024년 동물복지 종합 계획'에서 반려동물 보유세 시행에 대해 발표하면서 '반려동물 보유세, 도입해야 할까요?'라는 문제가 쟁점으로 대두되었다. 이를 정책 논제로 찬성과 반대 양측의 필수 쟁점 요소들을 추출하여 입론-반론-재반론-최종변론의 절차에 따라 문제 해결의 가능성과 방안에 중점을 두고 토론해 보자.

관련학과

교육학과, 초등교육과, 국어교육과, 영어교육과, 언어교육과, 윤리교육과, 사회교육과

2 코로나19(COVID-19)의 확산에 따른 정부의 경기부양 재정 정책으로 '1차 긴급재난지원금'이 2020년 상반기에 보편적(무차별 방식)으로 지급되었다. 그리고 '2차 긴급재난지원금'은 선별적(차별 방식)인 적용 기준에 따라 대상과 금액을 정하여 지급하는 보완책을 마련하였다. 이러한 정부 재정 정책의 근거 및 실효성에 관한 자료를 찾아 검토하고 향후 국가 재난 발생 시 대응을 위한 정부의 경제 정책에 대해 자신의 의견을 제시해 보자.

관련학과

교육학과, 초등교육과, 국어교육과, 영어교육과, 언어교육과, 윤리교육과, 사회교육과

3 '부탁'이나 '건의'처럼 상대방이 부담을 가질 수 있는 상황이나 '사과'처럼 상대방의 기분을 살펴야 하는 담화 상황을 선정하고 언어 공동체별로 영미권, 유럽권 등과 우리나라의 담화 관습을 비교하여 분석해 보자. 이때, 각 공동체가 관습적으로 사용하는 언어적·비언어적 표현에 대하여 구체적으로 예를 들며 성찰해 보자.

관련학과

교육학과, 초등교육과, 국어교육과, 영어교육과, 언어교육과

4 대부분의 학교는 점심시간에 한정된 급식실 공간을 활용하기 위해 학년별로 순서를 정하여 급식을 진행하고 있다. 이때 '학년별 급식 순서 정하기'를 안건으로 각 학년의 학생 대표가 되어 협상을 진행해 보자. 이를 위해 협상의 시작 단계, 조정 단계, 해결 단계에서 어떠한 전략을 사용할 것인지 미리 계획을 수립하고 타협과 조정의 범위를 예상하여 모두 만족할 만한 결과를 도출해 보자. 그리고 그 효과와 개선점에 대한 소감을 작성하여 발표해 보자.

관련학과

교육학과, 초등교육과, 국어교육과, 영어교육과, 언어교육과, 윤리교육과, 사회교육과

5 2020 노벨 화학상에는 프랑스의 '에마누엘 샤르팡티에', 독일의 '막스 플랑크', 미국의 '제니퍼 두드나'가 선정되었다. 이들은 "유전자를 원하는 대로 편집할 수 있는 첨단 생물학 기술인 '크리스퍼 캐스9(CRISPR/Cas9) 유전자가위'를 개발해 생명과학 분야의 발전과 난치성 유전질환을 정복할 수 있는 바탕을 마련했다"라는 노벨 위원회의 평가를 받았다. 그러나 이러한 유전자가위 기술은 인간의 치료나 해충의 박멸, 미래 식량의 확보 등과 같은 목적을 넘어설 경우 '다음 세대를 맞춤형으로 디자인해도 되는가?'에 대한 윤리적인 쟁점을 불러일으킬 수 있다. 실제로 2018년 11월에 중국에서 에이즈에 걸리지 않도록 디자인된 쌍둥이가 태어나게 되자 이러한 논쟁은 더욱 커지고 있다. 이러한 '유전자가위' 기술을 통한 '맞춤형 아기'의 탄생에 대한 자신의 입장을 선택하여 토론해 보자.

관련학과

교육학과, 초등교육과, 국어교육과, 영어교육과, 언어교육과, 윤리교육과, 과학교육과

영역 **읽기**

성취기준

[10국02-01] 읽기는 서로 영향을 주고받으며 소통하는 사회적 상호 작용임을 이해하고 글을 읽는다.

▶ 사회적 이슈에 관한 글을 읽고 자신의 구체적 상황이나 사회·문화 및 역사적 배경을 고려하여 그 문제에 대한 자신의 생각을 형성하고, 이를 타인과 공유하거나, 나아가 여론을 형성하기도 한다.

[10국02-03] 삶의 문제에 대한 해결 방안이나 필자의 생각에 대한 내안을 찾으며 읽는다.

▶ 독서를 통해 삶의 문제를 해결할 수 있는 실마리를 발견하거나 문제를 해결할 수 있는 직관과 깨달음을 얻는 경우가 많다. 또한 글을 읽으면서 필자의 생각이나 주장을 비판하고, 이를 보완하거나 대체할 수 있는 창의적인 방안을 발견하기도 한다.

[10국02-05] 자신의 진로나 관심사와 관련된 글을 자발적으로 찾아 읽는 태도를 지닌다.

탐구주제

1 최근 사회적으로 논쟁거리가 된 사건이나 중요한 사회 현상 또는 심각한 현안에 대해 언론사별로 어떤 관점과 태도를 취하고 있으며, 어떤 용어를 사용하여 다르게 해석하고 보도하는지 비교해 보자. 그리고 각 보도에 달린 댓글에서 사회적 소통 반응이 어떻게 표출되는지 분석하여 언론 보도의 표현과 관점의 적절성에 대해 비판적인 관점에서 비평해 보자.

관련학과

교육학과, 초등교육과, 국어교육과, 영어교육과, 언어교육과, 윤리교육과, 사회교육과

2 진로 희망 분야가 비슷한 친구들끼리 '꿈 공동체'를 조직하여 상호 간 멘토링과 정보공유 활동을 해 보자. 진로·진학 관련 정보 습득을 위해 가장 많이 참고하는 온라인 플랫폼과 다양한 콘텐츠를 공유하고 중요한 내용을 교류해 보자. 이처럼 서로 가르치고 배우며 성장하는 '교학상장(敎學相長)'의 자세를 통해 진로 역량을 효율적으로 개발할 수 있는 다양한 방법을 모색해 보자.

관련학과

전 교육계열

3 자신이 최근 가장 감명 깊게 읽은 책에 대해 서평을 작성하고, 친구들이 그 책을 읽고 싶도록 동기를 부여해주는 '북 트레일러(Book Trailer)' 활동을 해 보자. 영화가 개봉되기 전, 예고편 홍보 영상을 통해 사람들의 호기심과 관람 욕구를 불러 일으켜야 흥행이 되는 것처럼, 자신이 추천하고 싶은 책에 대한 예고편의 역할을 하는 '북 트레일러 영상'을 제작하여 친구들에게 공개하고 책을 통해 상호 소통하는 학교 풍토를 조성해 보자.

관련학과

교육학과, 초등교육과, 국어교육과, 영어교육과, 언어교육과, 사회교육과, 윤리교육과, 컴퓨터교육과, 예술교육과

탐구주제

④ 스마트폰, 태블릿 등 전자 미디어 기기의 보편화로, 필자의 생각과 의도를 알기 위해 규격화된 장문의 텍스트나 단순한 사진 자료에만 의존하던 방식에서 벗어나게 되었다. 누구라도 필자 또는 뉴스제작자가 되어 다양한 앱 콘텐츠('망고보드', '미리캔버스' 등 무료 제공 템플릿 활용)로 자유롭고 간결하게 뉴스나 정보지를 제작하는 것이 가능하다. 자신이 전달하고 싶은 주제 또는 정보를 5컷 내외의 카드뉴스로 제작하여 모바일 기기를 통해 쉽고 빠르게 읽을 수 있는 정보 전달 콘텐츠를 직접 생산해 보자.

관련학과

교육학과, 초등교육과, 국어교육과, 영어교육과, 언어교육과, 사회교육과, 윤리교육과, 컴퓨터교육과, 예술교육과

⑤ 자신이 읽었던 책 중에서 한 권을 선택한 후 저자 혹은 저자가 만들어낸 책 속의 주인공이 바라보는 '사회적 가치관', '인간관', '행동 양식' 등에 대해 비판적으로 접근하여 스토리를 재구성하고 장르를 각색한 작품을 만들어봄으로써 '저자에게 도전장 내기' 활동을 해 보자.

관련학과

교육학과, 초등교육과, 국어교육과, 영어교육과, 언어교육과, 윤리교육과, 사회교육과

영역 쓰기

성취기준

[10국03-01] 쓰기는 의미를 구성하여 소통하는 사회적 상호 작용임을 이해하고 글을 쓴다.

▶ 글을 쓰는 것은 그 글을 통해 맺어질 독자를 향해 대화를 시도하는 사회적 행위라고 할 수 있다. 여러 자료에서 얻은 내용을 종합하여 글을 썼던 경험, 자료에서 얻은 내용에 자신의 배경지식을 종합하여 글을 썼던 경험을 바탕으로 하여 쓰기가 의미 구성 과정이라는 점을 이해하도록 한다.

탐구주제

1.국어 — 쓰기

① 글을 써서 발표할 때 쓰는 본명 외의 이름을 '필명'이라고 한다. 앞으로 자신이 사용하고 싶은 필명을 지어 보자. 이를 위해 자연지물을 표현한 '한자식 호', 뜻과 소리가 예쁜 '순우리말', 경험이 살아있는 '인디언식 이름' 등 자신이 불리고 싶은 이름을 짓고 그 이름에 담긴 의미를 적어 발표해 보자.

관련학과

교육학과, 초등교육과, 국어교육과, 영어교육과, 언어교육과

② 소재가 같은 글이라도 주제, 목적, 독자, 매체에 따라 글의 내용이나 수준, 표현 형식이 달라져야 한다는 것을 이해하고, 각 상황별로 형식과 전략을 다르게 하여 글을 써보자. 예를 들어 독자 즉 대상에 따른 글쓰기 활동을 경험하기 위해 '인공지능 로봇과 인간의 관계 형성 시 고려할 점'을 주제로 글쓰기를 해 보자. 초등학생, 중·고등학생, 국회의원, 인공지능 로봇 기술개발자, 인공지능 로봇 사용자를 각각 독자로 가정하고 각 대상에게 자신의 의견을 피력하는 글을 작성한 후, 이를 비교하여 자신이 글을 쓸 때 각 대상별로 가장 고려한 점이 무엇인지 분석해 보자.

관련학과

교육학과, 초등교육과, 국어교육과, 영어교육과, 언어교육과

영역 문법

성취기준

[10국04-01] 국어가 변화하는 실체임을 이해하고 국어 생활을 한다.

▶ 구체적인 국어 자료를 통해 국어가 변화하는 실체임을 이해하고 한글 창제 후의 중세 국어 자료와 현대 국어 자료를 비교하며 국어의 역사성을 이해하는 데 중점을 두도록 한다.

[10국04-03] 문법 요소의 특성을 탐구하고 상황에 맞게 사용한나.

▶ 높임 표현, 시간 표현, 피동 표현, 인용 표현을 다루되, 문법 요소들의 형식적인 특성을 아는 것이 아니라 많이 사용되는 높임 표현과 번역 투로 잘못 사용되는 피동 표현 사례를 다루면서 실제 담화에서 활용하는 데 초점을 둔다.

[10국04-05] 국어를 사랑하고 국어 발전에 참여하는 태도를 지닌다.

▶ 고유어와 외래어 사용 문제, 가상 공간에서의 언어 사용 문제, 세계 속 한국어의 위상을 아는 것 등을 통해 한국어의 발전 방향을 다루어 보도록 한다.

탐구주제

1.국어 — 문법

① 본용언과 보조 용언으로 이루어진 서술어의 개념과 각 문법 요소의 활용법을 이해하고, 이를 바탕으로 본동사, 보조동사, 보조 형용사의 단어들을 포함한 각 예시문을 만들어 보자. 이를 통해 용언의 의미와 구조, 문법적 특징을 쉽게 이해할 수 있는 단어카드나 퀴즈, 보드게임 등 학습 자료를 제작해 보자.

관련학과

교육학과, 초등교육과, 국어교육과

② '밭이랑'에서의 '이랑'은 '밭을 갈아 골을 타서 두둑하게 흙을 쌓아 만든 곳'이라는 뜻의 명사이다. 반면에 '동생이랑 나랑'에 쓰인 '이랑'은 '어떤 행동을 함께하거나 상대로 하는 대상'임을 나타내는 조사로 표준 발음이 각각 다르다. 이처럼 같은 단어라도 품사에 따라 표준 발음이 달라지는 경우를 조사하여 발표해 보자.

관련학과

교육학과, 초등교육과, 국어교육과

③ 인터넷 신문 기사를 검색하여 한 편의 기사문에 음운변동 현상(비음화, 유음화, 된소리되기, 구개음화, 두음법칙, 모음탈락, 반모음 첨가, 거센소리되기)이 얼마나 적용되는지 찾아 보고, 각 해당 요소를 음운 규칙에 따라 분석해 보자. 이후 기사문을 틀린 발음으로 낭독한 영상과 표준 발음에 근거하여 바르게 낭독한 영상을 촬영하고, '잘못 읽은 부분 찾아 바꾸기' 학습콘텐츠를 만들어 친구들과 스터디 활동을 해 보자.

관련학과

교육학과, 초등교육과, 국어교육과

탐구주제

1.국어 — 문법

4 「서동요」, 「훈민정음언해」, 「용비어천가」, 「현풍곽씨언간」, 「노걸대언해」 등 자료를 찾아 고대, 중세, 근대의 국어사적 시대 구분에 따른 표기, 음운, 문법, 어휘 등의 변화 내용과 과정을 조사해 보자. 이처럼 국어에 반영된 역사와 전통에 대한 이해를 바탕으로 국어 변화 과정에서도 고유하게 유지되는 우리 민족의 언어 관습을 찾고 국어사에서 지니는 가치를 밝혀 보자.

관련학과

교육학과, 초등교육과, 국어교육과

5 국립국어원(www.korean.go.kr/)의 홈페이지 '한국어 어문 규범'에서는 '한글 맞춤법', '표준어 규정', '외래어 표기법', '국어의 로마자 표기법' 등 우리말 4대 어문 규범을 모아 한눈에 살펴보고 활용할 수 있도록 관련 자료들을 제공하고 있다. 이를 토대로 어문 규정의 세부 규정 중 특히 자신이 부족하다고 생각되거나 자주 혼동하며 오류가 잦은 영역 하나를 선택하여 분석한 후 쉬운 용례를 만들어 친구들 앞에서 발표해 보자.

관련학과

교육학과, 초등교육과, 국어교육과, 언어교육과

영역 문학

성취기준

[10국05-01] 문학 작품은 구성 요소들과 전체가 유기적 관계를 맺고 있는 구조물임을 이해하고 문학 활동을 한다.

[10국05-04] 문학의 수용과 생산 활동을 통해 다양한 사회·문화적 가치를 이해하고 평가한다.

▶ 작가의 생각을 그대로 받아들이기보다는 자신의 가치관에 따라 작품의 주제를 해석하고 평가하면서 수용하고, 자신이 상상하거나 경험한 것에 사회·문화적인 가치를 부여하여 자신의 관점이 잘 드러나게 작품을 생산하도록 한다.

[10국05-05] 주체적인 관점에서 작품을 해석하고 평가하며 문학을 생활화하는 태도를 지닌다.

▶ 작품을 수용할 때 단순히 타인의 평가를 따르거나 타당한 근거 없이 무조건 자신의 생각을 내세우기보다는 원인과 결과를 논리적으로 따져 보거나 다양한 사례와 비교하면서 작품에 반영된 가치를 주체적으로 해석하고 평가해 보도록 한다.

탐구주제

1.국어 — 문학

1 「한숨아 세 한숨아」는 한숨을 의인화하여 삶의 애환을 해학적으로 표현한 사설시조이다. 작품을 감상하고 이 시조가 전형적인 평시조와 형식, 내용, 소재 등에서 어떤 차이가 있는지 알아 보자. 그리고 사설시조의 등장 원인 및 배경을 1990년대에 우리나라 대중가요에서 랩이 등장한 배경과 상호 비교하며 분석해 보자.

관련학과

교육학과, 초등교육과, 국어교육과, 언어교육과, 사회교육과, 역사교육과

탐구주제

② 「정선 아리랑」은 4음보 연속체의 형태를 지닌 민요로써 선창의 부분은 계속 이어서 부를 수 있는 열린 구조를 나타낸다. 1, 2행의 선창 부분에 '수험생활의 애환'을 주제로 한 현대적인 가사를 추가하여 총 5연을 새로 창작한 후 후창과 연결하여 자신이 표현하고자 하는 감정을 담아 민요를 불러 보자.

관련학과

교육학과, 초등교육과, 국어교육과, 언어교육과, 예술교육과

③ '상호 텍스트성(Intertextuality)'이란 한 텍스트가 다른 텍스트와 맺고 있는 상호 관련성을 의미한다. 이는 프랑스의 기호학자 줄리아 크리스테바(Julia Kristeva, 1941~)가 1966년에 소련의 문학 이론가인 바흐찐(Mikhail Bakhtin)에 관한 한 논문에서 처음 사용하였다. 문학 작품의 '창작자'가 문학 이외의 나른 예술 작품과의 관계 맺음을 통해 연결된 상호 텍스트성의 사례에 어떤 것이 있는지 조사하여 발표해 보자.

관련학과

교육학과, 초등교육과, 국어교육과, 언어교육과, 예술교육과

④ 상호 텍스트성은 창작자뿐만 아니라 작품의 '수용자'도 가능하다. 즉 문학 작품을 다른 문학 작품과의 상호 텍스트적 관계에서 감상하는 것으로 새로운 의미를 무궁무진하게 재생산할 수 있다. 시의 형태면에서 유사점이 있는 김소월의 「산유화」와 최영미의 「선운사에서」에 나타난 화자의 상황과 정서를 비교해 보고, 이러한 형태상 특징이 주제를 드러내는데 어떤 역할을 하는지 상호 텍스트성의 맥락에서 이해하고 감상해 보자.

관련학과

교육학과, 초등교육과, 국어교육과, 언어교육과

⑤ 자신이 좋아하는 작가의 고향이나 중요한 장소, 혹은 인상 깊게 읽었던 작품에서 배경이 되었던 지역과 장소를 방문하여 실제 모티브가 된 장면을 친구들과 낭독, 장면 연출 사진찍기, 상황극 촬영 등으로 재현해 보자. 작가의 의도를 생동감 있게 파악할 수 있도록 가칭 '나의 문학 답사기'를 주제로 정하여 체험해 보고 기행문의 형식으로 발표해 보자.

관련학과

교육학과, 초등교육과, 국어교육과, 언어교육과, 예술교육과

⑥ 작자 미상의 「박씨전」과 박경리의 「시장과 전장」은 여성을 주인공으로 '서사의 관점'에서 전쟁의 의미를 탐구한 소설이다. 이 작품에 드러나는 '서사적 허구화 원리 및 의미'를 유추할 수 있는 내용을 발췌하여 탐구해 보자. 또한 유사한 다른 소설과도 비교·대조하며 감상과 이해의 폭을 확장해 보자.

관련학과

교육학과, 초등교육과, 국어교육과, 언어교육과, 예술교육과

활용 자료의 유의점

- (!) 다양한 쟁점을 구성할 수 있는 토론 활동을 직접 경험
- (!) 지역 사회 문제나 시사적인 쟁점에 관한 토론, 논설문, 인터넷 게시판이나 사회 관계망 서비스의 글 분석
- (!) 각자의 입장 및 요구의 차이에서 생긴 문제를 해결하기 위한 협상 과정의 실제적 모색
- (!) 다양한 매체에서 찾은 정보를 활용하여 개인적 관심사를 설명한 글
- (!) 국어와 한글의 특성을 잘 보여 주는 담화나 글의 선정 필요
- (!) 문학사적으로 주요한 위상을 가지며 학습자에게 감동을 줄 수 있는 한국 문학 작품 기준 탐색
- (!) 보편적인 정서와 다양한 경험이 잘 드러난 한국·외국 문학 작품의 선정 기준 마련

국어과

2

화법과 작문

핵심키워드

☐ 자아개념 ☐ 언어생활 수칙 ☐ 건의 사항 ☐ 칼포퍼식 토론 ☐ 토론의 방식 ☐ 구두 언어
☐ 온라인 저작 활동 ☐ 저작권 보호 ☐ 윤리적 관습 ☐ 사회 문제 해결 ☐ 기사문 ☐ 모방시

영역

화법과 작문의 본질

성취기준

[12화작01-02] 화법과 작문 활동이 자아 성장과 공동체 발전에 기여함을 이해한다.

▶ 개인과 개인 차원의 의사소통은 언어의 주고받음을 통해 화자와 청자 간, 필자와 독자 간에 의미, 가치, 태도, 믿음 등을 공유하는 과정이다. 의사소통과 자아 인식의 관계, 사회적 상호 작용으로서 화법과 작문의 역할을 이해하고 의사소통에 반영하는 것에 중점을 둔다.

탐구주제

2.화법과 작문 — 화법과 작문의 본질

① 수업 시간이나 평상시 자신이 쓴 글들을 수집하여 필자에 대해 유추할 수 있는 사적인 의견, 느낀 점 등이 들어간 부분이 있는지 찾아 보자. 그리고 다른 이들에게도 아무런 정보 없이 단지 글만을 보여 주고 글쓴이에 대해 유추해보도록 하여 자신의 글에서 어떤 자아의 모습이 드러나는지 성찰해 보자.

관련학과

교육학과, 초등교육과, 국어교육과, 언어교육과, 사회교육과, 윤리교육과

② 말과 글에는 '자아 개념'이 드러난다는 것을 이해하고 긍정적인 자아 개념을 형성하기 위한 노력으로 긍정적인 자기 표현, 일상생활에서의 진정성 있는 대화와 소통, 일기나 수필 쓰기 등의 활동을 해 보자. 이를 통해 다양한 관계 속에서 언어의 품격을 신장시키며 공동체 화합에 기여하기 위한 '슬기로운 언어생활 수칙'을 만들고, 이를 실천하는 공동 프로젝트를 계획해 보자.

관련학과

교육학과, 초등교육과, 국어교육과, 언어교육과, 사회교육과, 윤리교육과

탐구주제

2.화법과 작문 — 화법과 작문의 본질

③ 학교생활에서 직면하는 다양한 의사소통 상황 중 '건의하기'의 표현 방식이 필요한 사안이나 상황으로 어떤 것이 있을지 고민해 보자. 예를 들어 학교생활 중 '노후화된 체육활동 기구 교체', '급식 메뉴 및 배식 방법의 변경', '활동성이 떨어지는 교복 디자인의 수정', '학교의 휴게 공간 조성', '아침 자율 학습실 운영' 등 자신이 현재 중요한 문제로 인식하고 있는 것이 무엇인지 생각해 보자. 그리고 그것이 가치로운 것인지를 검토한 후 건의문 쓰기의 형식으로 공동체와의 상호 작용에 적극적으로 참여해 보자.

관련학과

교육학과, 초등교육과, 국어교육과, 언어교육과, 사회교육과, 윤리교육과

영역 화법의 원리

성취기준

[12화작02-03] 상대측 입론과 반론의 논리적 타당성에 대해 반대 신문하며 토론한다.

▶ 상대측 발언을 단순히 확인하는 수준에 머물지 않고 상대측 논증의 신뢰성, 타당성, 공정성을 비판적으로 검토하는 질의·응답으로 반대 신문 단계를 운영한다.

[12화작02-09] 상황에 맞는 언어적·준언어적·비언어적 표현 전략을 사용하여 말한다.

탐구주제

2.화법과 작문 — 화법의 원리

① '칼포퍼식 토론'은 철학자 칼포퍼의 이름을 따서 붙인 3:3 형태의 토론이다. 제1 토론자는 입안과 교차조사(묻고 답하기), 제2 토론자는 반박, 제3 토론자는 교차조사(묻고 답하기)와 반박으로 그 역할이 나누어져 있다. 코로나19 확산으로 인해 논란이 된 '9월 학기제 도입'을 주제로 정하고, 3인의 역할 중 자신이 가장 자신 있는 역할을 맡아 협업함으로써 성숙하고 실력 있는 토론을 진행해 보자.

관련학과

교육학과, 초등교육과, 국어교육과, 언어교육과, 윤리교육과, 사회교육과

② 다양한 토론의 방식 중 '교차조사'와 '교차 질의', '전원 교차 질의'의 차이점을 조사해 보자. 이러한 질의응답 방식 중에서 자신에게 최적화된 방식을 찾아 그에 맞는 토론의 형식과 논제를 정한 후 상대 팀에게 토론을 제안하여 직접 참여해 보자. 나아가 정기적인 토론 모임을 결성한 후 새로운 논제를 정하여 매번 다른 형태의 토론 방식으로 꾸준히 토론 실력을 키워 보자.

관련학과

교육학과, 초등교육과, 국어교육과, 언어교육과, 윤리교육과, 사회교육과

③ '문자 언어'와 '음성 언어'를 비교하고 문자 언어보다 음성 언어가 더 효과적인 경우의 예를 들어 설명해 보자. 또한 음성 언어 중 '반언어적 표현'과 '비언어적 표현'을 찾아보고, 자신이 다른 사람들과 담화하는 과정을 영상으로 녹화하여 담화 주체들의 표현법을 검토하고 개선점을 정리해 보자.

관련학과

교육학과, 초등교육과, 국어교육과, 언어교육과, 윤리교육과, 사회교육과

4 국내외 공직자의 연설, 대국민 담화, 사회적으로 영향력 있는 인물의 토론과 협상 수행 장면 등 동영상 자료를 찾아서 시청하고, 그들의 '공식적 말하기' 역량을 살펴보자. 공식적 상황에 적절한 언어적(반언어적, 비언어적) 표현을 찾아보고, 아쉬운 점이 무엇인지 발표해 보자.

관련학과

교육학과, 초등교육과, 국어교육과, 영어교육과, 언어교육과

영역 작문의 원리, 화법과 작문의 태도

성취기준

[12화작03-01] 가치 있는 정보를 선별하고 조직하여 정보를 전달하는 글을 쓴다.

▶ 정보의 가치를 판단하는 기준을 정하여 가치 있는 정보를 선별하고 이를 범주화하여 내용을 조직하면 독자가 글의 내용을 이해하고 기억하는 데 도움이 된다는 점을 이해하도록 한다.

[12화작03-03] 탐구 과제를 조사하여 절차와 결과가 잘 드러나게 보고하는 글을 쓴다.

[12화작03-05] 시사적인 현안이나 쟁점에 대해 자신의 관점을 수립하여 비평하는 글을 쓴다.

▶ 사회 현안이나 쟁점을 다양한 관점에서 충분히 분석한 후 자신의 관점을 정하고, 그 관점에 따라 의견이나 주장, 견해가 명료하게 드러나도록 글을 쓰고 자신이 선택하지 않은 관점의 단점이나 약점, 문제점을 근거를 들어 비판할 수 있다.

[12화작03-08] 대상에 대한 생각이나 느낌을 바탕으로 하여 정서를 진솔하게 표현하는 글을 쓴다.

▶ 경험에서 얻은 정서를 과장이나 왜곡 없이 진정성 있게 표현할 때 독자의 공감을 얻을 수 있음을 알도록 하고 이를 실제로 반영하여 글을 쓰는 데 중점을 둔다.

탐구주제

2.화법과 작문 — 작문의 원리, 화법과 작문의 태도

1 인터넷 통신 수단의 발달로 온라인 저작 활동이 사회에 끼치는 영향은 매우 커졌다. 이에 따라 진실한 글, 책임감 있는 글, 다른 사람에게 피해를 주지 않는 글을 쓰고, 자신이 작성한 글을 올바르게 공유하는 일은 매우 중요하다. 글을 남길 때는 실명을 밝히거나, 이를 대체할 수 있는 온라인 필명을 사용함으로써 자신의 저작물에 책임감 있는 태도를 보이고 저작권을 보호할 수 있는 장치를 마련해 보자. 자기만의 필명을 정하여 예술성을 가미한 타이포그래피(Typography) 방식으로 디자인한 뒤, 온라인에 글을 남길 때마다 이러한 디자인 필명을 반드시 표기하도록 '블로그(Blog) 정화 캠페인'을 실천해 보자.

관련학과

교육학과, 초등교육과, 국어교육과, 영어교육과, 언어교육과, 사회교육과, 윤리교육과, 컴퓨터교육과, 예술교육과

탐구주제

2 '보고서 글쓰기'에 요구되는 윤리적 관습을 반영하여 "~에 대한 학생 인식 조"의 제목으로 보고서를 작성해 보자. 조사 동기 및 목적, 조사 대상, 조사 기간, 조사 방법, 자신의 글과 출처의 명확한 구분, 보고서에 인용한 모든 참고 문헌의 출처 명시, 과장·축소·왜곡하지 않기 등 글쓰기 윤리를 준수하며 보고서를 작성하여 발표해 보자.

관련학과

교육학과, 초등교육과, 국어교육과, 언어교육과, 윤리교육과, 사회교육과

3 정보 전달 글쓰기 활동으로 사회 문제 해결을 목적으로 하는 '기사문'을 작성해 보자. 기사문 작성의 구성 요소와 유의 사항을 학습하고, 최근 일주일 동안의 주요 기사문을 검색하여 독자의 입장에서 읽고 필자의 의도와 정보 전략 기법을 파악해 보도록 한다. 이후 표제 및 부제, 전문, 본문의 형식으로 '우리 학교의 이색 활동'을 지역 사회에 소개하는 기사문을 직접 작성해 보자.

관련학과

교육학과, 초등교육과, 국어교육과, 언어교육과, 윤리교육과, 사회교육과

4 자신이 가장 좋아하는 시를 한 편 선택하여 시인과 시의 특징에 대해 분석하고, 자신이 그 시를 좋아하는 이유를 소개해 보자. 그리고 시의 형식과 표현 방식을 참고하여 자신만의 예술적 심상과 정서를 진정성 있게 표현한 '모방시'를 써서 낭독해 보자.

관련학과

교육학과, 초등교육과, 국어교육과, 영어교육과, 언어교육과

활용 자료의 유의점

- (!) 언어 공동체의 담화 관습과 작문 관습을 고려
- (!) 다양한 발표 영상을 자료로 활용한 발표와 듣는 사람을 고려한 내용을 구성하여 발표
- (!) 자신에게 필요한 화법과 작문 활동이 무엇인지 파악하고, 그에 따라 필요한 지식, 기능, 전략이 무엇인지 확인
- (!) 책, 사전, 신문, 방송, 인터넷 등 다양한 자료를 활용하여 풍부하고 정확한 정보를 수집 활용
- (!) 현안이나 쟁점에 대한 찬반양론 중 취사 선택보다는 다양한 관점에서 비판적으로 분석한 후 자신의 관점 수립
- (!) 일상생활에서의 경험이나 대중매체에 제시된 여러 의사소통 상황의 사례 적용

MEMO

국어과

3

독서

핵심키워드

☐ 주제 통합적 독서 ☐ 상호 텍스트성 ☐ 독서의 가치 ☐ 소설의 시점 ☐ 1인칭 관찰자 시점
☐ 인터넷 신문 ☐ 표제 ☐ 클릭베이트

영역

독서의 본질

성취기준

[12독서01-01] 독서의 목적이나 글의 가치 등을 고려하여 좋은 글을 선택하여 읽는다.

▶ 독서의 목적이 학업, 교양, 문제 해결, 여가, 타인과의 관계 유지 등으로 다양함을 알고 자신의 독서 목적을 분명히 인식하도록 한다.

[12독서01-02] 동일한 화제의 글이라도 서로 다른 관점과 형식으로 표현됨을 이해하고 다양한 글을 주제 통합적으로 읽는다.

▶ 단순히 여러 글을 비교·대조하는 수준에 머물지 않고, 서로 다른 관점과 형식의 글을 비판적으로 종합하여 자신만의 주제로 재구성하는 능력을 기를 수 있도록 한다.

탐구주제

3.독서 — 독서의 본질

1 '주제 통합적 독서'란 하나의 글에 대해서 내용과 형식 면에서 비슷하거나 혹은 다르게 쓴 두 개 이상의 글이 서로에 대해 가지는 관련성 즉 '상호 텍스트성'의 입장에서 주제 통합적으로 비판하여 읽는 것을 의미한다. 이러한 주제 통합적 독서를 하기에 적합한 책들을 주제별로 묶어 목록을 완성하고, 그렇게 그룹화한 이유를 발표해 보자.

관련학과

교육학과, 초등교육과, 국어교육과, 언어교육과

탐구주제

3.독서 — 독서의 본질

2 김수영의 시 「구름의 파수병」과 이강백의 희곡 「느낌, 극락 같은」을 읽고 다른 형식의 글도 상호 텍스트성의 관점에서 비교할 수 있는지 탐구해 보자. 먼저 두 글이 각각 말하고자 하는 주제가 무엇인지를 살펴보고, 이를 바탕으로 주제를 전달하기 위한 내용이나 형식이 어떻게 구성되어 있는지를 그림이나 표로 정리해 보자. 그리고 이 두 글이 가진 관련성을 보고서로 작성한 후 프레젠테이션해 보자.

관련학과

교육학과, 초등교육과, 국어교육과, 언어교육과

3 고전소설인 김시습의 「만복사저포기」를 읽고, 작자 미상의 고전 산문 「김현감호」와 작자 미상의 고전 시가 「갑민가」를 연결 지어 상호 텍스트적으로 문학 작품을 감상한 후 작품에 대해 분석 및 해석한 바를 감상문으로 작성해 보자.

관련학과

교육학과, 초등교육과, 국어교육과, 언어교육과

4 어려운 상황이나 심각한 고민이 있을 때 독서를 통해 해결의 실마리를 발견했거나, 문제나 고민의 근원적인 원인을 파악할 수 있는 직관과 깨달음, 용기, 위로 등을 얻은 경험이 있었는지 친구들과 공유하며 경청하는 활동을 해보자. 이를 통해 독서가 가진 힘과 가치를 살펴보면서 읽기·말하기·듣기·쓰기 활동을 융합하여 내면화에 이르는 과정에 대해 토의해 보자.

관련학과

교육학과, 초등교육과, 국어교육과, 영어교육과, 언어교육과, 윤리교육과, 사회교육과

영역 독서의 방법

성취기준

[12독서02-05] 글에서 자신과 사회의 문제를 해결하는 방법이나 필자의 생각에 대한 대안을 찾으며 창의적으로 읽는다.

▶ 글에서는 필자나 독자 개인에 관한 문제뿐 아니라 사회적인 문제도 다루어지며, 이에 대한 필자의 관점이나 해결 방안이 제시되어 있음을 이해한다. 이러한 내용을 단순히 수용하는 것이 아니라, 여러 글에 나타난 주제, 관점 등에 대하여 새로운 측면에서 비판적으로 접근해 봄으로써 자신만의 독창적인 생각을 구성해 본다.

탐구주제

3.독서 — 독서의 방법

1 소설에서 시점이란 이야기를 끌고 가는 서술자가 소설의 중심인 사건을 보는 시각을 의미한다. 윤홍길의 「장마」는 어린 소년인 '나'의 눈에 비친 세상을 그린 성장소설이다. '소설의 시점'에 따른 각 특징을 조사하고, 「장마」에서 서술자를 1인칭 관찰자 시점으로 전개한 작가의 의도와 효과에 대해 자신이 분석한 결과를 글로 작성하여 발표해 보자.

관련학과

교육학과, 초등교육과, 국어교육과

탐구주제

2 인터넷 신문 기사들의 '표제(Headline)' 및 '부제'와 보도자료의 첫 문단인 '리드문'만 보고 어떤 내용을, 어떤 관점에서 보도했을지 추측하여 기사의 내용을 적어보자. 자신이 추측하여 적은 내용과 실제 기사 내용이 거의 일치한 경우와 전혀 다른 내용인 경우를 비교한 후 '클릭베이트(Clickbait)' 즉, 자극적이고 선동적인 표제를 미끼로 독자를 클릭하도록 유도하는 '낚시성 기사'를 구분해 보고, 이를 걸러내는 방법을 모색해 보자.

관련학과

교육학과, 초등교육과, 국어교육과, 영어교육과, 언어교육과, 윤리교육과, 사회교육과, 컴퓨터교육과

활용 자료의 유의점

- (!) 글의 종류에 따라 내용을 이해하는 데 적절하고 효과적인 독서 방법 선택
- (!) 정보를 다루는 글에 포함된 그림이나 표 등 시각 자료를 병행한 정보 습득 필요
- (!) 큰 성취를 이룬 사람들의 자서전, 사회 저명인사들의 독서 경험을 다룬 글 등을 독서
- (!) 인문, 철학, 경제, 과학, 기술, 수학, 예술, 종교, 역사 등 다양한 분야의 실제 독서 경험 필요
- (!) 독서 토론, 독서 클럽, 저자와의 미팅 등 다양한 독서 이력의 형성과 포트폴리오 활동 자료활용

MEMO

국어과
4

언어와 매체

핵심키워드

☐ 게이트키핑(Gate Keeping) ☐ 언어와 매체의 본질 ☐ 매체 언어의 유형 ☐ 한글의 우수성
☐ 담화문 ☐ 어문 규범 ☐ 차자 표기 방식 ☐ 매체 언어 ☐ 국립국어원
☐ 초연결 사회 ☐ 청소년 문화 현상 ☐ 한국 어문 규정집 ☐ 뉴미디어 시대 ☐ 저작권

영역 언어와 매체의 본질

성취기준

[12언매01-01] 인간의 삶과 관련하여 언어의 특성을 이해한다.

▶ 언어와 사고의 상호 영향 관계, 사회·문화와 언어의 표상 관계를 탐구하고 이해하는 데 중점을 두도록 한다.

[12언매01-04] 현대 사회의 소통 현상과 관련하여 매체 언어의 특성을 이해한다.

▶ 오늘날 의사소통 매개체로 활용되는 다양한 매체들은 소리, 음성, 이미지, 문자, 동영상 등이 복합적으로 이뤄진 양식임을 이해한다.

탐구주제

4.언어와 매체 — 언어와 매체의 본질

1 '적어도 언론 보도에 관한 한 엄밀한 의미에서 객관적 보도란 없다고 할 수 있다. 반드시 상대론적인 관점이 아니더라도, 무엇보다 기사 작성에서 보도까지 몇 단계에 걸친 게이트키핑 과정이 있기 때문이다.(국민일보, 2000년 11월자)' 라는 글의 내용처럼 뉴미디어에서도 게이트키핑(Gate Keeping)은 필연적이다. 그렇다면 우리는 모두 누군가의 주관적 판단의 산물로서 세상과 소통하고 있다고 할 수 있다. 이러한 언어와 매체의 본질이 무엇인지 탐구하고, 생산자와 소비자의 구분이 사라지는 현대 사회의 바람직한 의사소통 방법을 제안해 보자.

관련학과

교육학과, 초등교육과, 국어교육과, 윤리교육과, 사회교육과, 컴퓨터교육과

2 종이 신문과 인터넷 포털 사이트의 뉴스 검색 화면을 비교하여 보자. 기사의 배열 기준 선택 여부, 표제의 크기, 기사 제공 시간, 다양한 정보 접근의 동시가능성 등 요소들을 중심으로 매체 언어의 유형에 따른 특징을 분석하여 '전통적 매체와 뉴미디어 매체의 차이점'을 발표해 보자.

관련학과

교육학과, 초등교육과, 국어교육과, 윤리교육과, 사회교육과, 컴퓨터교육과

3 한국어의 음운 체계, 단어의 구조, 문장의 짜임, 문법의 요소, 담화 표현의 이해에 필요한 기본 개념을 명확하게 학습하여 우리의 언어가 다른 나라의 언어에 비해 상대적으로 우수한 점이 무엇인지 알아보자. 그리고 한국어를 배우고 있는 외국인의 사례, 통계 자료 등을 비교함으로써 '세계어'로서 한국어의 위상에 대해 탐구해 보자.

관련학과

교육학과, 초등교육과, 국어교육과, 영어교육과, 언어교육과

4 담화란 실제 언어생활에서 둘 이상의 발화나 문장이 연속되어 이루어지는 말의 단위로서 '화자(필자)', '청자(독자)', '발화', '맥락'으로 구성된다. 담화를 의미 있게 만들어주고 표현의 효과를 높이기 위해 '지시 표현', '대응 표현', '접속 표현', '관용 표현' 등을 사용한다. 이러한 표현이 실제적으로 어떻게 사용되고 있는지를 구체적인 담화 장면이나 주요 인물이 발표한 담화문을 사례로 들어 발표해 보자.

관련학과

교육학과, 초등교육과, 국어교육과, 영어교육과, 언어교육과

5 최근 10년 동안 북한이 발표한 담화문에서 주로 사용하는 단어들을 살펴보자. 그리고 담화문의 표현에 어떤 변화가 있는지를 관찰하고, 담화문 발표 후 실제 행동으로 이어지고 있는지에 대해서도 조사해 보자. 이를 통해 북한의 담화 발표에 내포된 의도를 심층적으로 분석하여 발표해 보자.

관련학과

교육학과, 초등교육과, 국어교육과, 윤리교육과, 사회교육과, 역사교육과

영역

국어의 탐구와 활용

성취기준

[12언매02-11] 다양한 국어 자료를 통해 국어 규범을 이해하고 정확성, 적절성, 창의성을 갖춘 국어 생활을 한다.

▶ 규범은 언어 사용에서 지켜야 할 기준이 된다는 점에서 정확성을 요구하지만 구어와 문어, 문학어와 일상어, 표준어와 방언, 현실 공간과 가상 공간 등에서 사용의 적절성 수준이 다르다. 규범에 대해 심화된 이해를 통해 언어의 정확성뿐 아니라 적절성과 창의성에 주목하도록 한다.

탐구주제

1 어문 규범을 지키며 국어를 사용해야 한다는 것은 기본적 원칙이기는 하나 실제 담화 상황에서 주로 사용되는 구어와 문어, 문학어, 일상어 등에서는 그 허용 범위나 적절성의 수준이 다른 것이 현실이다. '지역 방언(사투리)', '외래어', '신조어', '줄임말'의 사용이 정보 전달력과 정보의 신뢰도에 미치는 영향에 대해 기존의 문헌 조사, 직접 면담을 통한 실험 조사, 해당 용어를 사용한 설문조사 등의 방법으로 탐구하고, 그 결과를 분석하여 국어의 활용적 측면에 대해 프레젠테이션해 보자.

관련학과

교육학과, 초등교육과, 국어교육과, 영어교육과, 언어교육과

2 다양한 분야의 글을 주기적으로 1편씩 선정하여 읽는 활동을 통해 문해력을 길러보자. 사실적 내용 파악하기, 글에 드러난 관점 비판적으로 분석하기, 글의 중심문장 찾기, 한 문장으로 요약하기, 적절하지 않은 내용과 근거 찾기, 어문 규정 준수 여부 점검하기 등을 해 보자. 체크리스트를 만들어 기록한 자료를 포트폴리오 형식으로 누적하여 국어 탐구 활동 콘텐츠를 제작해 보자.

관련학과

교육학과, 초등교육과, 국어교육과

3 고대 국어는 우리 고유의 문자가 없었기에 이두, 향찰, 구결 등을 고안하여 한자를 우리말로 표기하는 '차자 표기' 방식을 사용하였다. 그 당시 대표적인 문학 작품을 통해 차자 표기 방식을 살펴보고, 이러한 표기 방식이 지닌 한계점에 대해 구체적으로 조사하여 발표해 보자.

관련학과

교육학과, 초등교육과, 국어교육과

영역 매체 언어의 탐구와 활용

성취기준

[12언매03-03] 목적, 수용자, 매체의 특성을 고려하여 다양한 매체 자료를 생산한다.

▶ 매체 자료를 생산할 때에는 정보 전달과 설득, 심미적 정서 표현, 사회적 상호 작용 등 소통하려는 목적을 고려하여 적절한 방법을 사용해야 한다. 또한 수용자의 연령과 성은 어떠한가, 수용자는 다수인가 소수인가, 전달하려는 내용에 대한 배경지식은 어느 정도인가, 그들의 관심사는 무엇인가 등도 고려해야 한다. 나아가 전달하고자 하는 매체의 언어적 특성과 파급력을 고려할 수 있어야 한다.

[12언매03-05] 매체를 바탕으로 하여 형성되는 문화에 대해 비판적으로 이해하고 주체적으로 향유한다.

▶ 대중문화가 지닐 수 있는 대량 전달력이나 큰 영향력 등의 장점과 상업성, 통속성, 지배층의 이데올로기 제약 등의 단점에 대해 정확히 인식하고, 부정적인 측면을 최소화함으로써 주체적으로 향유하도록 한다.

탐구주제

1. 매체 언어는 음성 언어와 문자 언어가 지니는 한계를 극복하여 의사소통의 범위와 효과를 넓히고 있으며, 그에 따라 학습자의 일상생활과 학습에도 큰 변화를 불러일으키고 있다. 현대 사회는 매체를 활용한 의사소통의 비중이 높아졌을 뿐 아니라, 매체가 단순한 의사소통의 도구를 넘어 다양한 문화를 형성하는 토대로 작용하고 있다. 이처럼 그 중요성이 더욱 커지고 있는 매체 언어가 형성한 '대중문화'에 어떤 것이 있는지 구체적인 사례를 찾아 조사하고 보고서를 작성해 보자.

관련학과

교육학과, 초등교육과, 국어교육과, 사회교육과

2. 자신이 좋아하는 문학 작품을 한 편 선정하여 자신의 흥미나 관심사와 연관 지어 독창적으로 해석한 후, 이를 세 가지 이상의 매체를 결합한 '매체 언어'를 활용하여 창의적으로 표현해 보자. 문학 작품의 이미지즘 경향이 돋보이도록 사진과 타이포그래피, 소리 등을 활용하여 재생산한 자신의 작품소개 콘텐츠를 뉴미디어로 공유하는 활동을 해 보자. 그리고 댓글을 통한 사회적 소통을 시도하고 그 결과를 발표해 보자.

관련학과

교육학과, 초등교육과, 국어교육과, 언어교육과, 예술교육과, 컴퓨터교육과

3. 국립국어원(www.korean.go.kr/)은 우리말을 다듬고 개선하는 활동에 참여할 수 있는 온라인 창구를 마련하고 있다. '정책 용어 상담', '공공언어 감수 요청 및 공공언어 국민 제보', '우리말 다듬기' 등 메뉴를 검색하여 현대 사회에서 언어문화와 매체 문화를 비판적으로 바라볼 수 있는 식견을 쌓는 기회를 가져보자. 이를 통해 유익하고 건전한 언어문화 형성에 직접적으로 참여하고, 관련 내용을 정리하여 발표해 보자.

관련학과

교육학과, 초등교육과, 국어교육과, 윤리교육과, 사회교육과

4. 순식간에 타자와 연결되는 '초연결 사회(Hyper-connected society)'로의 이행을 목전에 둔 상황에서 대중문화에 크게 영향을 받고 향유하며 성장하는 청소년들의 문화 현상에 대해 성찰해 보자. 스마트폰 등 인터넷 통신기기의 대중화로 동영상 공유서비스(YouTube), 사회 관계망 서비스(SNS)에서 청소년들이 활발하게 소통하고 있다. '청소년이 사용하는 매체 언어의 건전성과 비판적 수용 태도'를 알아볼 수 있는 자료를 조사하고, 직접 설문을 만들어 실태를 파악한 후 문제점과 해결 방안에 대해 탐구해 보자.

관련학과

교육학과, 초등교육과, 국어교육과, 언어교육과, 윤리교육과, 사회교육과, 컴퓨터교육과

영역 언어와 매체에 관한 태도

성취기준

[12언매04-03] 현대 사회에서 언어와 매체 언어의 가치를 이해하고 언어문화와 매체 문화의 발전에 참여하는 태도를 지닌다.

▶ 현대 사회의 문제로 부각되는 언어 규범 및 윤리 파괴의 문제를 극복하고 건전하고 유익한 언어문화와 매체 문화 창달에 이바지하려는 태도를 갖추도록 한다.

탐구주제

1 「한국 어문 규정집(2018)」의 외래어 표기법을 근거로 외래어와 외국어를 구분하고, 외래어 표기의 기본원칙에 대해 살펴보자. 그리고 인터넷상의 콘텐츠 명칭, 광고 글, 메뉴, 안내 표지판, 간판, 식품 정보, 중계방송 등에서 외래어 및 외국어를 오·남용한 부적절한 사례를 조사하고, 이를 바른 언어로 교정한 안내 자료를 제작하여 발표해 보자.

관련학과

교육학과, 초등교육과, 국어교육과

2 뉴미디어 시대에 새롭게 요구되는 저작권의 내용에 어떤 것이 있을지 조사하여 토론해 보자. 매체 언어를 활용할 때 지켜야 할 기본적 규범에 관해 토론한 결과를 사례별로 정리하여 이를 홍보하는 캠페인을 기획하고 실행해 보자.

관련학과

교육학과, 초등교육과, 국어교육과, 윤리교육과, 사회교육과

활용 자료의 유의점

- 언어와 매체에 내재한 원리에 관한 탐구 활동과 실제 활용을 위한 접근이 필요
- 국어 문법 및 매체 언어에 관한 지식을 실제 생활에 활용하는 활동 모색
- 정보와 지식을 비판적으로 수용하고 생산하는 능력을 기르도록 하는 데 중점
- 자신의 언어생활 및 매체 언어생활에 대한 성찰 필수
- 퀴즈, 매체 제작 활동, 관찰 보고서, 프로젝트 발표 자료를 활용하는 것을 권장
- 대중문화를 이해하고 대중문화에 대한 비평 등을 소재로 한 토의, 토론, 글쓰기, 발표 활동 추천

MEMO

국어과

5

문학

핵심키워드

□ 사회참여 □ 상호 텍스트성 □「진달래꽃」 □「난장이가 쏘아올린 작은 공」 □ 문학적 텍스트
□ 판소리계 소설 □ 설화 계승 □ 소설 구분 기준 □ 고려 가요 □ 후렴구
□ 북한 문학 자료 □ 한민족 문학 □ 고전 시가 어휘 □ 앙가주망 □ 천변풍경

영역 문학의 수용과 생산

성취기준

[12문학02-02] 작품을 작가, 사회·문화적 배경, 상호 텍스트성 등 다양한 맥락에서 이해하고 감상한다.

[12문학02-03] 문학과 인접 분야의 관계를 바탕으로 작품을 이해하고 감상하며 평가한다.

▶ 문학은 언어 예술이라는 점에서 음악, 미술, 연극, 영화, 무용 등 다양한 예술 분야와 밀접한 관계가 있다. 또한 인간의 삶을 탐구하는 언어 활동이라는 점에서 역사와 철학 등 인문 분야와 관련을 맺고 있으며, 인간을 둘러싼 시대적·사회적 상황을 반영한다는 점에서 사회, 문화 현상 등과도 깊은 관련을 맺고 있다.

탐구주제

5.문학 — 문학의 수용과 생산

1. 1960년 4월 19일, 학생과 시민이 중심이 되어 반독재 타도를 위해 일어난 4·19혁명은 1960년대의 문학계에서 현실 참여 논쟁을 가져오는 계기가 되었다. 당대 '조선일보'와 '사상계' 잡지의 기고 형태로 표출되었던 문학의 사회참여에 대한 논쟁을 찾아서 읽고, 이형기, 김붕구, 이어령, 신동엽, 김수영 등 당대의 문인이자 지성인들이 각각 어떠한 입장에서 논쟁을 하였는지 조사해 보자. 그리고 문학이 현실에 대해 비판적이고 사회변혁에 실천적인 역할을 해야 한다는 입장과 순수성을 지키며 예술적인 가치만을 추구해야 한다는 입장에 대한 자신의 의견을 밝히고 토론해 보자.

관련학과

교육학과, 초등교육과, 국어교육과, 윤리교육과

탐구주제

2 김소월의 「진달래꽃」은 사랑하는 이와의 이별의 슬픔을 체념으로 승화시킨 최고의 작품으로 평가되고 있다. 문학의 상호 텍스트성에 기반하여 이와 비슷한 정서를 담고 있는 다른 예술작품 (음악, 미술, 연극, 영화, 무용)을 찾아서 「진달래꽃」과 비교 분석해 보자. 나아가 각 예술의 갈래에서 인간의 삶과 관련된 메시지를 어떠한 방식으로 표현하고 있는지에 대해서도 정리하여 발표해 보자.

관련학과

교육학과, 초등교육과, 국어교육과, 예술교육과

3 조세희의 「난장이가 쏘아올린 작은 공」은 1970년대를 배경으로 산업화와 도시화 과정에서 소외되어 삶의 터전을 잃어버린 도시 빈민의 삶을 이야기한다. 소설의 배경이 된 당시의 시대적·사회적 상황에 대해 찾아본 후 독특한 문학적 기법으로 반향을 불러일으킨 소설이라는 평가를 받는 이유가 무엇인지 조사해 보자. 또한 비극적 결말과는 다른 느낌의 제목, 환상적인 성격의 소재, 동화적인 분위기 등이 등장하여 부조화를 이룬 표현 방식이 주는 문학적 효과가 무엇인지 분석하여 감상문을 작성해 보자.

관련학과

교육학과, 초등교육과, 국어교육과, 윤리교육과, 사회교육과, 역사교육과

4 하나의 '문학 텍스트'를 읽고 이를 '다른 텍스트'로 전환하여 표현해 보자. 예를 들어 고전소설 「금방울전」을 시, 희곡, 시나리오 등으로 바꾸어 표현하면서 텍스트 융합에 대해 탐구해 보자. 하나의 텍스트가 다른 장르로 재창조되는 과정을 통해 각 장르의 특징을 살피고, 적극적이고 주체적인 문학 감상 방법에 대해 토론해 보자.

관련학과

교육학과, 초등교육과, 국어교육과

영역 한국 문학의 성격과 역사

성취기준

[12문학03-04] 한국 문학 작품에 반영된 시대 상황을 이해하고 문학과 역사의 상호 영향 관계를 탐구한다.

▶ 구체적인 한국 문학 작품을 통해 문학의 기본 갈래가 언어의 성격에 따라 구비 문학, 한문학, 국문 문학의 세 영역 아래 다양한 역사적 갈래로 구현된 양상을 탐구하도록 한다.

[12문학03-06] 지역 문학과 한민족 문학, 전통적 문학과 현대적 문학 등 다양한 양태를 중심으로 한국 문학의 발전상을 탐구한다.

▶ 한국 문학의 내적 다양성과 외적 전개 양상을 살펴봄으로써 한국 문학에 대한 입체적이고 포괄적인 이해를 돕고 한국 문학의 발전상을 모색한다. 공간적으로는 국가 단위의 한국 문학에만 국한하지 않고 지역 문학의 총체로서 한국 문학을 이해하는 한편, 분단 이후의 북한 문학과 재외국민이 한국어로 생산한 문학을 한민족 문학의 범주에 포함하여 살펴봄으로써 통일 후 민족 문학의 발전상을 모색해 보도록 안내한다. 시간적으로는 문자로 기록된 전통적인 문학과 디지털화된 새로운 문학의 관계 및 변화 양상 등을 다양하게 살펴보고 미래의 한국 문학이 나아갈 바를 탐색해 본다.

탐구주제

1 판소리계 소설인 「춘향가」, 「심청가」, 「수궁가」, 「흥보가」 중에서 하나를 정하여, 해당 판소리 사설이 어떠한 근원설화를 계승하는지 조사하고, 이러한 계승 변화가 일어난 원인이 무엇인지 찾아 보자. 또한 판소리 장단의 특징, 주요 장면에 사용된 장단, 판소리 용어 등을 이해한 후 직접 판소리 공연을 감상하고, 이를 분석하여 탐구 보고서를 작성해 보자.

관련학과

교육학과, 초등교육과, 국어교육과, 예술교육과

2 고전 소설, 근대 소설, 신소설, 현대 소설 등으로 소설을 구분하는 기준은 무엇이며, 각 소설의 고유한 특징에는 어떤 것이 있는지 조사해 보자. 그리고 각 소설에 해당하는 대표 작품을 근거로 주요 형식, 주제, 내용 면에서의 특징을 분석하여 발표해 보자.

관련학과

교육학과, 초등교육과, 국어교육과

3 고려 가요는 입에 착 감기는 후렴구가 있는 것이 특징이다. '얄리얄리 얄라셩 얄라리 얄라', '위 두어렁셩 두어렁셩 다링디리', '아으 동동다리'등과 같이 특별한 뜻 없이 리듬감만을 부여하고 있다. 이와 같이 작품의 슬픈 내용과는 대조적으로 흥겨운 느낌마저 드는 후렴구의 역할이 무엇인지 발표해 보자. 나아가 힘든 상황이나 시름을 달래고 싶을 때 읊조릴 수 있는 자신만의 후렴구를 창작하여 소개해 보자.

관련학과

교육학과, 초등교육과, 국어교육과, 예술교육과

4 북한 문학 자료들은 분단 이후 오랫동안 금서로 분류되어 작품에 대한 연구가 이루어지지 못했다. 그러나 향후 북한 문학뿐만 아니라 재외국민이 한국어로 생산한 문학 또한 한민족 문학의 범주에 포함하여 연구해야 할 가치가 충분하다. 이러한 관점에서 현재 우리 민족 문학의 실태를 탐구하고 통일 이후를 준비해야 할 필요성에 대해 생각해 보자. 또한 1980년대를 배경으로 한 박완서의 「우황청심환」을 읽고 자신이 생각하는 한국 문학의 미래 지향점에 대해서도 제안해 보자.

관련학과

교육학과, 초등교육과, 국어교육과, 윤리교육과, 사회교육과, 역사교육과

5 우리 고전 시가 작품에 자주 나오는 어휘와 그 뜻을 모아 단어장을 만들어 보자. 또한 '시어'로 등장하는 사물이나 소재가 작품마다 유사한 의미를 내포하는 것을 찾아 도표로 제시하고 발표해 보자.

관련학과

교육학과, 초등교육과, 국어교육과

6 자신이 사는 지역에서 활동한 작가들을 통해 형성된 '지역 문학'의 역사와 대표적 사례를 조사하여 소개해 보자. 그리고 세계화 시대이자 지역성의 경계가 허물어지는 온라인 시대에 '지역 문학'이 어떤 가치를 지니는지에 대해 의견을 발표해 보자.

관련학과

교육학과, 초등교육과, 국어교육과, 언어교육과, 역사교육과

영역 **문학에 관한 태도**

성취기준

[12문학04-01] 문학을 통하여 자아를 성찰하고 타자를 이해하며 상호 소통하는 태도를 지닌다.

▶ 문학 활동을 통해 자신을 성찰하고, 삶의 본질을 이해하며, 자아와 세계의 관계 속에서 인생의 가치를 파악할 수 있다.

탐구주제

5.문학 — 문학에 관한 태도

1 프랑스의 실존주의 철학자 사르트르(Jean Paul Sartre)의 '앙가주망(engagement)'에 대한 자료를 찾아 구체적으로 이해하고, 김수영의 시 「구름의 파수병」, 「풀」을 감상해 보자. 시에서 앙가주망의 의도가 나타나는지 분석하고, 이와 유사한 성격을 지니는 다른 작품을 찾아 보자. 이를 통해 문학을 바라보는 자신의 가치관에 대해 서술해 보자.

관련학과

교육학과, 초등교육과, 국어교육과, 윤리교육과

2 1930년대 청계천을 배경으로 도시 빈곤층의 모습을 세밀하게 묘사한 사실주의적 모더니즘 소설인 「천변풍경」은 특별한 주인공 없이 독특한 기법으로 70명에 달하는 인물들의 일상을 보여 준다. 소설을 읽고 청계천을 방문하여 과거의 시점에서 묘사된 현재의 공간이 지닌 역사성을 직접 체험해 보자. 그리고 현재의 내가 과거의 나, 그리고 과거의 타자들과 관계를 맺으며 소통하는 것을 가능하게 만드는 문학의 가치에 대해 평가해 보자.

관련학과

교육학과, 초등교육과, 국어교육과, 윤리교육과, 사회교육과, 역사교육과

활용 자료의 유의점

- (!) '문학'과 '다른 교과' 간, '문학'과 '비교과 활동' 및 '학교 밖 생활'과의 융합을 통해 문학 지식과 경험 요소를 심화·확장하는 데 중점
- (!) 책, 신문, 전화, 라디오, 사진, 광고, 영화, 텔레비전, 컴퓨터, 인터넷, 이동통신기기 등 다양한 매체 자료를 활용
- (!) 교과서에 얽매이지 않고 사회적 쟁점, 지역 사회의 관심사 등을 적극적으로 고려하여 관련 작품을 선정하고 탐구
- (!) 친숙한 매체 자료를 통해 창의적 재구성을 통한 창작 활동을 직접 시도하고 경험
- (!) 감상 결과를 타인과 공유할 때는 합리적이고 타당한 근거를 함께 제시

국어과

6

실용 국어

핵심키워드

☐ 직무 수행 ☐ 직무 어휘 ☐ 가짜 뉴스 ☐ 비판적 언어역량 ☐ 정보전달 ☐ 설득
☐ 낙태법 개정 ☐ 코로나19 ☐ 방역 지침 ☐ 경청 ☐ 대화의 기술 ☐ 문화콘텐츠

영역 직무 어휘와 어법

성취기준

[12실국01-01] 의사소통 맥락에 적합한 어휘를 사용한다.

[12실국01-02] 국어의 어법에 맞고 의미가 정확한 문장을 사용한다.

▶ 문장의 짜임을 표현 의도와 연관 지어 탐구하며 의미가 명확하지 않은 문장을 찾아 그 이유를 분석한다.

탐구주제

6. 실용 국어 — 직무 어휘와 어법

1. 직무 수행과 관련한 의사소통 상황에서 적합한 어휘 사용을 위한 어휘 사전을 만들어 보자. 또한 자신이 희망하는 직무 분야의 조직 내 담화 관습을 조사하고, 원활한 의사소통을 위해 개선해야 할 점이 무엇인지를 탐구하여 발표해 보자.

관련학과

전 교육계열

2. 자신의 진로 희망 분야와 관련된 대표적 기관 및 기업체의 직업 탐방 활동을 계획해 보자. 이를 위해 기존의 직업인 인터뷰 자료, 회사의 홈페이지 게시글, 각종 언론에 제공된 직무 관련 기사나 자료 등을 분석하여 실무적 소통 능력을 갖추는 방안을 탐구해 보자.

관련학과

전 교육계열

탐구주제

6.실용 국어 — 직무 어휘와 어법

3 교사로서 사용하게 될 적합한 어휘에 대해 수업 활동, 학생 상담, 학부모 상담, 교사 상호 간 업무 활동 등으로 구분하여 상황에 따른 말하기를 시나리오로 구성하여 시연해 보자. 특히 수업 시간 선생님의 강의에서 언어적·비언어적 표현을 중점적으로 멘토링하여 직무에 적합한 표현 방법을 습득한 후 교사의 적절한 어휘에 대해 토론해 보자.

관련학과

전 교육계열

4 직무 상황에서 업무와 관련된 행사를 기획하기 위한 사전 계획서를 기안해 보자. '작가와의 만남', '지속 가능한 삶을 위한 벼룩시장', '신기한 과학체험의 날', '전시회' 등 행사를 개최해야 하는 상황을 가정할 수 있다. 행사 추진을 위한 계획서의 구체적 내용으로는 목적, 방법, 일시, 대상, 진행 순서 및 행사 내용, 기대 효과 등을 포함하도록 한다. 이러한 행사를 개최하기 위한 기안문을 기본 서식에 따라 간결하며 명확한 문장으로 작성해 보자.

관련학과

전 교육계열

영역 정보의 해석과 조직

성취기준

[12실국02-02] 정보에 담긴 의도를 추론하고 내용을 비판적으로 평가한다.

▶ 제시된 정보가 참인지 거짓인지, 사실인지 의견인지, 내용 선정에 편향성이 없는지, 적절한 가치를 내세우고 있는지 등 화자나 필자의 의도가 말과 글에 실현된 양상을 이해하고, 신뢰성, 타당성, 공정성의 기준을 적용하여 비판적으로 평가해 본다.

[12실국02-03] 정보를 체계적으로 조직하여 대상과 상황에 적합하게 표현한다.

▶ 보고서 작성, 발표 등 실제적인 언어 표현 활동을 중심으로 핵심적인 내용을 짜임새 있게 조직하는 방법에 중점을 둔다. 아울러 효과적인 표현 전략도 함께 익히도록 한다.

탐구주제

6.실용 국어 — 정보의 해석과 조직

1 현대 사회의 인터넷 공간을 비롯한 무선의 사회적 소통망에는 가짜 뉴스가 범람한다. 이러한 때에 거짓 정보나 편향적이고 주관적인 정보를 구분해낼 수 있는 비판적 언어역량이 필요함은 당연하다. 이에 따라 가짜 뉴스 및 정보의 사례들을 수집하여 분석하고 가짜 정보 구별법을 카드뉴스로 제작해 보자.

관련학과

교육학과, 초등교육과, 국어교육과, 언어교육과, 윤리교육과, 사회교육과

2 정보 전달과 설득의 구조에 대해 이해한 후 상황과 대상을 고려하여 내용을 논리적, 체계적으로 조직하고 효과적으로 표현하기 위한 전략을 탐색해 보자. 이를 구체적으로 적용하기 위해 전달하려는 대상을 영·유아, 어린이, 청소년, 성인, 노인으로 구분하고, 대상별로 가장 효과적인 정보 전달 방법을 조사하여 발표해 보자.

관련학과

교육학과, 초등교육과, 국어교육과, 언어교육과

영역 설득과 협력적 문제 해결

성취기준

[12실국03-03] 대화와 타협으로 갈등을 조정하여 문제를 협력적으로 해결한다.

▶ 자신의 의견을 분명히 표현하고, 상대의 입장과 주장을 이해한 후 상호 존중과 양보를 통하여 참여자 모두가 이익을 얻는 전략을 활용하도록 한다.

탐구주제

6.실용 국어 — 설득과 협력적 문제 해결

1. 정부가 '임신 14주 이내 낙태를 전면 허용'하는 법 개정안을 입법 예고(2020.10.7.)하였다. 개정안에 따르면 임신 14주까지는 별도의 사유 없이 여성의 의사에 따라 낙태를 결정할 수 있다. 또한 임신 24주 이내의 기존 낙태 허용 사유에 '사회적·경제적 사유'도 포함하도록 한다. 이에 관해 자신의 의견을 표현하되 낙태 허용을 찬성하는 측과 반대하는 측의 입장을 모두 고려하여 제시해 보자.

관련학과

교육학과, 초등교육과, 국어교육과, 언어교육과, 윤리교육과, 사회교육과

2. 코로나19 확산을 막기 위한 정부의 노력에도 불구하고 일부 개인 또는 집단이 자기중심적 태도로 방역 지침을 지키지 않거나 밀접 접촉 사실을 은폐하는 사례가 나타났다. 이로 인해 지역사회에 감염이 확산되는 등 정부의 감염병 관리에 허점이 발생하기도 하였다. 이처럼 상호 협력과 공동 대응이 필요한 상황에서 타인과 공동체를 고려하지 않는 행위를 방지하고 공공선에 자발적으로 동참하도록 유도하는 방안에 관해 토론하여 해결책을 모색해 보자.

관련학과

교육학과, 초등교육과, 국어교육과, 언어교육과, 윤리교육과, 사회교육과

영역 대인 관계와 의사소통

성취기준

[12실국04-01] 상대를 배려하는 태도로 언어 예절을 갖추어 대화한다.

▶ 일상생활에서 익숙한 대상, 익숙한 주제로 대화하는 상황보다는 언어 예절이 필요한 공식적인 대화 상황에 중점을 둔다. 사회생활을 염두에 두고 기본적으로 상대를 배려하는 대화의 원리를 익히고, 경청하는 태도와 방법, 상황에 맞는 호칭어와 지칭어의 사용, 인사 예절, 전화 예절 등도 익히도록 한다.

탐구주제

6. 실용 국어 — 대인 관계와 의사소통

1 상대방을 배려해야 하는 공적인 담화 상황이나 사회생활 중 의사소통 상황에서 상대방을 존중하며 배려하고 있음을 표현하는 방법에 대해 모색해 보자. 경청하고 있음을 나타내는 언어적·비언어적 표현, 직무와 상황에 맞는 호칭 및 지칭의 사용, 적합한 높임말의 사용, 상대방의 수준에 맞는 어휘 표현 등 구체적 사례를 들며 발표해 보자.

관련학과

교육학과, 초등교육과, 국어교육과, 언어교육과, 윤리교육과, 사회교육과

2 서점이나 도서관의 검색대에서 「대화의 기술」이라고 도서명을 넣어 찾아보면 많은 양의 책이 검색된다. 이 중에서 자신에게 특별히 필요한 부분이거나 부족한 부분이라고 여겨지는 대화의 기술에 관한 책을 읽고, 실제 대화에 적용하여, 그 결과를 보고서로 작성해 보자.

관련학과

교육학과, 초등교육과, 국어교육과, 언어교육과, 윤리교육과, 사회교육과

영역 문화와 교양

성취기준

[12실국05-01] 자신이 속한 공동체의 의사소통 문화를 이해한다.

▶ 한국의 의사소통 문화에 대한 이해를 바탕으로 하여 보고와 지시, 업무 협조, 고객 응대 등 업무를 처리하는 다양한 장면에서의 의사소통 문화를 이해하도록 한다. 이때 언어적 요소와 더불어 비언어적 요소도 함께 다루도록 한다.

[12실국05-02] 독서와 글쓰기를 통하여 자기를 성찰하고 교양을 함양한다.

▶ 교육 분야의 다양한 장르나 주제의 책을 읽고 독서 계획을 세우도록 한다. 독서나 글쓰기에 대한 지식 습득보다는 글을 즐겨 읽으며 자신의 생각을 써 보는 활동을 통해 개인의 삶을 성찰하고 교양을 기르는 데 중점을 둔다.

탐구주제

6. 실용 국어 — 문화와 교양

1 정부는 콘텐츠 제작자 및 관련 기업 관계자들과 '디지털 뉴딜 연계 문화콘텐츠산업 전략 보고회(2020.9.24.)'를 개최하였다. 코로나19 확산에 따른 비대면 사회가 도래하자 콘텐츠산업(공연, 영화 등)이 어려운 상황을 맞게 되었다. 이에 콘텐츠 업계가 비대면 환경을 기반으로 한 혁신 전략을 도모함으로써 우리식의 특화된 문화콘텐츠의 도약을 준비하며 변화에 대응해 갈 예정이다. 이러한 변화에 따라 문화콘텐츠 발전을 위한 의견을 제시하고, 향후 시도되는 문화콘텐츠 사업에 따라 예상되는 문제점에 대해 탐구해 보자.

관련학과

교육학과, 초등교육과, 국어교육과, 언어교육과, 예술교육과, 컴퓨터교육과

2 독서를 하고 글을 쓰는 활동은 자신의 삶을 성찰하게 한다. 이를 위해 다양한 독서 활동(독서 노트 쓰기, 독서 토론 활동, 감상문 쓰기, 비평문 쓰기, 패러디하기, 미래의 자서전 쓰기 등)에 참여해 보자. 나아가 교실에서의 활동뿐만 아니라, 교내외 행사, 대중매체나 문학단체에서 개최하는 다양한 문학 관련 행사에 참여하는 것을 일상화하고, 이를 기록하여 발표해 보자.

관련학과

교육학과, 초등교육과, 국어교육과, 언어교육과, 예술교육과

활용 자료의 유의점

- 교직의 실제 직무를 수행하는 의사소통 장면이나 실제 문서 서식 등을 활용
- 교육 분야 관련 자료나 인터넷 자료 등에서 정보를 다양하게 활용하는 지혜가 필요
- 자신의 자서전이나 미래 자신의 모습 등 자신의 삶을 성찰하는 글을 작성하는 것이 좋음
- 직무 분야의 언어문화를 탐구하는 프로젝트 활동, 역할 교환 활동, 문제 해결 활동 등을 활용
- 실제 업무 상황을 다룬 만화, 소설, 드라마, 영화 장면이나 인터넷 게시판 등 여러 매체를 활용
- 문화적 교양 함양을 위해 장르나 관심 주제를 넓혀 새로운 분야의 책을 읽도록 독서 계획을 수립

MEMO

국어과 7

심화 국어

핵심키워드

☐ 학문 탐구 ☐ 학술 정보 ☐ 학교 공동체 ☐ 문제 해결 ☐ 비대면 회의 도구 ☐ 비판적 이해
☐ 논점 구성 ☐ 언어 행동 수칙 ☐ 언어 예술 ☐ 언어문화 ☐ 쓰기 윤리 ☐ 매체 윤리 ☐ 발표 윤리

영역 논리적 사고와 의사소통

성취기준

[12심국01-01] 학업에 필요한 정보를 수집하여 분석한다.

[12심국01-03] 정보를 정확하고 논리적으로 전달한다.

▶ 사실적 정보를 정확하고 논리적으로 전달하기 위해서는 주관적 관점으로 정보를 과장·축소·왜곡하지 않아야 한다. 표현의 객관성, 간명성, 논리성에 유의하며 정보 전달에 적합한 언어 표현 방법을 익히도록 한다.

탐구주제

7.심화 국어 — 논리적 사고와 의사소통

1. 수준 높은 국어 생활을 영위하는 동시에 향후 자신이 선택하게 될 전공 영역에서 원활하게 학업을 수행하기 위해서는 국어 능력과 지적 탐구 능력을 키울 필요가 있다. 이를 위해 희망 대학의 홈페이지에 접속하여 전공 교과 편제표와 학과에서 배우는 교과, 지도교수가 집필한 책 등에 관해 살펴보고, 관련 전공에 대한 정보를 탐색하여 발표해 보자.

관련학과

전 교육계열

2. 지적 교양을 함양하고 학문 탐구에 필요한 윤리 의식을 갖춤으로써 바람직한 학업 수행의 태도를 견지하고자 노력하는 자세가 중요하다. 또한 사실적인 정보의 전달을 위해서는 주관적이고 편향된 시각으로 대상을 바라보아서는 안된다. 어떠한 사건이나 사실의 과장, 축소, 왜곡, 도용으로 인한 피해의 구체적 사례를 조사하고, 이를 방지하는 방안을 탐구해 보자.

관련학과

교육학과, 초등교육과, 국어교육과, 언어교육과, 윤리교육과, 사회교육과

영역

비판적 사고와 문제 해결

성취기준

[12심국02-03] 문제 해결에 필요한 방안을 탐색하여 합리적으로 의사 결정한다.

▶ 공동의 사고 과정은 해결해야 할 문제를 명확히 인식하고 가능한 방안을 도출한 후 판단 준거에 따라 방안의 장단점을 분석하여 최적의 방안을 선택하는 일련의 의사 결정 단계를 거친다.

탐구주제

7.심화 국어 — 논리적 사고와 의사소통

1 학교 공동체의 현안 문제(도서관에서 떠들거나 음식물을 섭취하는 행위로 독서 및 자습에 방해가 되는 문제 등) 중 공동의 사고 과정을 통해 해결이 필요한 안건을 선정하여 의사 결정을 위한 토의를 진행해 보자. 이때 다양한 아이디어가 집중되도록 해결해야 할 문제를 명확히 확인하고, 상호 의견을 비판적으로 검토하여 최선의 대안을 도출하는 전체의 과정을 시나리오 형식으로 기록하여 발표해 보자.

관련학과

교육학과, 초등교육과, 국어교육과, 언어교육과, 윤리교육과, 사회교육과

2 문제 해결을 위한 아이디어 회의를 할 때 회의 참가자들 간에 반드시 지켜야 할 수칙을 만들어 실제 회의에서 활용해 보자. 이를 위해 '리 실버, 린다 크롤, 앤드류 채프먼'의 「일주일 60분 아이디어 회의법」 등과 같이 회의 방법을 다룬 책이나 관련된 연구 자료들을 읽고 '아이디어 회의 진행을 위한 언어 행동 수칙'을 정리하여 발표해 보자.

관련학과

교육학과, 초등교육과, 국어교육과, 언어교육과, 윤리교육과, 사회교육과

3 비대면 환경에서도 회의를 통해 의사소통 및 의사 결정을 할 수 있는 온라인 도구들이 있다. 구글 G-SUITE, MS 팀즈 클라우드, 뮤랄(MURAL), 비캔버스(Beecanvas), 패들렛(Padlnet) 등이 그것이다. 이들 도구는 '비대면 기반의 아이디어 회의'를 그 목적으로 하고 있는데 각 도구마다 가진 특징 및 장점을 분석한 후, 그 활용법을 소개하는 자료를 만들어 공유해 보자.

관련학과

교육학과, 초등교육과, 국어교육과, 언어교육과, 컴퓨터교육과

4 교육부가 발표한 '대입제도 공정성 강화 방안(2019.11.28.)'은 고교학점제의 적용에 따라 미래형 대입제도로의 전환을 추구한다. 그 중에는 서울 소재 16개 대학에 '수능위주전형'을 40% 이상 확대하는 방안을 포함하고 있다. 즉 이른바 '정시 확대' 지침이다. 이에 대한 다양한 입장과 근거 자료를 검토한 후 자신의 의견을 밝혀 보자.

관련학과

전 교육계열

영역 창의적 사고와 문화 활동

성취기준

[12심국03-02] 자신의 생각과 느낌을 창의적이고 아름답게 표현한다.

▶ 자신의 생각을 창의적이고 아름답게 표현하는 과정을 통해 타인의 문제의식과 세계관, 가치관을 이해하며 자신의 생각을 타인과 교류하는 효과적인 방법이 무엇인지를 생각하고 타인과 효과적으로 소통하는 가운데 창의적인 사고를 배양하도록 한다.

[12심국03-03] 공동체의 언어문화 발전에 능동적으로 참여하는 태도를 지닌다.

▶ 언어 공동체의 관습과 규범에 중점을 두어 의사소통 문화를 이해하고 의사소통 문화에 대한 비판적 언어 인식을 통해 문제점을 진단하여 이를 바람직하고 발전적인 방향으로 개선하는 데 능동적으로 참여하는 태도를 기르도록 한다.

탐구주제

7.심화 국어 — 창의적 사고와 문화 활동

1 자신이 가진 고유한 생각과 느낌을 창의적이고 아름답게 표현하기 위해 활용할 수 있는 방법에 어떤 것들이 있는지 생각해 보자. 즉 자신에게 특화된 표현 형식, 맥락, 분위기, 관점, 어조, 매체를 선택한 후 '지금 현재의 나'에 집중해서 나를 주제로 한 이야기를 표현해 보자.

관련학과

교육학과, 초등교육과, 국어교육과, 언어교육과, 윤리교육과, 사회교육과

2 나의 주변에 있는 애완동물의 하루, 가족의 일상이나 학교생활 모습 등을 하루 동안 촬영하고, 그 촬영물에 자신이 구성한 제목과 줄거리를 입히고 편집하여 다큐멘터리(Documentary)를 제작해 보자. 이를 통해 작품에서 대상을 바라보는 작가의 관점과 드러내고자 하는 의도가 어떻게 반영되는지를 직접 체험하고, 그 과정을 글로 정리해 보자.

관련학과

교육학과, 초등교육과, 국어교육과, 언어교육과, 윤리교육과, 사회교육과

영역 윤리적 사고와 학문 활동

성취기준

[12심국04-01] 쓰기 윤리의 중요성을 인식하고 책임감 있는 태도로 글을 쓴다.

▶ 쓰기 윤리를 위반하는 기준에 대한 명확한 이해를 바탕으로 다른 사람이 생산한 자료를 표절하지 않고 올바르게 인용하기, 연구 결과를 과장하거나 왜곡하지 않고 사실에 근거하여 기술하기 등에 중점을 둔다.

[12심국04-03] 매체 이용과 표현의 윤리를 준수하는 태도를 지닌다.

▶ 매체 이용 윤리의 중요성과 무분별한 매체 사용으로 인한 피해의 심각성을 인식하도록 하는 데 중점을 둔다.

탐구주제

7.심화 국어 — 윤리적 사고와 학문 활동

1. 쓰기 윤리의 다양한 위반 사례를 조사하여 심각성을 살펴보자. 그리고 다른 사람이 생산한 자료를 표절하지 않고 올바르게 인용하기, 연구 결과를 과장하거나 왜곡하지 않고 사실에 근거하여 기술하기 등의 중요성을 인식하고, 이를 실천하기 위해 '표절의 기준', '저작권의 내용', '자료 인용의 방법'에 대해 명확하게 분석해 보자.

관련학과

교육학과, 초등교육과, 국어교육과, 언어교육과, 윤리교육과, 사회교육과

2. 다국적 거대 미디어 기업(Media conglomerate)인 타임워너, 월트 디즈니, 바이어컴, 뉴스 코퍼레이션(뉴스코프) 등은 막대한 자본과 기술로 매스 커뮤니케이션의 세계화 현상을 초래하고 있다. 이러한 현상은 '문화 제국주의'를 조장하여 문화적 자율성을 침해하고 정보의 불균형을 심화시켜 문화지배를 가져올 것이라 우려하는 목소리도 있다. 이에 대한 자신의 입장을 세우고 비판적으로 제시해 보자.

관련학과

교육학과, 초등교육과, 국어교육과, 언어교육과, 윤리교육과, 사회교육과, 예술교육과

활용 자료의 유의점

- ⓘ 학술 정보지, 보고서, 발표 자료 등 정보를 표현하는 자료를 수집하여 분석 및 활용
- ⓘ 표절과 인용의 차이, 쓰기 윤리나 매체 이용 윤리에 관한 실제적 경험 반영
- ⓘ 교육 관련 전공 영역에 관한 언어 자료, 연구 문제 목록, 연구 동향 웹사이트, 뉴스 및 교육 분야 전공자의 대담 영상 등 최신 자료를 활용
- ⓘ 저작권의 개념, 표절의 기준, 인용 방법의 준수 등에 대해 명확히 알고 글을 쓰도록 함
- ⓘ 쓰기 윤리 위반을 판단하는 기준, 다양한 형태의 쓰기 윤리 위반 사례를 활용한 발표를 권장

MEMO

국어과
8

고전 읽기

핵심키워드

☐ 고전의 특성 ☐ 상호 텍스트성 ☐ 케플러 ☐ 브라헤 ☐ 옛 표기 독해방법 ☐ 농민의 삶 ☐ 신명론
☐ 문학적 객관성 ☐ 역사적 사실성 ☐ 구전 설화 ☐ 사형제도 ☐ 실질적 사형폐지국 ☐ 고전 읽기 방법

영역 고전의 가치

성취기준

[12고전01-01] 고전의 특성을 이해하고 고전 읽기의 중요성을 인식한다.

▶ 고전이 시대와 지역의 한계를 넘어 인간과 사회, 그리고 자연에 대한 본질적인 성찰과 깨달음을 주는 글이라는 점을 분명히 인식하여 고전을 통해 인간과 세계에 대한 이해를 넓힌다.

탐구주제

8.고전 읽기 — 고전의 가치

1 동양의 고전 「맹자」, 정약용의 「목민심서」, 마키아벨리의 「군주론」을 상호 텍스트성을 기반으로 비교하며 읽어 보자. 이 책들이 오늘날 현대의 국가와 정치지도자, 일반 시민들에게 각각 어떤 시사점을 주는지를 살펴보자. 그리고 가장 감명깊은 문장을 예로 들며 자신의 생각을 정리하고 보고서로 작성해 보자.

관련학과

교육학과, 초등교육과, 국어교육과, 언어교육과, 윤리교육과, 사회교육과, 역사교육과

2 케플러(J. Kepler)의 「코페르니쿠스 천문학 개요」에 나타난 '케플러의 운동 법칙'과, 그의 이론적 업적에 기반을 제공하였지만 서로 다른 우주관을 가졌던 스승 '브라헤(Tycho Brahe)'와의 이론적 차이점에 대해 논리적으로 분석해 보자.

관련학과

교육학과, 초등교육과, 국어교육과, 언어교육과, 과학교육과

영역

고전의 수용

성취기준

[12고전02-01] 인문·예술, 사회·문화, 과학·기술, 문학 등 다양한 분야의 고전을 균형 있게 읽는다.

▶ 관심을 가지고 흥미를 느끼는 분야, 자신에게 중요하거나 필요하다고 판단되는 분야로부터 출발하여 점차 분야를 확대해 나간다.

[12고전02-04] 고전을 통해 알게 된 사실과 깨닫게 된 점을 바탕으로 삶의 다양한 문제에 대처할 수 있는 교양을 함양한다.

▶ 고전에 담긴 문제 해결의 지혜를 정리하고, 현대 사회의 인류가 직면한 문제에서 자신이 안고 있는 문제에 이르기까지 여러 차원의 문제에 대해 성찰한다.

탐구주제

8.고전 읽기 — 고전의 가치

1 이황의 「도산십이곡」, 정훈의 「탄궁가」를 옛 표기 독해 방법에 따라 해석한 후 '현대어'로 바꾸어 써서 의미를 이해해 보자. 시적 상황을 이해할 수 있는 내용을 시어, 어조 등에서 찾아 화자의 태도를 이해하고, 화자가 자신이 처한 상황에 어떻게 대처하는지 살펴보자. 고전을 통해 사회와 주변 관계 그리고 자기 자신에 대한 성찰이 일어났다면, 그 내용을 발표해 보자.

관련학과

교육학과, 초등교육과, 국어교육과, 언어교육과, 윤리교육과

2 정약용의 「보리타작」은 보리타작하는 농민들의 건강한 모습을 예찬한 한시이고, 이휘일의 「저곡전가팔곡」은 속세를 떠난 사대부가 농촌 생활에 만족하며 노동에 참여하는 농민의 삶을 표현한 연시조이다. 이를 읽고 현대적인 관점에서 이러한 작품들이 담고 있는 삶의 태도와 지혜에 대해 소개하는 콘텐츠를 제작하여 발표해 보자.

관련학과

교육학과, 초등교육과, 국어교육과, 언어교육과, 윤리교육과, 사회교육과, 예술교육과

3 '신명론'은 플라톤이 제기한 에우티프론 딜레마(Euthyphro Dilemma)에서 '어떤 행위가 옳은 이유는 신이 그것을 명령했기 때문인가, 옳기 때문에 신이 명령한 것인가'라는 의문점에서 출발한다. 이 두 가지 입장이 논리적 오류를 지니는 이유에 대해 분석하고, 에우티프론 딜레마의 문제점과 그것에 대한 반론 입장을 친구들에게 설명해 보자.

관련학과

교육학과, 초등교육과, 국어교육과, 언어교육과, 윤리교육과

4 백제가요 「정읍사」, 조선 후기 박지원의 「일야구도하기」, 현기영의 현대소설 「변방에 우짖는 새」를 상호 텍스트성에 기반하여 비교해 보자. '문학적 객관성'과 '역사적 사실성'에 대해 살펴보고, 역사적 사실성이 문학적 보편성으로 연결될 수 있는지에 대한 자신의 생각을 정리하여 감상평을 작성해 보자.

관련학과

교육학과, 초등교육과, 국어교육과, 언어교육과, 역사교육과

영역 고전과 국어 능력, 고전과 삶

성취기준

[12고전03-02] 고전을 읽고 공동의 관심사나 현대 사회에 유효한 문제를 중심으로 통합적인 국어 활동을 수행한다.

▶ 현대 사회의 중요한 문제와 관련된 고전을 찾아 읽고, 그 문제들에 대해 탐구한 결과를 바탕으로 발표, 토론, 서평, 논술 등 다양하고 통합적인 국어 활동을 수행하여 분절적 국어 교육의 폐해를 극복한다.

탐구주제

8.고전 읽기 — 고전과 국어 능력, 고전과 삶

1 「콩쥐팥쥐」는 전국적으로 분포된 구전 설화로 최초 형성 시기를 추정하기는 어렵다. 이 소설에 등장하는 주인공과 주요 등장인물은 모두 여성이며 권선징악형의 서사 구조와 환생이라는 장치를 통해 이야기가 구성된다. 한국 사회에서 오래된 '여성 수난 구조'에 주목하여 봉건적 질서하에서 여성의 '한'을 표현한 정서가 문학적 보편성의 입장에서 세계 독자들의 호응을 얻을 수 있을지 탐구해 보자. 이를 위해 서양의 유사한 구전 설화를 찾아 비교하며 자신의 의견을 발표해 보자.

관련학과

교육학과, 초등교육과, 국어교육과, 언어교육과, 윤리교육과, 사회교육과, 예술교육과

2 사회정의의 실현을 위한 형벌 제도에 대하여 고전적 사상가들의 다양한 관점을 비교해 보자. 칸트의 「윤리형이상학」, 벤담의 「도덕과 입법의 원리 서설」, 베카리아의 「범죄와 형벌」을 기본 텍스트로 '사형제도'에 관한 관점과 논리를 분석하고, 세 입장이 가지는 공통점과 차이점을 구분하여 탐구해 보자. 우리나라는 1997년 12월 이후 사형이 집행되지 않아 '실질적 사형폐지국'으로 분류된다. 고전에서 탐구한 문제 해결적 지혜와 방법론이 우리의 현재 상황에 주는 시사점이 무엇인지 토론해 보자.

관련학과

교육학과, 초등교육과, 국어교육과, 언어교육과, 윤리교육과, 사회교육과, 예술교육과

3 과거의 읽기는 '정전(正典)', '고전(古典)'을 반복적으로 '정독(精讀)'하여 글의 의미를 되새기고 깊이 사고하는 방식이었다. 이에 반해 현대의 독서 방법은 어떻게 변화하였으며 그렇게 변화한 이유가 무엇인지 살펴보고, 현대에 맞는 고전 읽기의 방법에 대해 논술해 보자.

관련학과

교육학과, 초등교육과, 국어교육과, 언어교육과, 윤리교육과, 역사교육과

활용 자료의 유의점

- (!) 고전 속 지혜를 활용한 문제 해결 활동, 프로젝트 활동으로 적용
- (!) 고전 읽기 계획서나 고전 읽기 이력표 등을 작성하여 체계적 활동 계획 수립
- (!) 관심 있는 다양한 분야의 고전을 충분한 시간을 두고 깊이 있게 읽는 것을 추천
- (!) 고전이 쓰인 당시의 시대적 특성을 이해한 후 자신과 현대 사회에 대한 이해의 확장 모색
- (!) 양질의 고전을 엄선하고 고전 속 인물이 등장하는 사극 드라마, 인문 고전 웹사이트 등을 활용
- (!) 고전을 읽은 후 인상적인 부분 기록하기, 고전의 내용과 연관이 있는 자신의 경험 정리하기, 고전에 대해 이야기하거나 토론 및 글 쓰는 활동 등을 권장

교육계열편

사회과 교과과정

사회과

1

한국사

핵심키워드

□ 고대 국가의 통치체제 □ 삼국 통치체제 □ 왕명의 유래 □ 사림파와 훈구파 □ 조선 중앙 정치기구
□ 주화파 □ 척화파 □ 전통문화유산 □ 국가 강건도 □ 애국지사 □ 일제 식민지 지배
□ 일제강점기 □ 독립운동가 □ 영토 분쟁 □ 문화재 반환

영역 전근대 한국사의 이해

성취기준

[10한사01-01]	고대 국가의 성립·발전 과정을 파악하고, 지배 체제의 성격을 이해한다.
[10한사01-02]	고대 사회의 종교와 사상을 시기별로 살펴보고, 정치·사회적 기능을 파악한다.
[10한사01-03]	고려 시대 통치체제의 성립과 변화를 국제 질서의 변동과 연결 지어 파악한다.
[10한사01-04]	다원적인 사회 구조와 다양한 사상적 기반 위에 고려 사회가 운영되었음을 이해한다.
[10한사01-05]	조선 시대 세계관의 변화를 국내 정치 운영과 국제 질서의 변동 속에서 탐구한다.
[10한사01-06]	조선 시대 신분의 구성과 특성을 살펴보고, 양난 이후 상품 화폐 경제가 발달하면서 신분제 변동이 나타났음을 이해한다.

탐구주제

1.한국사 — 전근대 한국사의 이해

① 협업을 할 수 있는 모둠을 구성하고, 고대 국가의 지배 체제를 내용으로 하여 역사퀴즈 문제를 만들어 보자. 문제의 난이도가 올라갈 때마다 다음 시대 순으로 레벨이 상승하는 교육 게임의 단계를 구성하고, 문제를 맞추면 진화된 유물을 보상 아이템으로 모으게 되는 학생 교육용 게임 프로그램의 시나리오을 제작해 보자.

관련학과

교육학과, 초등교육과, 역사교육과, 사회교육과, 컴퓨터교육과

② 삼국은 중앙집권적 국가로 발전하는 과정에서 왕을 정점으로 한 통치 조직을 구성하여 중앙집권적 지배 체제를 마련하였다. 이러한 삼국의 통치체제에서 가장 효율적인 통치 제도는 무엇이었으며 가장 비합리적이라고 생각하는 제도는 무엇인지 그 이유를 논리적으로 설명해 보자.

관련학과

교육학과, 초등교육과, 역사교육과, 사회교육과, 지리교육과, 윤리교육과, 국어교육과

3 거서간, 차차웅 등 독특한 왕명을 지닌 신라의 왕들을 조사하고, 왕역사 기록물과 연구 논문 등을 바탕으로 왕명의 유래에 대해 찾아 보자. 고려와 조선 시대의 왕의 이름에 대해서도 궁금한 점들을 찾아보고, 조사 결과를 정리하여 친구들에게 소개해 보자.

관련학과

교육학과, 초등교육과, 역사교육과, 사회교육과, 국어교육과, 언어교육과

4 고려 시대 이자겸과 묘청이 각각 주장한 바에 대해 조사한 후 각 입장에 대한 발표 대본을 작성하고 친구들과 역할극을 실시해 보자. 그리고 당시의 동아시아 정세 속에서 고려가 어떤 대외 정책을 취하는 것이 좋았을지에 대해 토론을 진행해 보자.

관련학과

교육학과, 초등교육과, 역사교육과, 사회교육과, 지리교육과, 윤리교육과

5 조선의 두 정치세력인 사림파와 훈구파의 정치적 입장과 특징을 비교하고, 4대 사화에 대해 알아보자. 이러한 사화의 발생이 정치, 경제, 외교, 학문에 미친 영향을 분석하고, 정치 세력들 간의 대립이 가져오는 결과에 대해 긍정적, 부정적 측면에서 비판적인 시각으로 발표해 보자.

관련학과

교육학과, 초등교육과, 역사교육과, 사회교육과, 윤리교육과

6 조선의 중앙 정치기구인 의정부, 6조, 3사의 지위와 역할이 무엇이었는지 조사해 보고, 각 기구에 해당하는 현대 중앙 정부의 역할을 권력 분립과 민생 지원의 측면에서 비교 분석해 보자. 또한 이러한 중앙 정치기구와 지방 행정 제도가 어떤 관계를 형성하고 있었는지에 대해 살펴보자.

관련학과

교육학과, 초등교육과, 역사교육과, 사회교육과, 윤리교육과

7 조선 인조 때 청나라에 대한 외교적 입장의 차이를 보인 '주화파' 최명길과 '척화파' 김상헌의 논쟁을 선례로 한 모의 국회를 개최해 보자. 양측의 핵심 주장을 근거로 오늘날 우리나라의 외교적 상대국인 중국 또는 일본과의 외교 사안에 해결 기준이 될 법안을 만들어 발의서를 작성하고 발표해 보자.

관련학과

교육학과, 초등교육과, 역사교육과, 사회교육과, 윤리교육과, 지리교육과, 국어교육과

8 고대부터 조선에 이르기까지 시대별 베스트 사건을 3가지씩을 선정하여 다양한 문헌과 그림 자료 등을 삽입한 역사 보도 뉴스를 제작하고, 리포터의 속보 발표와 가상 역사 인물 인터뷰 장면 등으로 구성된 영상 컨텐츠를 제작해 보자.

관련학과

교육학과, 초등교육과, 역사교육과, 사회교육과, 윤리교육과, 컴퓨터교육과, 예술교육과

9 전근대의 역사 시기를 통틀어서 우리나라의 문화 중 가장 아름답고 한국적인 것이라고 생각되는 '전통문화유산 BEST 5'를 선정해 보자. 외국인에게 한국의 문화를 알릴 수 있고, 한국에 대해 호기심과 친회감을 가질 수 있는 내용으로 홍보용 리플릿을 제작해 보자.

관련학과

교육학과, 초등교육과, 역사교육과, 사회교육과, 윤리교육과, 미술교육과, 컴퓨터교육과, 공학교육과, 과학교육과

10 신분제의 동요를 일으켜 근대 지향적 변화를 유도하는 데 영향을 끼친 요소들의 공통점을 찾아 보자. 더불어 조선 후기 서민 문화의 상징이 될 만한 문화재를 조사하고 홍보자료를 만든 후 문화관광해설사가 되어 소개해 보자. 이를 위해 문화관광해설사를 만나 해설사의 소개 내용, 설명하는 기법 등을 배우는 진로체험 활동에 참여해 보자.

관련학과

교육학과, 초등교육과, 역사교육과, 사회교육과, 윤리교육과, 지리교육과, 국어교육과, 미술교육과, 음악교육과, 공학교육과, 과학교육과

영역

근대 국민 국가 수립 운동

성취기준

[10한사02-03] 열강의 침략이 가속화되는 가운데 여러 세력이 추진한 근대 국민 국가 수립 노력을 탐색한다.

탐구주제

1.한국사 — 근대 국민 국가 수립 운동

1. 사회 각 분야를 반영하여 '국가의 강건도'를 점검할 수 있는 체크리스트 항목을 20가지 이상으로 구성해 보자. 그리고 우리나라의 고대부터 근대까지 각 국가의 강건도를 점수로 매겨 평가한 후, 열강의 제국주의 팽창 시기였던 19세기 말 조선의 국가 강건도 평가 점수와 비교·분석한 보고서를 작성하여 발표해 보자.

관련학과

교육학과, 초등교육과, 역사교육과, 사회교육과, 윤리교육과, 국어교육과

2. 개혁안, 문집, 조선왕조실록, 조약문 등과 같은 사료에 근거하여 개항 이후에 조선 정부가 추진한 개화 정책의 방향, 근대 국민 국가 수립을 위해 다양한 계층들이 기울인 노력, 열강의 경제적 침략 행위에 대한 대응 노력에 대해 알아보자. 그러한 이해를 바탕으로 개화 정책을 둘러싼 갈등 상황이나 서구 문물이 유입되기 전·후의 상황을 비교하는 역사 신문 또는 UCC를 제작해 보자.

관련학과

교육학과, 초등교육과, 역사교육과, 사회교육과, 윤리교육과, 국어교육과, 컴퓨터교육과

영역

일제 식민지 지배와 민족 운동의 전개

성취기준

[10한사03-02] 3·1운동의 배경과 전개 과정을 이해하고, 대한민국 임시정부 수립의 의미를 파악한다.

[10한사03-06] 일제의 침략 전쟁에 맞선 민족 운동의 내용을 파악하고, 신국가 건설에 대한 구상을 탐구한다.

탐구주제

1 일본의 국권 침탈 과정과 이에 맞서 전개된 다양한 국권 수호 운동에 대해 조사해 보자. 그리고 우리의 3.1운동이 일어나기 전의 사전 준비 상황에 대한 역사 상황극을 연출하여 3.1운동을 준비하던 당시 애국지사들의 뜨거운 열정과 치밀한 계획 수립, 희생을 각오하는 모습 등에 대해 간접적으로 공감하는 시간을 만들어 보자.

관련학과

교육학과, 초등교육과, 역사교육과, 사회교육과, 윤리교육과, 지리교육과, 국어교육과

2 과거 제국주의 침략 당사국의 과거사 해결 방식에 대한 사례를 비교하고, 일본군 '위안부' 문제에 대해 우리나라와 일본이 보이는 핵심적인 입장 차이가 무엇인지 조사하여 국제 정의 실현과 인도주의적 문제 해결 대책을 숙고해 보자. 더불어 일본의 우리나라 식민 지배에 대한 역사 왜곡에 대처할 수 있는 우리의 대응 방안을 구체적으로 제시해 보자.

관련학과

교육학과, 초등교육과, 역사교육과, 사회교육과, 윤리교육과, 지리교육과, 국어교육과

3 독립운동가에 대한 인물 탐구 및 독립운동 제대로 알기 자료를 제작하고, 잘 알려지지 않은 '민족 독립운동가 기림 프로젝트'를 기획하여 캠페인 활동을 해보자. 특히 권기옥 지사, 동풍신 열사, 이화림 지사 등 여성 독립운동가를 포함하여 자료를 만들고, 다양한 독립운동 방법, 지역별 독립운동가의 활약 내용 등에 대하여 폭넓게 조사하자. 나아가 보다 많은 사람들의 관심과 공감을 유발하는 캠페인 활동을 진행해 보자.

관련학과

교육학과, 초등교육과, 역사교육과, 사회교육과, 윤리교육과, 지리교육과, 국어교육과

4 일제강점기를 배경으로 한 문학 작품이나 영상 등을 재구성하여 역할극 등을 만들어 보는 것은 의미 있는 역사 이해 활동이다. 이를 통해 식민 지배 상황의 참담함을 가늠해 보고, 국가 간 힘의 불균형으로 인한 비인도적 행위가 청산될 수 있는 방법을 토론해 보자.

관련학과

교육학과, 초등교육과, 역사교육과, 사회교육과, 윤리교육과, 지리교육과, 국어교육과

영역 대한민국의 발전

성취기준

[10한사04-02] 대한민국 정부 수립의 과정과 의의를 살펴보고, 식민지 잔재를 청산하기 위한 노력을 설명한다.

[10한사04-08] 남북 화해의 과정을 살펴보고, 동아시아 평화를 위해 공헌할 수 있는 방안을 생각해 본다.

탐구주제

1 '영토 분쟁'은 그 유형에 따라 '영유권 분쟁'과 '국경 분쟁'으로 나뉘는데 오늘날 지구상에는 국경과 도서, 강을 두고 수십 건의 영토 분쟁이 진행되고 있으며 아직 해결되지 못한 영토 분쟁은 대략 60~70개 정도로 추정된다. 다른 나라의 대표적인 영토 분쟁에 대해 탐구하고, 독도에 대한 한·일 간 영유권 문제를 비롯하여 인접국들과 배타적 경제수역 경계 획정 문제 등 해결해야 할 쟁점 사안에 대한 우리의 대응 방안을 제시해 보자.

관련학과

교육학과, 초등교육과, 역사교육과, 사회교육과, 윤리교육과, 지리교육과, 국어교육과

2 1945년 8·15 광복 이후 우리나라의 정치적 상황의 변화, 대한민국 정부의 수립, 6·25 전쟁 이후 남북 분단, 4·19 혁명을 비롯한 민주주의 사회 수립의 과정을 거치며 오늘날에 이르기까지의 국가 발전을 위한 국민적 노력과 주요 사건에 관한 학습 연표를 제작하고 학습정보 카드를 만들어 이를 활용한 '역사 보드게임'을 진행해 보자.

관련학과

교육학과, 초등교육과, 역사교육과, 사회교육과, 윤리교육과, 지리교육과, 국어교육과, 미술교육과

3 프랑스의 외규장각 도서 약탈과 반환 과정에 대해 조사하고, 약탈국의 문화재 반환에 대한 세계 각국의 입장 차이를 비판적으로 분석한 보고서를 작성해 보자. 그리고 '국제 관계에서 정의란 무엇인가'를 주제로 한 국제회의의 발제자가 되어 발표를 해 보자.

관련학과

교육학과, 초등교육과, 역사교육과, 사회교육과, 윤리교육과, 지리교육과, 국어교육과, 외국어교육과

4 국민신문고(www.epeople.go.kr/) 온라인 사이트에 접속하여 국민들이 제기한 다양한 의견들을 살펴보자. 이를 바탕으로 고려 '최승로의 시무 28조'처럼 올해 '대한민국의 시무 00조' 또는 '우리 학교의 시무 00조'를 타당한 이유와 함께 제안해 보자.

관련학과

교육학과, 초등교육과, 역사교육과, 사회교육과, 윤리교육과, 국어교육과

5 문화재청의 '국가문화유산포털 사이트'(www.heritage.go.kr/)에 접속하여 우리나라의 다양한 문화유산에 대한 자료를 검색해 보자. 그리고 우리나라의 다양한 문화유산 중에서 '유네스코 세계문화유산'에 등재되어야 마땅한 것을 찾고, 그 이유를 설명해 보자.

관련학과

전 교육계열

6 현재 국제 질서의 주요 변화를 알 수 있는 세계 공통의 이슈들을 검색하여 우리나라의 현안 문제와의 관련성을 분석하고, 이를 해결하기 위한 국제 질서의 전략적 활용 가능성과 대안을 탐구해 보자. 더불어 대한민국을 포함한 세계의 트렌드를 분석하고 세계인으로 도약하기 위한 나의 꿈과 도전에 대해 발표해 보자.

관련학과

전 교육계열

활용 자료의 유의점

- 유물과 표본들을 수집·보존·전시하는 박물관과 역사 유적을 활용
- 인물 중심 탐구활동, 프로젝트 활동, 협력적 토론 활동 등 탐구주제에 적합한 활동 모색 필요
- 역사 연구의 기본 자료인 사료뿐만 아니라 지도, 연표, 그림, 도표, 사진 등 시각 자료를 적극 활용
- 문학 작품, TV 드라마, 신문, 인터넷, 다큐멘터리, 영화 등을 통한 블렌디드 러닝 방법을 활용하되 허구와 역사적 사실에 대한 구별 필요
- 역사신문 제작, 인터뷰 기사 작성, 역사 퀴즈, UCC 만들기, 보드게임 제작 등 다채로운 활동 구상

사회과

2

통합사회

핵심키워드

☐ 행복의 조건 ☐ 자연재해 ☐ 재난 ☐ 생태도시 ☐ 지역발전 ☐ 도시 계획 ☐ 인권존중
☐ 합리적 소비 ☐ 윤리적 소비 ☐ 최저임금 ☐ 교육 복지 정책 ☐ 다문화사회 ☐ 문화경관
☐ 국가 분쟁 ☐ 국제 평화 ☐ 적정기술의 보급 ☐ 자원의 분포와 소비 ☐ 미래 지구촌의 모습

영역 삶의 이해와 환경

성취기준

[10통사01-03] 행복한 삶을 실현하기 위한 조건으로 질 높은 정주 환경의 조성, 경제적 안정, 민주주의의 발전 및 도덕적 실천이 필요함을 설명한다.

▶ 행복한 삶을 실현하기 위한 조건들을 균형 있게 다루도록 한다.

[10통사02-03] 환경 문제 해결을 위한 정부, 시민사회, 기업 등의 다양한 노력을 조사하고, 개인적 차원의 실천 방안을 모색한다.

▶ 정부의 제도적 노력이나 시민단체들의 시민운동 및 캠페인, 기업 차원에서의 시설 정비 및 기술 개발 등 다양한 실제 사례들을 조사하고, 개인적 차원에서 할 수 있는 분리수거, 에너지 절약 등 실천 방안을 탐색한다.

[10통사03-03] 자신이 거주하는 지역을 사례로 공간 변화가 초래한 양상 및 문제점을 파악하고 이를 해결하기 위한 방안을 제안한다.

▶ 자신이 거주하는 지역의 토지 이용, 산업 구조, 직업, 인구, 인간관계, 생태 환경 및 주민의 가치관 등의 변화를 중심으로 문제점과 그 해결 방안을 탐구한다.

탐구주제

2.통합사회 — 삶의 이해와 환경

1 다양한 통계 자료(GDP, 환경 지표, 부패지수 등)를 조사하여 경제 발전 정도, 환경 보전 여부, 정치 사회의 투명성 등이 개인의 '삶의 질'과 어떤 관련성이 있는지 분석하고, 이를 바탕으로 자신의 견해를 발표해 보자.

관련학과

교육학과, 초등교육과, 사회교육과, 국어교육과

탐구주제

2 행복의 의미와 기준이 동·서양의 문화권과 시대에 따라 어떤 공통점과 차이점이 있는지 조사하고, 내가 생각하는 '행복한 삶의 조건'의 목록을 작성해 보자. 이를 학급 친구들과 비교하여 공통적인 조건과 나만의 차별화된 조건을 분류하여 그 의미를 분석해 보자.

관련학과

전 교육계열

3 세계 각국의 자연재해(미국의 허리케인, 일본의 지진 쓰나미, 인도네시아 쓰나미 등)에 대한 종류와 피해 사례를 조사하고, 이에 대한 위험성을 알릴 수 있는 자료를 제시해 보자. 더불어 자연 발생적인 재난 상황에서 각국 정부의 예방 노력 및 해결 방식의 모범적 사례와 잘못된 사례를 조사하여 비교해 보자.

관련학과

교육학과, 초등교육과, 사회교육과, 지리교육과, 환경교육과, 과학교육과, 국어교육과

4 고속도로와 고속철도 건설로 인해 나타난 지역의 변화를 자신이 속한 지역과 관련하여 살펴보자. 이러한 변화가 지역 주민의 삶에 미친 긍정적·부정적 영향을 조사하여 발표해 보자.

관련학과

교육학과, 초등교육과, 사회교육과, 지리교육과, 역사교육과, 환경교육과, 과학교육과, 공학교육과, 국어교육과

5 생태도시(Ecological Polis)란 사람과 자연, 환경이 조화롭게 공생할 수 있는 환경 친화적인 도시를 말한다. 독일 남서부에 위치한 프라이부르크와 같은 세계 생태도시의 모범적인 사례를 조사하고, 이와 같은 생태도시를 우리나라에 어떻게 적용할 수 있을지 탐구해 보자.

관련학과

교육학과, 초등교육과, 사회교육과, 지리교육과, 환경교육과, 과학교육과, 공학교육과

6 내가 거주하는 시·군·구청을 직접 방문 탐방하거나 홈페이지 방문을 통해 자신이 현재 거주하는 지역의 발전을 위해 해결해야 할 현안 과제(공간 이용, 환경, 지역경제 발전 등)로 무엇이 있는지 자료 및 정보를 탐색해 보자. 또한 그러한 과제를 달성하기 위해 필요한 방안에 대해 현실적으로 탐구하고, 해당 지역 관공서 홈페이지의 시민 참여 방법을 활용하여 의견 및 제안서를 작성한 후 제출해 보자.

관련학과

교육학과, 초등교육과, 사회교육과, 지리교육과, 환경교육과, 공학교육과, 가정교육과

7 '도시 계획'은 도시라는 인간 정주 공간을 사회적·경제적·물리적 계획과 관리를 통해 도시의 발전과 변천을 꾀하는 것이다. 국토의 균형 발전을 위한 '행정수도 이전'에 관한 논의는 2002년부터 시작되었으나 여러 가지 첨예한 의견차를 보이며 현재에 이르고 있다. 이에 대한 주요 쟁점을 조사한 후, 수도권 과밀화 문제 해소와 국토의 균형 개발 측면에서 행정수도 이전의 순기능과 역기능에 대해 발표해 보자.

관련학과

교육학과, 초등교육과, 사회교육과, 지리교육과, 환경교육과, 과학교육과, 공학교육과

영역

인간과 공동체

성취기준

[10통사04-03] 사회적 소수자 차별, 청소년의 노동권 등 국내 인권 문제와 인권지수를 통해 확인할 수 있는 세계 인권 문제의 양상을 조사하고, 이에 대한 해결 방안을 제시한다.

▶ 장애인, 이주 외국인, 청소년 아르바이트 등의 사례를 다룰 수 있으며, 국제기구나 비정부 기구 등에서 발표하는 인권지수를 활용하여 세계 각 지역에서 나타나는 인권 문제의 양상과 해결 방안을 다룬다.

[10통사05-03] 자원, 노동, 자본의 지역 분포에 따른 국제 분업과 무역의 필요성을 이해하고, 무역의 확대가 우리 삶에 어떤 영향을 끼치는지 사례를 통해 탐구한다.

[10통사05-04] 안정적인 경제생활을 위해 금융 자산의 특징과 자산 관리의 원칙을 파악하고, 이를 토대로 생애 주기별 금융 생활을 설계한다.

▶ '금융 자산'으로는 예금, 채권, 주식 등이 있고, '자산 관리의 원칙'으로는 수익성, 유동성, 안전성을 들 수 있다. 그리고 생애 주기란 시간의 흐름에 따라 개인의 삶이 어떻게 변해가는지 단계별로 나타내는 것으로, 각 생애별로 요구되는 과업이 다름을 인식하여 금융 생활을 설계해 본다.

[10통사06-03] 사회 및 공간 불평등 현상의 사례를 조사하고, 정의로운 사회를 만들기 위한 다양한 제도와 실천 방안을 탐색한다.

▶ 사회 계층의 양극화, 공간 불평등, 사회적 약자에 대한 차별 등의 사례를 조사하여 원인을 분석하고, 이를 해결하기 위한 사회 복지 제도, 지역 격차 완화 정책, 적극적인 우대 조치 등을 다루어 본다.

탐구주제

2.통합사회 — 인간과 공동체

① 인권(人權)이란 인간으로서 당연히 가지는 기본적 권리이다. 과거에는 요구되지 않았으나 사회 변화로 인해 새롭게 요구되거나 등장하는 인권의 내용(문화권 등)에 대해 조사하고, '인권'과 '소유권'이 상호 어떤 관계에 있는지에 대해 비판적으로 성찰해 보자.

관련학과

전 교육계열

② 공신력 있는 국제기구가 발표한 다양한 인권지수를 살펴보자. 그리고 자신이 가장 중요하게 생각하는 인권 분야를 기준으로 각 국가의 인권 존중 현황을 세계지도에 표시하고 국가별로 비교해 보자. 나아가 지역, 정치 체제, 인종, 종교, 기후, 경제 수준별로 다르게 나타나는 인권 실태를 파악하여 인권 문제 해결을 위한 방안에 대해 발표해 보자.

관련학과

교육학과, 초등교육과, 윤리교육과, 사회교육과, 지리교육과, 환경교육과, 과학교육과

③ 일반적으로 공정 무역 상품이나 친환경적 상품이 보통의 상품보다 비싸고 희소한 경우가 많다. 이런 상황에서 합리적 소비자로서 비용 편익을 고려하여 보통의 상품을 구입할 수도 있고, 윤리적 소비를 위해 비용을 감수할 수도 있다. 자신은 어떤 선택을 할 것인지 생각해 보고, 그 이유를 발표해 보자.

관련학과

교육학과, 초등교육과, 윤리교육과, 사회교육과, 지리교육과, 환경교육과, 수학교육과

탐구주제

4 세계 무역 통계(wits.worldbank.org/), 코트라(news.kotra.or.kr/) 등을 통한 자료 수집을 바탕으로 자원, 노동, 자본의 분포를 조사하여 지도에 표시해 보고, 이러한 분포의 차이가 국제 분업과 무역에 어떠한 영향을 미쳤는지 사례를 중심으로 분석해 보자.

관련학과

교육학과, 초등교육과, 윤리교육과, 사회교육과, 지리교육과, 환경교육과, 수학교육과

5 우리나라 근로자의 평균 소득을 기준으로 자신의 향후 70년 간의 금융 생활 계획을 5년 단위로 구분하여 소득 대비 지출 계획과 저축액, 투자계획, 노후자금 등을 설계해 보자. (단, 출산 육아비, 교육비, 생활비, 주택 마련비 등 다양한 통계 자료를 활용할 것)

관련학과

교육학과, 초등교육과, 사회교육과, 지리교육과, 환경교육과, 수학교육과, 가정교육과

6 각 국가별 최저임금액을 조사한 후 단순 금액 비교의 오차를 줄이기 위해 고려할 사항이 무엇인지 검토해 보자. 주 단위 노동시간, 나라별 평균 1인당 GDP 등을 고려한 국가별 최저임금 순위를 비교하여 도표로 작성해 보자. 나아가 우리나라의 내년도 최저임금의 적정 금액으로 얼마가 적정하다고 생각하는지 의견을 제시해 보자.

관련학과

교육학과, 초등교육과, 사회교육과, 지리교육과, 환경교육과, 수학교육과

7 낙후된 지역(도시의 쪽방촌 등), 환경이 열악한 지역(쓰레기 처리장 등), 사회적 약자에 대한 차별 문제(여성의 사회 진출과 승진 문제 등) 중 하나를 선택하고, 이에 관한 구체적 자료를 조사하여 이러한 문제가 발생한 원인을 다양한 측면에서 분석하여 발표해 보자.

관련학과

교육학과, 초등교육과, 윤리교육과, 사회교육과, 지리교육과, 환경교육과, 공학교육, 수학교육과

8 교육 분야의 복지 정책에 어떤 것들이 있는지 조사하고, 교육에 있어서 '기회의 평등'과 '결과의 평등' 중 어느 것이 우선시되어야 할지 생각해 보고, 각각의 평등을 추구했을 때 발생하는 긍정적 측면과 부정적 측면을 비교해 보자.

관련학과

전 교육계열

영역 사회 변화와 공존

성취기준

[10통사07-04] 다문화사회에서 나타날 수 있는 갈등을 해결하기 위한 방안을 모색하고, 문화적 다양성을 존중하는 태도를 갖는다.

▶ 다문화사회의 갈등만을 부각하기보다는 긍정적 측면도 함께 다루고, 다문화사회의 갈등 해결 방안은 문화 다양성의 존중과 관련지어 모색한다.

[10통사08-02]	국제 갈등과 협력의 사례를 통해 국제사회의 행위 주체의 역할을 파악하고, 평화의 중요성을 인식한다. ▶ 갈등과 협력에 대한 사례를 통해 국가, 국제기구, 비정부기구 등 국제사회의 행위 주체의 역할을 다루고, 평화의 중요성은 소극적 평화와 적극적 평화로 구분하여 다룬다.
[10통사09-02]	지구적 차원에서 사용 가능한 자원의 분포와 소비 실태를 파악하고, 지속 가능한 발전을 위한 개인적 노력과 제도적 방안을 탐구한다. ▶ 지속 가능한 발전은 경제, 환경뿐만 아니라 사회가 균형 있게 성장하는 포괄적이고 총체적인 성장에 있음을 고려하면서 개인적 노력과 제도적 방안을 다루도록 한다.

탐구주제

2.통합사회 — 사회 변화와 공존

1 국가통계포털(KOSIS)의 통계자료를 보면 우리나라는 국내 체류 외국인 거주자가 매년 증가하여 다문화사회로 변화하고 있다. 이에 따라 우리 사회의 변화된 모습(외국 음식점, 다문화 지원 정책, 광고 등)을 조사하고, 이러한 변화가 가져온 긍정적 측면과 부정적 측면을 비교해 보자.

관련학과

교육학과, 초등교육과, 윤리교육과, 사회교육과, 지리교육과, 역사교육과, 국어교육과, 언어교육과, 가정교육과

2 '문화경관'이란 인간이 일정한 장소에 거주하는 집단생활을 하면서 저마다의 생활양식과 특정한 문화를 형성하며 만들어 놓은 인공적인 경관이다. 각 지역에 나타나는 문화경관의 사례(강화도의 성공회 성당 등)를 문화 변동 양상과 관련지어 분석해 보자.

관련학과

교육학과, 윤리교육과, 사회교육과, 지리교육과, 역사교육과, 환경교육과

3 세계 각 지역별 분쟁과 갈등 양상을 유형화하여 세계지도에 표시하고, 그러한 분쟁과 갈등이 원만하게 해결된 사례를 조사하여 국제 평화의 정착을 위해 국가 및 민간 차원에서 기울일 수 있는 노력들을 제안해 보자.

관련학과

교육학과, 초등교육과, 윤리교육과, 사회교육과, 지리교육과, 역사교육과, 국어교육과, 언어교육과

4 '디자인'으로 우간다 여성들의 일자리 창출하기 위해 아이디어를 낸 소셜벤처사업가 '제리백' 대표의 사례나 국민 상당수가 철분 결핍으로 고통받는 캄보디아에 약품용 철로 만든 물고기를 보급한 사례, 아프리카에 말라리아균 확인을 위한 종이 의료기기를 보급한 사례와 같이 적정기술의 보급과 관련된 자료를 검색해 보자. 이 밖에 제3세계의 기아 및 빈부 격차 문제를 해결하기 위한 해외 원조 사례를 조사한 후, 개발도상국이나 열악한 환경의 후진국에 대한 바람직한 원조 방법을 제안해 보자.

관련학과

교육학과, 초등교육과, 윤리교육과, 사회교육과, 지리교육과, 역사교육과, 언어교육과

5 자원의 분포지와 소비지의 불일치로 인해 지구촌에서 일어나는 갈등은 무엇인지 국제 정의의 관점에서 살펴보고, 이에 대한 해결 방안은 무엇인지 제안해 보자.

관련학과

교육학과, 초등교육과, 윤리교육과, 사회교육과, 지리교육과, 역사교육과, 국어교육과, 언어교육과, 가정교육과, 환경교육과, 공학교육과

탐구주제

6 미래 지구촌의 밝은 모습과 암울한 모습을 함축적으로 표현한 캠페인 문구와 피켓을 제작하여 '밝은 미래를 만들기 위한 1인 캠페인' 활동하기, '지속 가능한 미래 만들기'를 주제로 한 온라인 공익광고 영상 제작에 도전해 보자.

관련학과

전 교육계열

7 삶의 공간이 국경의 경계를 넘어 전 지구로 확대되면서 국가 간 상호관련성이 증대되었다. 이렇듯 변화한 사회에서는 특정 지역이나 특정 국가의 노력만으로 해결이 어려운 전 지구적 수준의 문제가 발생하고 있다. 이러한 전 지구적 차원의 문제는 현재 세대 뿐 아니라 다음 세대에도 치명적인 영향을 줄 수 있기에 전 세계가 공동 대응해 나가야 한다. 현재 심각성을 체감하고 있는 전 지구적 문제를 한 가지 선택하여 그 원인, 실태, 해결 방안을 내용으로 특별 시사 칼럼을 작성해 보자.

관련학과

전 교육계열

8 출산율이 적정 수준보다 낮은 현상을 '저출산'이라 하고, 전체 인구 대비 노인인구의 비율이 증가하는 현상을 '고령화'라고 한다. 이는 현대 사회의 우려스러운 변화에 해당된다. '저출산·고령화 사회'로의 전환이 내 삶에 직접적으로 어떤 영향을 미칠지 예측하여 설명해 보자.

관련학과

전 교육계열

활용 자료의 유의점

- 탐구 학습, 현장 답사와 체험 학습, 사례 조사, 시뮬레이션, 토론과 토의, 프로젝트 등 수행
- 교육 현장에 적합한 주제와 사례를 중심으로 지도, 도표, 영화, 슬라이드, 통계, 연표, 사료, 연감, 신문, 방송, 사진, 기록물, 여행기, 탐험기 등을 활용
- 복합적인 사회현상을 과거의 경험이나 사실 자료를 바탕으로 다양한 가치 등을 고려하면서 탐구

MEMO

사회과

3

동아시아사

핵심키워드

☐ 동아시아 ☐ 여성 리더 ☐ 불교 문화유산 ☐ 유학의 영향 ☐ 광둥 무역 ☐ 아편 전쟁 ☐ 은 교역망 확대
☐ 불평등 조약 ☐ 근대화 운동 ☐ 역사 현안 ☐ 경제 성장 ☐ 해상강국

영역

동아시아 역사의 시작

성취기준

[12동사01-01] 동아시아 세계의 범위를 파악하고 각국 간의 관계와 교류의 역사를 이해해야 할 필요성을 인식한다.

▶ 동아시아의 범위를 동서로는 일본 열도에서 티베트 고원까지, 남북으로는 베트남에서 몽골 고원까지로 정하고 동아시아 각국의 역사적 갈등 관계 속 쟁점과 상호 교류의 역사를 이해하는 데 중점을 둔다.

탐구주제

3.동아시아사 — 동아시아 역사의 시작

1 동아시아 세계에 해당하는 국가들을 파악하고, 각국의 연도별 상호 교류 현황 통계를 조사하여 정리해 보자. 또한 이들 국가의 역사적 갈등 관계도 분석함으로써 국가 간 상호 관계에 대해 종합적으로 이해하자. 그리하여 현재 동아시아 국가들이 당면한 문제는 무엇이며 우리나라에 미치는 영향은 무엇인지 발표해 보자.

관련학과

교육학과, 초등교육과, 역사교육과, 사회교육과, 지리교육과, 윤리교육과, 국어교육과, 미술교육과

2 동아시아의 여성 리더인 히미코 여왕, 측천무후, 선덕여왕의 업적에 대해 조사하고, 그녀들이 리더로서의 어떤 역량을 가지고 있는지 분석해 보자. 그리고 오늘날 여성 리더와의 차이점은 무엇이며, 바람직한 리더십은 무엇인지 자신의 생각을 말해 보자.

관련학과

교육학과, 초등교육과, 역사교육과, 사회교육과, 지리교육과, 윤리교육과, 국어교육과

영역 동아시아 세계의 성립과 변화

성취기준

[12동사02-01] 인구 이동이 여러 국가와 정치 집단의 형성, 분열, 통합에 영향을 미쳤음을 설명한다.

▶ 16세기경까지의 인구 이동 원인과 결과를 이해하고 특히 조공·책봉, 율령, 유교·불교·성리학 등의 영향을 주고받는 과정이 상호적이었음을 인식한다.

탐구주제

3.동아시아사 — 동아시아 세계의 성립과 변화

① 원강 석굴 사원, 석굴암 본존불, 도다이사 대불, 부모은중경, 산신각, 하치만 신상, 대안탑 등 각국을 대표하는 불교 문화 유산을 찾아 관련 정보와 사진으로 이루어진 관광포스터, 체험학습 홍보 리플릿, 여행안내서 등을 직접 제작해 보자.

관련학과

교육학과, 초등교육과, 역사교육과, 사회교육과, 지리교육과, 윤리교육과, 국어교육과

② 명·청의 연화, 조선의 민화, 일본의 우키요에의 특성을 비교하고, 유학이 동아시아 사회 전체에 끼친 영향을 구체적 사례를 제시하여 설명해 보자. 그리고 서민 문화의 발달이 경제 발전에 미친 영향을 조사하여 발표해 보자.

관련학과

교육학과, 초등교육과, 역사교육과, 윤리교육과, 사회교육과, 지리교육과, 국어교육과

영역 동아시아의 사회 변동과 문화 교류

성취기준

[12동사03-01] 17세기 전후 동아시아 전쟁의 배경, 전개 과정 및 그 결과로 나타난 각국의 변화를 파악한다.

▶ 17세기를 전후로 발발한 동아시아의 전쟁은 국제 관계 및 정치·사회·문화를 크게 변화시켰으며, 각국의 정치 변화 이후에 나타난 중화 의식의 변화를 비교의 관점에서 이해한다.

탐구주제

3.동아시아사 — 동아시아의 사회 변동과 문화 교류

1 '19세기 광둥 무역 체제와 아편 전쟁'을 주제로 광둥 무역과 아편 전쟁의 내용을 파악해 보자. 그리고 중국 또는 영국의 입장에서 각국의 대표가 되어 가상의 외교 입장문을 작성하고 대외적으로 처한 상황을 반영한 연설문을 작성하여 발표해 보자.

관련학과

교육학과, 초등교육과, 역사교육과, 사회교육과, 지리교육과, 윤리교육과, 국어교육과, 언어교육과

2 '은'의 유통과 교역망의 확대가 동아시아 국제 관계에 영향을 주었다. 이처럼 현대 사회에서 국제 관계에 영향을 크게 미칠 자원이나 재화는 무엇이리고 생각하며, 그 이유가 무엇인지에 대해 자신의 견해를 제시해 보자.

관련학과

전 교육계열

영역 동아시아의 근대화 운동과 반제국주의 민족 운동

성취기준

[12동사04-03] 동아시아 각국에서 서양 문물의 수용으로 나타난 사회·문화·사상적 변화 사례를 비교한다.

▶ 나라별로 수용과 변화의 양상을 나열해 서술하기보다는 만국공법, 사회 진화론, 과학기술, 신문과 학교, 시간과 교통, 도시, 여성, 청년 등의 주제를 중심으로 다루고, 가능할 경우 각국 간의 연관성을 제시하도록 한다.

탐구주제

3.동아시아사 — 동아시아의 근대화 운동과 반제국주의 민족 운동

1 동아시아 각국의 개항 및 식민지배의 정당화를 초래한 조약들의 원문 내용을 분석해 보자. 그러한 조약들이 지닌 불평등 요소와 부당한 이유에 대한 타당한 근거를 제시하며 반박해 보자.

관련학과

교육학과, 초등교육과, 역사교육과, 사회교육과, 지리교육과, 윤리교육과, 국어교육과, 언어교육과

2 역사적 상상력을 발휘하여 각국의 근대화 운동을 주도했던 인물의 연대기 작성, 당시의 사회상을 담고 있는 역사신문 만들기, 연극 시연, 영화 제작 등을 해 보자.

관련학과

교육학과, 초등교육과, 역사교육과, 사회교육과, 지리교육과, 윤리교육과, 국어교육과, 언어교육과, 미술교육과, 음악교육과, 체육교육과, 가정교육과, 공학교육과

영역 오늘날의 동아시아

성취기준

[12동사05-03] 오늘날 동아시아 국가 간의 갈등과 분쟁 사례를 살펴보고 그 해결을 위해 노력하는 자세를 갖는다.

▶ 한·중·일 및 중국과 동남아시아 국가 간 '역사 현안'을 일본군 '위안부' 문제, 일본의 독도에 대한 부당한 영유권 주장, 중국의 고구려사 등 고대사 왜곡 문제, 중국과 동남아시아 국가 간 영토 분쟁 등을 사례로 각각의 구체적인 쟁점에 대해 이해할 수 있도록 한다

탐구주제

3.동아시아사 — 오늘날의 동아시아

1 중국과 동남아시아 국가 간 영토 분쟁, 일본의 독도 영유권 주장, 일본군 위안부 문제, 중국의 동북공정 등 각국의 '역사 현안'에 대해 다룬 해당 국가의 매체 보도 내용을 검색한 후 각국의 입장을 비교하여 분석해 보자.

관련학과

교육학과, 초등교육과, 역사교육과, 사회교육과, 지리교육과, 윤리교육과, 국어교육과, 언어교육과, 컴퓨터교육과

2 각국의 경제 성장 과정에서 주도적인 역할을 했던 인물과 그의 활동 내용을 조사하고 비판적으로 평가해 보자. 그리고 중국이 자국의 지정학적 이점을 바탕으로 해상강국으로 도약하겠다는 21세기 경제 성장 비전을 제시하였는데, 이것이 우리나라를 포함한 주변국에 미칠 영향을 예측해 보자.

관련학과

교육학과, 초등교육과, 역사교육과, 사회교육과, 지리교육과, 윤리교육과, 국어교육과, 언어교육과

활용 자료의 유의점

- (!) 한국사와 세계사를 연결하는 성격에서 동아시아사에 접근
- (!) 동아시아 지역의 문화적 특성을 이해하고 현존하는 과제를 인식하여 상호 발전과 평화를 모색
- (!) 사이버 박물관 탐방, 정보통신기술 및 인터넷 활용, 영화나 예술 작품을 통한 접근 방법 활용
- (!) 다양한 사료, 도표, 통계 자료, 각종 멀티미디어 자료 등 다양한 매체를 활용

사회과

4

세계사

핵심키워드

☐ 인류 출현과 문명 ☐ 중국 소수민족 ☐ 일본의 문화적 영향력 ☐ 이슬람교 ☐ 인도의 대표 종교
☐ 시민 혁명 ☐ 산업 혁명 ☐ 미래학 ☐ 평화협정 ☐ 평화조약 ☐ 평화의 중요성
☐ 지구촌 사회문제 ☐ 지구촌 갈등 ☐ 세계 특이 현상

영역 인류의 출현과 문명의 발생

성취기준

[12세사01-03] 여러 지역에서 탄생한 문명의 내용을 조사하여 공통점과 차이점을 설명한다.

▶ 청동기의 사용, 문자의 발명, 계급의 발생, 도시와 국가의 형성 등이 문명의 발생으로 이어졌으며 중국, 인도, 메소포타미아, 이집트 등지에서 발생한 문명이 다양하게 발전해 나가는 모습을 탐구한다.

탐구주제

4.세계사 — 인류의 출현과 문명의 발생

1. 각 문명의 유물, 유적, 제도 등을 소개하는 초, 중, 고, 특수 학생들을 위한 교육용 학습자료 만들기 활동을 하고, 주변 학생들을 통해 그 효과와 만족도를 검증해 보자.

관련학과

교육학과, 초등교육과, 역사교육과, 사회교육과, 지리교육과, 윤리교육과, 국어교육과, 미술교육과, 컴퓨터교육과, 언어교육과, 음악교육과

2. 선 세계 문명의 발생지는 어떻게 형성된 것일까? 각 문명의 발생지가 갖는 공통적인 특징에 어떤 것들이 있는지 알아보자. 그리고 세계 4대 문명지에서 나타난 유물, 유적, 제도, 문화적 특징 등을 소개하는 자료를 제작해 보자.

관련학과

교육학과, 초등교육과, 역사교육과, 사회교육과, 지리교육과

영역 동아시아 지역의 역사

성취기준

[12세사02-01]	춘추·전국 시대부터 수·당까지 중국사의 전개 과정과 일본 고대 국가의 형성 과정을 살펴보고, 동아시아 문화권의 성격을 이해한다.
[12세사02-02]	송의 정치·사회적 변화를 살펴보고, 몽골의 팽창이 아시아와 유럽에 미친 영향을 탐구한다.
[12세사02-03]	명·청 시대와 에도 시대의 변화를 탐구하여 동아시아 세계의 번동 상황을 파악한다.

탐구주제

4.세계사 — 동아시아 지역의 역사

1. 중국국가통계국의 2015년 데이터에 의하면, 중국은 56개 민족으로 구성된 국가이며, 약 13억 7천만 명 이상의 총인구에서 한(漢)족은 중국 인구의 91.46%에 달한다. 뿐만 아니라, 한족을 제외하고도 55개의 소수 민족이 있는 것으로 나타났다. 현재 중국의 소수 민족이 처한 상황에 대한 사례를 조사하고, 이러한 상황이 초래할 문제점에 대해 발표해 보자.

관련학과
교육학과, 초등교육과, 역사교육과, 사회교육과, 지리교육과, 윤리교육과, 언어교육과

2. 일본의 역사적 흐름과 전통문화가 형성되는 과정을 탐구하여 오늘날의 일본을 이해하는 실마리를 찾아 보자. 더불어 세계화 시대에 일본이 현재 발휘하고 있는 문화적 영향력과 그 특징에 대해 분석해 보자.

관련학과
교육학과, 초등교육과, 역사교육과, 사회교육과, 지리교육과, 윤리교육과, 국어교육과, 언어교육과

영역 서아시아·인도 지역의 역사

성취기준

[12세사03-01]	서아시아 여러 제국의 성립과 발전을 살펴보고, 이슬람교를 중심으로 이슬람 세계의 형성과 확장을 탐구한다. ▶ 종교적 편견에 치우치지 않고 이슬람 세계의 특징을 탐구하여 이슬람과 각지의 교류가 동서 문명에 미친 영향을 알아본다.
[12세사03-02]	고대 인도 왕조들의 성립과 발전을 알아보고, 다양한 종교와 문화가 등장한 배경을 파악함으로써 인도 사회의 성격을 이해한다.

탐구주제

1 이슬람교에 대한 학생들의 궁금증을 설문조사를 통해 알아보고, 그것을 토대로 이슬람교에 대해 올바른 정보를 제공해 줄 수 있는 자료를 제작하여 배부해 보자.

관련학과

교육학과, 초등교육과, 역사교육과, 사회교육과, 지리교육과, 윤리교육과, 국어교육과, 언어교육과

2 인도의 불교, 힌두교, 이슬람교와 관련된 유명 유적지를 찾아보고, 여행사 대표가 되었다는 가정하에 '인도로 떠나는 힐링 종교여행'을 테마로 3개의 대표적 종교를 모두 이해하고 체험할 수 있는 여행 일정표를 제안해 보자.

관련학과

교육학과, 초등교육과, 역사교육과, 사회교육과, 지리교육과, 윤리교육과, 국어교육과, 언어교육과

영역

유럽·아메리카 지역의 역사

성취기준

[12세사04-04] 시민 혁명과 국민 국가의 형성 과정을 이해하고, 산업 혁명의 세계사적 의미를 해석한다.

탐구주제

4.세계사 — 유럽·아메리카 지역의 역사

1 역사를 주제로 한 다양한 자료가 넘쳐나지만 학습에 최적화된 자료를 찾는 것은 학습자 입장에서 쉬운 일이 아니다. 이에 시민혁명과 산업 혁명을 객관적인 시각에서 다루고 있는 양질의 자료(도서, 논문, 평론, 동영상, 영화, 다큐멘터리, 그림 등)들을 선별하여 수집해 보자. 그런 다음 두 혁명이 세계사적으로 지닌 의미를 이해할 수 있는 학습용 자료 목록표를 만들어 공유해 보자.

관련학과

교육학과, 초등교육과, 역사교육과, 사회교육과, 지리교육과, 윤리교육과, 국어교육과, 언어교육과

2 '미래학'은 사회의 과거 또는 현재 모습을 바탕으로 미래사회의 모습을 예측하고, 그 변화의 모델을 제시하는 학문이다. 이러한 미래학과 미래학자들이 내놓는 전망들을 고루 살펴보고, 미래사회에 도래하게 될 '새로운 혁명'은 어떤 것 또는 어떤 분야가 될지 미래학자나 예언가처럼 자신의 생각을 발표해 보자.

관련학과

교육학과, 초등교육과, 역사교육과, 사회교육과, 지리교육과, 윤리교육과, 국어교육과

영역

제국주의와 두 차례 세계대전

성취기준

[12세사05-02] 제1, 2차 세계대전의 원인과 결과를 알아보고, 세계 평화를 실현하기 위한 방법에 대해 토론한다.

▶ 제국주의와 전체주의로 인한 세계 대전의 참상을 이해하고 평화의 소중함을 깨닫도록 한다. 침략의 주체를 지나치게 강조하거나 미화하는 활동은 주의할 필요가 있다.

탐구주제

4.세계사 — 제국주의와 두 차례 세계대전

1. 국제사회에서 '평화협정'이나 '평화조약'을 체결한 후에 제대로 이행되지 않았거나 전쟁이 발생한 사례를 찾아 보자. 이러한 국제적 갈등이나 분쟁을 막고, 세계 평화를 위해 세계 각국이 동의하고 이행해야 하는 공동 협약문을 만들어 발표해 보자.

관련학과

교육학과, 초등교육과, 역사교육과, 사회교육과, 지리교육과, 윤리교육과, 국어교육과, 언어교육과

2. 세계 평화는 분쟁과 다툼 없이 서로 이해하고 우호적이며 조화를 이루는 상태를 말한다. 평화를 대주제로 정하고 '포스터 그리기', '평화 UCC 제작', '외교 편지쓰기', '유엔 청년 어젠다 연설문 작성', '공존과 평화 캠페인', '재능기부 공연 및 나눔' 등의 활동을 친구들과 함께 짜임새 있게 구성하여 '평화 박람회 프로젝트'를 실천해 보자.

관련학과

교육학과, 초등교육과, 역사교육과, 사회교육과, 지리교육과, 윤리교육과, 국어교육과, 언어교육과, 미술교육과, 음악교육과, 컴퓨터교육과

영역

현대 세계의 변화

성취기준

[12세사06-02] 세계화와 과학·기술 혁명이 가져온 현대 사회의 변화를 파악하고, 지구촌의 갈등과 분쟁을 해결하려는 태도를 기른다.

▶ 세계화·정보화·과학기술의 발달 등 현대 사회의 다양한 특성을 이해하고, 세계 각지의 갈등과 분쟁을 세계사적 관점에서 접근함으로써 원인을 규명하고 해결 방안을 모색한다.

탐구주제

1 지구촌의 기후 변화, 식량 부족, 에너지 위기, 빈부 격차, 갈등과 분쟁 등 다양한 문제의 발생 원인이나 해결 방안에 대해서는 여러 가지 입장이 있다. 환경 문제에서도 선진국은 환경 보전을 주장하는 반면에 개발 도상국은 땔감과 식량 부족 등을 해결하기 위해 개발을 주장한다. 지구촌이 당면한 빈부 격차, 환경 문제, 지역 갈등 등 각종 문제를 해결하기 위한 국제 협력 방안에 대해 토의해 보자.

관련학과

교육학과, 초등교육과, 역사교육과, 사회교육과, 지리교육과, 윤리교육과, 국어교육과, 언어교육과

2 오늘날 세계에서 일어나는 '특이한 현상' 중 가장 주목할 만한 것 3가지를 찾아 그러한 현상을 주목해야 하는 이유와 중요성에 대해 논리적으로 제시해 보자.

관련학과

교육학과, 초등교육과, 역사교육과, 사회교육과, 지리교육과, 윤리교육과, 국어교육과, 언어교육과, 컴퓨터교육과

활용 자료의 유의점

- 여러 지역의 독특한 문화적 특징과 역사적 형성 과정을 비교의 관점에서 탐구
- 세계 시민의식을 바탕으로 하여 여러 지역 사이의 문화 교류가 인류문명 발전에 기여한 사실을 탐구
- 과거의 사실과 사건 중에서 중요한 내용을 선정하여 활용
- 독서, 동아리 활동, 협동 학습, 인물 탐구, 사료 분석 등의 방법 활용
- 학생들을 위한 학습 자료를 제공하는 교사의 입장을 가정하여 역할교환을 경험

MEMO

사회과

5

경제

핵심키워드

□ 비용과 편익 □ 기회비용 □ 매몰 비용 □ 중고물품 직거래 □ 공유 시스템 □ 몬티 홀 딜레마 □ 지역화폐 □ 인플루언서 □ 한국 경제의 변화 □ 마스크 5부제 □ GDP □ 반값 우유 정책 □ 과세표준별 세율 □ 최저임금 인상 □ 주52시간 근로제 □ FTA 현황 □ 환율 변동 □ 경제보복 □ 일본 불매운동 □ 투자

영역 경제생활과 경제 문제

성취기준

[12경제01-02] 다양한 사례를 통해 비용과 편익을 고려하여 선택하는 능력을 계발하고 매몰 비용은 의사 결정 과정에서 고려하지 않아야 함과 인간은 경제적 유인에 반응함을 인식한다.

[12경제01-04] 가계, 기업, 정부 등 각 경제 주체가 국가 경제 속에서 수행하는 기본적인 역할을 이해한다.

▶ 재화와 서비스의 소비자이자 생산요소의 공급자로서 가계의 역할, 재화와 서비스의 생산자이자 생산요소의 수요자로서 기업의 역할을 이해한다. 정부는 각종 세금을 거두고, 국방, 치안뿐 아니라 교육, 복지, 사회 간접 자본 등을 제공하기 위해 지출을 하며 역할의 수행 과정에서 재화와 서비스를 소비하기도 하고 생산하기도 한다는 점도 파악한다.

탐구주제

5.경제 — 경제생활과 경제 문제

1. 합리적인 선택을 하려면 선택에 따른 비용과 편익을 잘 따져보아야 한다. 10만 원이라는 예산의 범위에서 신학년도 학급이 필요로 하는 물품을 구입하기 위해 품목별로 비용 대비 편익 분석을 실시하고, 구입 방법 및 장소를 포함하여 가장 합리적인 지출 계획서를 작성한 후 발표해 보자.

관련학과

교육학과, 초등교육과, 사회교육과, 윤리교육과, 국어교육과, 수학교육과

2. 자신의 진로 계획에 따라 고등학교 졸업 이후의 진로 선택 및 결정(취업 및 창업, 대학 진학, 재수, 유학, 군대 입대, 결혼 등)에 따른 5년 간의 명시적 비용과 암묵적 비용을 포함한 기회비용을 계산하여 연도별로 정리해 보자. 다른 친구들의 기회비용과 비교해 보고, 자신의 진로에 따른 비용과 편익을 분석하여 현실적이면서도 잠재적 가능성을 고려한 진로계획과 목표를 수립해 보자.

관련학과

전 교육계열

탐구주제

③ 매몰 비용은 이미 지출되었기 때문에 회수가 불가능한 비용으로 합리적인 의사 결정을 위해서 고려되어서는 안되는 비용이다. 매몰 비용을 고려하지 않아야 하는 이유를 일상생활 속에서 발생할 수 있는 다양한 사례를 통해 발표해 보자. 더불어 명시적 비용과 묵시적 비용 중에서 무엇이 더 중요하다고 생각하는지 자신의 생각을 다양한 방식으로 표현해 보자.

관련학과

교육학과, 초등교육과, 사회교육과, 윤리교육과, 국어교육과, 수학교육과, 가정교육과

④ 종자 보호를 위한 국제 종자 저장고와 종자 및 농산품 경영 방식에 대해 조사해 보자. 인공지능을 기반으로 농업 솔루션을 선보이고 있는 벤처, 스타트업에 대해 조사해 보고, 기술의 도약, 노동 집약, 비영리 단체의 개입 등 다양한 방식으로 인류의 식량 자원과 연결되어 있는 농업 분야의 발전 방향을 모색해 보자.

관련학과

교육학과, 초등교육과, 사회교육과, 윤리교육과, 국어교육과, 언어교육과, 과학교육과, 컴퓨터교육과

영역 시장과 경제활동

성취기준

[12경제02-01] 시장 가격의 결정과 변동 원리를 이해하고, 수요와 공급의 원리를 노동 시장과 금융 시장 등에 적용한다.

▶ 노동의 수요와 공급에 의해 균형 임금이 결정되며, 노동의 수요와 공급이 변하면 이에 따라 임금이 변한다는 점을 학습한다.

[12경제02-03] 경쟁의 제한, 외부 효과, 공공재와 공유 자원, 정보의 비대칭성 등 시장 실패가 나타나는 요인을 파악한다.

[12경제02-04] 시장 실패 현상을 개선하기 위한 정부의 시장 개입과 그로 인해 나타날 수 있는 문제점을 이해하고 이를 보완할 수 있는 방안을 모색한다.

▶ 시장 실패와 이를 개선하기 위한 정부 개입, 정부 실패와 정부 실패에 대한 대책을 균형 있게 학습한다.

탐구주제

5.경제 — 경제생활과 경제 문제

① 당근마켓(Daangn Market)은 주로 동일 지역 내에서 필요로 하는 '중고 물품 직거래'를 위해 이용하거나 구인, 부동산 등의 생활정보를 검색할 수 있는 생활정보 소프트웨어 앱이다. '당근마켓', '유랑마켓' 등과 같은 지역별 온라인 직거래 중고시장의 활성화가 노동 시장과 금융 시장에 미치는 영향과, 다양한 '공유 시스템'의 등장이 시장 경제에 미치게 될 영향에 대해 국내외 사례를 바탕으로 탐구해 보자.

관련학과

교육학과, 초등교육과, 사회교육과, 윤리교육과, 국어교육과, 수학교육과, 가정교육과, 컴퓨터교육과

탐구주제

2 전통 경제학의 가정인 '인간은 합리적이다'라는 가정이 옳지 않다는 것을 증명하는 사례로 유명한 '몬티 홀 딜레마(Monty Hall dilemm)'는 TV 퀴즈 프로그램에 참가한 사람에게 다음과 같은 문제를 낸다. '당신은 3개의 문 중 하나를 골라 그 문 뒤에 있는 상품을 받는다. 하나의 문 뒤에는 포르쉐 자동차가 있고 나머지 2개의 문 뒤에는 염소가 있다. 당신이 문을 선택하면 진행자는 나머지 2개 중 염소가 있는 문을 연다. 이제 당신은 처음 고른 문을 계속 선택하거나 아직 닫혀 있는 다른 문으로 바꿀 수 있다.' 이 상황에서 대다수의 사람들은 확률상 무엇이 이익이라고 생각하는지 분석하고, 그 확률 계산이 수학적으로 합리적인지 계산해 보자. 이러한 유사 사례로 무엇이 더 있는지 조사해서 발표해 보자.

관련학과

교육학과, 초등교육과, 사회교육과, 윤리교육과, 역사교육과, 수학교육과, 과학교육과, 컴퓨터교육과

3 '지역화폐'는 특정 지역에서 자체적으로 발행해 해당 지역 안에서만 사용할 수 있는 화폐를 가리킨다. 국가가 발행하는 법정화폐와 달리 지방자치단체가 발행하고 관리하며, 일명 '고향사랑 상품권'으로도 불린다. 이는 그 형태에 따라 지류형(종이상품권)·모바일형(QR코드 결제 방식)·카드형(선불·충전형) 등으로 나뉜다. 코로나19 상황에 따른경제 위기 대응 정책으로 각 지자체에서 발행하는 지역화폐 제도 실시에 따른 효과와 한계점에 대해 경제적 이론을 토대로 자신의 의견을 발표해 보자.

관련학과

교육학과, 초등교육과, 사회교육과, 윤리교육과, 수학교육과, 과학교육과, 컴퓨터교육과

4 인플루언서는 타인에게 영향력을 끼치는 사람(Influence+er)이라는 뜻의 신조어로, 인플루언서를 활용한 마케팅을 인플루언서 마케팅이라고 일컫는다. 인플루언서 마케팅이 소비심리에 미치는 영향과 실제 이윤 창출 효과를 기존의 마케팅 방식과 비교해 보고, 새로운 환경의 도래에 따라 위기를 맞은 광고업계 대응 방안과 이러한 현상들이 시장가격 결정에 미치게 될 영향을 분석해 보자.

관련학과

교육학과, 초등교육과, 사회교육과, 윤리교육과, 국어교육과, 언어교육과, 가정교육과

영역

국가와 경제활동

성취기준

[12경제03-02] 경제의 순환 과정을 이해하고 경제 주체의 지출과 소득으로 국민경제활동 수준을 파악한다.

[12경제03-03] 실업과 인플레이션의 발생 원인과 경제적 영향을 알아보고, 그 해결 방안을 모색한다.

▶ 신문을 활용하여 최근 경기 상황에 대한 기사, 실업의 원인과 이에 따른 정부의 대책 관련 기사, 청년 실업 관련 기사 등을 학습 자료로 구조화하여 다룬다.

[12경제03-04] 총수요와 총공급을 이용하여 경기 변동을 이해하고 재정 정책과 통화 정책을 통한 경제 안정화 방안을 모색한다.

▶ 경기 변동에 대처하기 위한 재정 정책과 통화 정책의 기본 원리를 알고, 이러한 경제 안정화 정책에 대한 찬반 논쟁도 균형 있게 학습한다.

탐구주제

1 한국 경제의 변화에 대하여 1970년대부터 10년 단위별로 구분하여 국가발전의 원동력이 된 주력 산업과 각 산업이 국민 경제에 미친 성과를 조사해 보자. 앞으로 어떤 산업의 업종이 경쟁력이 있을지 구체적 사례를 제시하고, 그 이유를 설명해 보자.

관련학과

교육학과, 초등교육과, 사회교육과, 윤리교육과, 국어교육과

2 코로나19 확산에 따라 국내에서 발생한 '마스크 대란' 현상의 원인을 분석하고, 우리 정부가 2020년 3월에 발표한 '마스크 수급 안정화 대책'으로 시행한 공적 마스크 제도인 '마스크 5부제'를 다른 나라의 마스크 공급 방식과 비교하여 평가해 보자. 그리고 향후 감염병 유행 시 필요한 대응책에 대해 자신의 의견을 작성해 보자.

관련학과

교육학과, 초등교육과, 사회교육과, 윤리교육과, 국어교육과

3 한국은행 및 통계청 홈페이지에서 최근 10년간 우리나라의 국내 총생산, 경제 성장률, 각종 고용 통계(경제활동참가율, 실업률, 고용률), 소비자 물가 지수, 인플레이션 등을 조사하고 표와 그래프를 활용한 분석 자료를 작성해 보자. 특히 3면 등가의 법칙이 적용되는 GDP 계산 방법에 대해 이해하고, GDP로 나타난 경제지표가 국민들의 삶의 질이나 행복과 상관관계가 있는지에 대해 연도별로 조사하여 상관도를 분석해 보자. 또한 다른 국가들에서도 GDP와 행복지수(UN 산하자문기구인 SDSN의 통계자료 참고)가 비례하는지에 대하여 조사하고, 이 자료를 바탕으로 자신의 경제관을 결론으로 도출해 보자..

관련학과

교육학과, 초등교육과, 사회교육과, 윤리교육과, 수학교육과, 컴퓨터교육과, 공학교육과

4 18세기 프랑스 혁명 당시 급진 지도자였던 '막시밀리앙 로베스피에르'가 '모든 어린이는 우유를 마실 권리가 있다'는 신념에 따라 프랑스인에게 우유를 먹을 수 있는 기본적 권리를 보장하고자 실시하게 된 '반값 우유 정책'은 정부가 시장에 인위적으로 개입하여 가격을 통제한 역사적 사례로 잘 알려져 있다. 이러한 우윳값 통제 정책이 프랑스 경제에 미친 영향을 조사하고, 오늘날 정부의 시장 개입 사사례에 대한 분석을 바탕으로 그 효과와 한계에 대해 발표해 보자.

관련학과

교육학과, 초등교육과, 사회교육과, 역사교육과, 윤리교육과, 국어교육과, 언어교육과

5 일반 시민들의 세금은 낮추면서도 복지를 증진할 수 있는 방법이 있을까? 이러한 문제의식을 토대로 '기업의 세율 인상을 통한 사회 복지 증진 방안'이라는 주제에 대한 탐구계획을 세워보자. 우리나라 과세표준별 세율이 개인과 기업에 따라 어떻게 다르게 적용되는지 비교해보고, 기업이 건전성과 자율성을 기반으로 성장할 수 있는 종합적인 대안을 모색해 보자.

관련학과

교육학과, 초등교육과, 사회교육과, 역사교육과, 윤리교육과, 국어교육과, 언어교육과, 수학교육과

6 실업은 일할 능력과 의사가 있으면서도 일자리를 구할 수 없는 상태를 말한다. 실업에 대한 통계는 대부분 정부의 노동관계 기관에 의해 조사·분석되며, 그 나라 경제의 건전성 여부를 보여주는 주요지표로 간주된다. 실업의 다양한 상황(자발적 실업, 비자발적 실업 등)에 따른 맞춤형 정책을 제안해 보자.

관련학과

교육학과, 초등교육과, 사회교육과, 윤리교육과, 역사교육과, 국어교육과, 가정교육과

영역

세계 시장과 교역

성취기준

[12경제04-01] 비교우위에 따른 특화와 교역을 중심으로 무역 원리를 파악하고, 자유무역과 보호무역 정책의 경제적 효과를 이해한다.

▶ 국가 간 거래의 필요성을 인식하고 비교우위에 따른 특화와 교역의 이득을 중점적으로 학습한다. 무역 정책과 관련해서는 자유무역과 보호무역의 논리를 균형 있게 다룬다.

[12경제04-02] 외환 시장에서 환율이 결정되는 과정과 환율 변동이 국가 경제 및 개인의 경제생활에 미치는 영향을 파악한다.

[12경제04-03] 상품과 서비스 및 자본의 이동에 따른 국제 수지 변화를 이해한다.

▶ 한국은행에서 발표하는 국제 수지표에 나타난 주요 항목을 중심으로 국제 수지를 이해한다. 개별 수지 항목의 세세한 내용을 암기하기보다는 상품과 서비스 및 자본의 국가 간 이동 내역을 기록하는 국제 수지의 기본 개념을 충분히 이해하는 데 중점을 둔다.

탐구주제

5.경제 — 세계 시장과 교역

① 산업통상자원부(tongsangnews.kr/)의 홈페이지에서 '한눈에 보는 우리나라 FTA현황'을 나타낸 도표를 찾아 비판적으로 해석해 보자. 전 세계 국내총생산(GDP) 가운데 우리나라와 자유무역협정(FTA)을 체결한 상대국들의 GDP가 차지하는 비중을 말하는 '경제영토'에 대해 이해하고, 우리나라 경제영토의 상대적 위치에 대하여 판단해 보자. 자유무역과 보호무역의 각 입장에서 주장하는 주요 논리를 분석하고 자신의 입장을 정하여 논리적으로 주장해 보자.

관련학과

교육학과, 초등교육과, 사회교육과, 역사교육과, 윤리교육과, 국어교육과, 수학교육과, 언어교육과

② 환율과 주식, 금값, 부동산, 소비자 물가, 경상수지, 원자재 가격, 외국의 투자, 실질 소득 등과의 관련성을 분석하고, 환율 변동이 나의 실생활에 미치는 체감 사례를 발표해 보자. 특히 '빅맥 지수', '스타벅스 지수', '아이팟 지수'처럼 전 세계 동일한 물건을 구매하는 데 드는 비용, 즉 각국 통화의 상대적 구매력을 반영한 수준으로 결정되는 '구매력평가환율(PPP)'을 비교할 수 있다. 이러한 PPP환율에 따라 현재 1달러로 미국에서 살수 있는 것들을 조사하고, 그것들을 우리나라, 북한, 일본, 중국 등에서 상대적으로 얼마에 살 수 있는지를 비교하여 설명해 보자.

관련학과

교육학과, 초등교육과, 사회교육과, 윤리교육과, 국어교육과, 공학교육과, 수학교육과

③ 일본은 강제 징용 배상 판결에 대한 보복 조치로 한국의 주요 수입 품목 중 일본이 거의 독점하고 있는 3개 품목에 대한 수출 규제를 실시하였다. 이에 한국도 일본 상품 불매 운동으로 맞대응하여 한일 관계는 경색되었다. 이를 한일 양국 간 주요 수출입 물품의 2019년 기준 전후 값의 변화를 분석하여 확인해 보자. 이렇게 악화된 한일 관계가 양국의 정치, 경제에 미치는 영향에 대해 토의해 보자.

관련학과

교육학과, 초등교육과, 사회교육과, 역사교육과, 윤리교육과, 국어교육과

탐구주제

4 동남아시아에 여행을 간다면 환율이 상승할 때와 하락할 때 중 어느 때 가는 것이 좋은지, 필요한 여행 경비를 위해 환전할 때 한화, 달러, 현지화 중 어느 돈으로 가지고 가는 것이 좋은지, 해외 결제를 할 때에는 카드와 현금 결제 중 어느 것이 더 유리한지를 알아보자. 이를 바탕으로 자신이 가고 싶은 나라의 환율변동 추이를 분석하여 가장 합리적인 여행 계획서를 작성해 보자.

관련학과

교육학과, 초등교육과, 사회교육과, 윤리교육과, 역사교육과, 가정교육과, 수학교육과, 국어교육과, 언어교육과

영역

경제 생활과 금융

성취기준

[12경제05-03] 자산 관리를 적절하게 하는 능력을 계발하기 위하여 자산 관리의 원칙을 파악하고, 다양한 금융 상품의 특성을 이해하고 비교한다.

▶ 특정한 금융 상품의 사례를 학습하기보다 예금, 적금, 주식, 채권, 펀드, 보험, 연금 등의 일반적인 특성을 이해하는 데 중점을 둔다.

[12경제05-04] 개인의 생애 주기를 고려하여 건전한 금융 생활을 위한 장·단기 목표를 수립하고, 자신의 재무 계획을 설계한다.

▶ 한국은행에서 발표하는 국제 수지표에 나타난 주요 항목을 중심으로 국제 수지를 이해한다. 개별 수지 항목의 세세한 내용을 암기하기보다는 상품과 서비스 및 자본의 국가 간 이동 내역을 기록하는 국제 수지의 기본 개념을 충분히 이해하는 데 중점을 둔다.

탐구주제

5.경제 — 경제 생활과 금융

1 어떤 돈의 일부를 떼어 일정 기간 모은 것으로 더 나은 투자나 구매를 위해 밑천이 되는 돈을 종잣돈(Seed money)이라 한다. 자신이 용돈을 모아 일정 금액의 종잣돈이 있다고 가정해 보자. 이를 예금, 적금, 주식, 채권, 펀드, 보험, 연금 등의 다양한 금융 상품을 활용하여 재테크를 했을 때, 향후 10년 뒤 각 금융 상품별 자산의 변동 금액을 예측해서 비교표를 작성해 보자.

관련학과

교육학과, 초등교육과, 사회교육과, 국어교육과, 공학교육과, 수학교육과, 가정교육과

2 발전 가능성이 있다고 생각되는 중소기업들의 가치를 분석하여 가상의 투자금 일백만원으로 3~6개월 동안 단기 모의 주식 투자를 실시하고, 수익률과 위험의 상관관계, 성공 요인 혹은 실패 요인 분석, 느낀 점 등을 종합 보고서로 작성하여 발표해 보자.

관련학과

교육학과, 초등교육과, 사회교육과, 국어교육과, 공학교육과, 수학교육과, 가정교육과, 컴퓨터교육과

활용 자료의 유의점

- 경제 현상과 경제적 사실에 대한 관찰, 분류를 통해 개념 및 일반 원리를 습득
- 경제 관련 도표, 통계, 보고서, 연감 등 다양한 유형의 실증적 자료를 읽고 변형하며 추론
- 경제 현상을 다른 사회현상과 관련지어 전체적, 종합적으로 이해
- 논쟁적인 경제 이슈 등을 활용하여 경제 문제를 인식하고 합리적인 의사 결정 도출
- 개인이 직면할 수 있는 일정한 재무 상황을 문제 상황으로 설정하여 탐구 활동에 적용
- 각 금융 상품별로 전문가 모둠을 구성하여 협동 학습 또는 상호 학습 방법 활용
- 금융 회사가 제공하는 웹 혹은 모바일 기반의 모의 투자 게임을 활용
- 모의 투자 시 흥미 위주의 진행을 하지 않도록 하고 다양한 경제 상황과 기업 정보를 탐색

MEMO

사회과

6

정치와 법

핵심키워드

☐ 기본권 ☐ 헌법재판소 ☐ 권력 분립 ☐ 지방자치단체 ☐ 선거 제도 ☐ 선거권 연령
☐ 청와대 국민청원 홈페이지 ☐ 언론사의 성향 ☐ 가짜 뉴스 ☐ 민법 ☐ 근로기준법 ☐ 촉법소년
☐ 소년법 ☐ 표준근로계약서 ☐ 청소년 근로 계약 ☐ 국제적 공조 ☐ 국제기구

영역

민주주의와 헌법

성취기준

[12정법01-03] 우리 헌법에서 보장하는 기본권의 내용을 분석하고, 기본권 제한의 요건과 한계를 탐구한다.

▶ 우리 헌법이 어떤 기본권을 보장하고 어떤 경우에 기본권이 제한될 수 있는지에 대해서 분석하고, 기본권 제한의 한계와 방법에 대해서도 탐구한다.

탐구주제

6.정치와 법 — 민주주의와 헌법

1. 기본권은 반드시 보장받아야 하는 국민의 권리이다. 그러나 모든 경우에 기본권이 우선시될 수는 없으며 국가 안전보장, 질서 유지, 공공복리를 위해서는 필요한 경우 최소한으로 개인의 기본권을 제한할 수도 있다. 기본권 제한의 구체적 사례를 소개하고, 그 이유를 분석해 보자.

관련학과

교육학과, 초등교육과, 사회교육과, 윤리교육과, 국어교육과

2. 헌법재판소는 헌법 해석과 관련된 사안을 사법적 절차에 따라 해결하는 헌법 기관이다. 헌법재판소에 소원할 수 있는 심판으로는 위헌 법률 심판, 탄핵 심판, 정당 해산 심판, 권한쟁의 심판, 헌법소원심판 등이 있다. 헌법재판소의 홈페이지를 통해 변론 영상, 선고 결정문, 사건 통계 자료 등을 열람한 후 가장 인상에 남는 판결 사례를 소개하고 그 이유를 설명해 보자.

관련학과

교육학과, 초등교육과, 사회교육과, 윤리교육과, 국어교육과, 컴퓨터교육과

영역 민주 국가와 정부

성취기준

[12정법02-02] 입법부, 행정부, 사법부의 역할을 이해하고, 이들 간의 상호 관계를 권력 분립의 원리에 기초하여 분석한다.

▶ 국가기관의 세부적인 구성과 조직보다는 국가기관 간의 상호 관계를 권력 분립의 원리에 초점을 맞추어 분석한다.

[12정법02-03] 중앙 정부와의 관계 속에서 지방자치의 의의를 이해하고, 우리나라 지방자치의 현실과 과제를 탐구한다.

▶ 지방자치의 현실과 문제점을 진단하고, 이를 해결하기 위한 구체적인 방안을 탐구하여 우리나라의 지방자치가 나아갈 방향을 모색한다.

탐구주제

6.정치와 법 — 민주 국가와 정부

1 권력 분립에 대한 역사적 기록을 찾아 그 변천사를 정리하고, 우리나라와 주변 국가들의 권력 분립 형태를 비교 분석해 보자. 가장 이상적으로 권력 분립이 이루어지고 있는 국가가 어디인지 그 이유를 실제 사례 및 논문, 통계 등의 자료를 제시하며 설명해 보자.

관련학과

교육학과, 초등교육과, 사회교육과, 윤리교육과, 국어교육과

2 내가 속한 지역의 지방자치단체가 중시하는 현안 문제가 무엇이며, 이와 관련된 이해관계 당사자들의 입장을 분석하여 해결 가능성을 전망해 보자.

관련학과

교육학과, 초등교육과, 사회교육과, 윤리교육과, 국어교육과

영역 정치과정과 참여

성취기준

[12정법03-02] 대의제에서 선거의 중요성과 선거 제도의 유형을 이해하고, 우리나라 선거 제도의 특징과 문제점을 분석한다.

▶ 선거의 중요성을 인식하고 소선거구제, 다수대표제, 비례대표제 등 우리나라에서 현재 운영되고 있는 선거 제도의 특징과 문제점을 분석하여 향후 우리가 지향해야 할 바람직한 선거 제도의 방향을 탐색한다.

[12정법03-03] 정당, 이익집단과 시민단체, 언론의 의의와 기능을 이해하고, 이를 통한 시민 참여의 구체적인 방법과 한계를 분석한다.

▶ 다양한 정치 주체의 기능과 역할을 이해하고, 우리가 일상생활에서 실천할 수 있는 시민 참여의 구체적인 방법을 탐색한다.

탐구주제

6.정치와 법 — 정치과정과 참여

1 우리나라 선거 제도를 다른 나라의 선거 제도와 비교하여 그 특징을 분석하고, 공정한 선거를 위해 보완해야 할 점이 무엇인지 의견을 제안해 보자.

관련학과

교육학과, 초등교육과, 사회교육과, 윤리교육과, 역사교육과, 국어교육과

2 선거권 연령의 적정 나이가 몇 살이라고 생각하는지 자신의 의견을 말해 보자. 그리고 '학생의 정치활동 참여'를 주제로 3분 스피치를 진행해 보자.

관련학과

교육학과, 초등교육과, 사회교육과, 윤리교육과, 역사교육과, 국어교육과

3 청와대 국민 청원과 각 지방자치단체의 주민 참여 홈페이지에 게시된 청원들을 살펴보고 내용들을 비교해 보자. 그 가운데 자신이 공감하는 청원 내용을 소개하고, 그 이유를 설명해 보자.

관련학과

교육학과, 초등교육과, 사회교육과, 윤리교육과, 역사교육과, 국어교육과

4 사회적으로 이슈가 되는 사건이나 사안이 발생한 경우 주요 언론매체들이 동일 사건을 어떤 관점에서 다루고 있는지 공통점과 차이점을 비교해 보자. 나아가 언론의 공정하고 균형 잡힌 보도가 중요한 이유를 설명해 보자.

관련학과

교육학과, 초등교육과, 사회교육과, 윤리교육과, 역사교육과, 국어교육과

5 '가짜 뉴스'의 사례를 수집하고 가짜 뉴스 구별법을 안내하는 포스터와 동영상을 제작한 후 SNS 및 온라인 매체를 통해 홍보하는 캠페인 활동을 실천해 보자.

관련학과

교육학과, 초등교육과, 사회교육과, 윤리교육과, 역사교육과, 국어교육과

6 대의민주주의가 제대로 운영되기 위해서는 대표자를 뽑는 선거에서 유권자들의 투표가 무엇보다 중요하다. 우리나라의 역대 선거에서 연령별, 지역별, 성별, 직종별 투표율을 찾아 분석해보고, 투표 참여율을 높이기 위한 방법에 대해 제안해 보자.

관련학과

교육학과, 초등교육과, 역사교육과, 사회교육과, 지리교육과

영역

개인 생활과 법

성취기준

[12정법04-02] 재산 관계(계약, 불법행위)와 관련된 기본적인 법률 내용을 이해하고, 이를 일상생활의 사례에 적용한다.

▶ 민법의 주요 내용인 재산 관계를 계약, 불법행위 등의 개념에 초점을 맞추어 기본적인 법률 내용을 확인하고 이를 일상생활의 사례에 적용한다. 여기서 민사 소송 등 분쟁 해결 절차는 다루지 않는다.

[12정법03-03] 가족 관계(부부, 부모와 자녀)와 관련된 기본적인 법률 내용을 이해하고, 이를 일상생활의 사례에 적용한다.

▶ 가족 관계를 혼인과 부부 관계, 부모와 자녀 관계(친자 관계, 친권)에 초점을 맞추어 기본적인 법률 내용을 확인하고 이를 일상생활의 사례에 적용한다. 상속 및 유언 등은 이 성취기준에서 주된 내용이 아니므로 지나치게 상세하게 다루지 않도록 한다.

탐구주제

6.정치와 법 — 개인 생활과 법

1 가족 및 재산 관계를 다룬 민법에 대해 '생활법률 소개 코너'를 만들어 친구들을 대상으로 한 '법 교양 신장 프로젝트'를 추진해 보자.

관련학과

교육학과, 초등교육과, 사회교육과, 윤리교육과, 역사교육과, 국어교육과

2 민법의 고용계약(제655조~663조)에 관한 조항이 있음에도 '근로기준법'이라는 특별법을 만든 이유를 탐색해 보고, 민법과 근로기준법의 한계를 찾아 발표해 보자.

관련학과

교육학과, 초등교육과, 사회교육과, 윤리교육과, 역사교육과, 국어교육과

3 '부부가 혼인 중에 인공수정으로 자녀를 출생한 경우 해당 자녀는 부부가 이혼하더라도 법적인 친자 관계로 보는 것이 옳다'는 대법원의 판결(2019.10.23.)에 대한 자신의 의견을 발표해 보자.

관련학과

교육학과, 초등교육과, 사회교육과, 윤리교육과, 가정교육과, 역사교육과, 국어교육과

4 양부모의 학대로 2020년 10월, 생후 16개월 만에 세상을 떠난 입양아 '정인이 사건'이 발생하였다. 시민들은 이 사건에 대해 '아동학대치사죄'가 적용되는 것에 공분하였다. 이에 양형기준을 강화하여 '아동학대살인죄'를 적용해야 한다는 데 국민들의 공감대가 형성되는 상황이다. 가정 내 아동학대 범죄가 발생하였을 때 법적 조치 방안과 재발 방지 대책에 대해 토론해 보자. 더불어 장래 교사로서 아동학대 의심 학생을 발견했을 때, 어떻게 대처해야 할 것인지에 대해 설명해 보자.

관련학과

전 교육계열

영역

사회 생활과 법

성취기준

[12정법05-02] 형법의 의의와 기능을 죄형법정주의를 중심으로 이해하고, 범죄의 성립 요건과 형벌의 종류를 탐구한다.

▶ 죄형법정주의를 중심으로 형법의 의의, 범죄의 의미와 형벌의 종류를 이해하고, 형사 절차에서 인권 보장을 위해 마련된 원칙과 제도를 탐구한다.

[12정법05-03] 법에 의해 보장되는 근로자의 기본적인 권리를 이해하고, 이를 일상생활의 사례에 적용한다.

▶ 가족 관계를 혼인과 부부 관계, 부모와 자녀 관계(친자 관계, 친권)에 초점을 맞추어 기본적인 법률 내용을 확인하고 이를 일상생활의 사례에 적용한다. 상속 및 유언 등은 이 성취기준에서 주된 내용이 아니므로 지나치게 상세하게 다루지 않도록 한다.

탐구주제

6.정치와 법 — 사회 생활과 법

1 소년법에 대해 조사하고 촉법소년의 적정 연령 기준을 몇 세로 정하는 것이 합리적이라고 생각하는지 논리적 근거를 바탕으로 밝히고, 범죄소년에 대한 사회적 대안을 제시해 보자.

관련학과

교육학과, 초등교육과, 사회교육과, 윤리교육과, 역사교육과, 국어교육과, 가정교육과

2 표준근로계약서 양식과 작성법을 활용하여 장차 대학생이 되어서 아르바이트를 하게 될 경우의 근로계약서와, 자신의 진로 희망에 따라 미래에 취업하고 싶은 회사 또는 고용주와의 가상의 근로계약서를 작성해 보자.

관련학과

교육학과, 초등교육과, 사회교육과, 윤리교육과, 역사교육과, 국어교육과, 수학교육과

3 청소년(미성년자)들이 근로 계약을 맺었을 때 보호받을 수 있는 법적 권리의 내용에 대하여 익힌 후, 실제 청소년들이 경험한 노동법 위반 사례를 법적 근거를 바탕으로 탐구해 보자.

관련학과

교육학과, 초등교육과, 사회교육과, 윤리교육과, 역사교육과, 국어교육과, 가정교육과

MEMO

영역

국제 관계와 한반도

성취기준

[12정법06-02] 국제 문제(안보, 경제, 환경 등)를 이해하고, 이를 해결하기 위해 국제기구들이 수행하는 역할과 활동을 분석한다.

▶ 국제연합, 국제사법재판소 등 국제기구들이 다양한 국제 문제와 관련해서 어떤 역할과 활동을 수행하는지를 탐색한다.

탐구주제

6.정치와 법 — 국제 관계와 한반도

1 범죄인 인도 조약 및 인터폴을 통한 국제적 공조가 갖는 긍정적 효과와 홍콩의 송환법 반대 시위의 사례에서처럼 악용 우려의 가능성에 대한 대안을 모색해 보자.

관련학과

교육학과, 초등교육과, 사회교육과, 윤리교육과, 역사교육과, 국어교육과, 언어교육과

2 국제기구는 조약에 입각하여 복수의 주권국가로 구성되어, 일정한 목적하에 국제법상 독자적으로 존재하는 동시에 자체기관에 의하여 독자적인 행동을 하는 조직체를 말한다. 국제기구의 종류와 역할에 대해 설명하고, 미래 사회에 걸맞는 국제기구의 변화 모습을 전망해 보자.

관련학과

교육학과, 초등교육과, 사회교육과, 윤리교육과, 역사교육과, 국어교육과, 언어교육과, 컴퓨터교육과

활용 자료의 유의점

- (!) 국내의 주요 신문이나 방송, 인터넷, 영화, 시사만화, 대법원 판례, 통계 자료 등을 활용하여 구체적인 사례를 제시하는 것이 필요
- (!) 우리나라와 다른 나라의 사례를 함께 활용하고 관련 기관의 사이트, 기관을 직접 방문하는 활동
- (!) 지엽적 사실, 지나치게 어려운 법률 내용, 단순 암기 학습 등은 지양
- (!) 개별 사안에 대한 정치적 견해, 판결문 작성 등의 활동을 통해 논점의 추출 요구
- (!) 정책 결정 과정에의 참여 활동, 법원 재판 방청 소감문 작성이나 법 관련 단체 홈페이지 방문, 법제처 등에 의견 제시하기 등 체험 활동
- (!) 정치와 법 현상과 관련된 다양한 가치 갈등이나 쟁점에 대한 비판적 분석

사회과

7

사회·문화

핵심키워드

☐ 양적 연구 ☐ 질적 연구 ☐ 사회갈등의 순기능과 역기능 ☐ 일탈행위 ☐ 다문화 정책 ☐ 샐러드볼 이론 ☐ 국수 대접 이론 ☐ 상대주의적 태도 ☐ 문화 지체 현상 ☐ 사회적 소수자 문제 ☐ 소수 집단 우대 정책 ☐ 팬데믹 ☐ 보편 복지 ☐ 선별 복지 ☐ 저출산·고령화 사회 ☐ 사회 운동

영역 사회·문화 현상의 탐구

성취기준

[12사문01-01] 사회·문화 현상이 갖는 특성을 분석하고 다양한 관점을 적용하여 사회·문화 현상을 설명한다.

▶ 사회·문화 현상의 특성을 자연 현상의 특성과 비교하여 분석하고 사회·문화 현상을 기능론, 갈등론, 상징적 상호 작용론 등 다양한 관점에서 특징을 파악한다.

[12사문01-02] 사회·문화 현상을 탐구하기 위한 양적 연구 방법과 질적 연구 방법의 특징 및 차이점을 비교한다.

▶ 두 연구 방법의 전통이나 특징을 대조하는 데 머무르지 않고, 필요한 경우 이들을 상호 보완적으로 활용함으로써 사회·문화 현상을 보다 잘 파악할 수 있다는 점을 인식한다.

탐구주제

7.사회·문화 — 사회·문화 현상의 탐구

1. 교육, 문화, 정치, 경제 등과 관련한 사회·문화 현상이나 주요 사건을 선정하여 기능론, 갈등론, 상징적 상호 작용론의 관점에서 분석하고, 그러한 현상이 지니는 효용성과 한계점을 비교해 보자.

관련학과

교육학과, 초등교육과, 사회교육과, 윤리교육과, 국어교육과

2. '금연 교육이 청소년 흡연 예방에 미치는 효과', '비대면 원격 수업이 학생들의 우울감에 증가에 미치는 영향' 등 사회·문화와 관련된 자신의 관심 분야를 주제로 정하여 탐구계획을 세워보자. 결과의 객관적 검증을 위해 양적 연구 방법과 질적 연구 방법을 병행하여 실시하고, 각각의 특징과 장점 및 한계점을 비교하여 발표해 보자.

관련학과

교육학과, 초등교육과, 사회교육과, 윤리교육과, 국어교육과

영역 개인과 사회 구조

성취기준

[12사문02-03] 사회 집단 및 사회 조직의 유형과 사례를 조사하고 그 특징을 비교한다.

[12사문02-04] 개인과 사회 구조의 관계 속에서 발생하는 일탈 행동을 다양한 관점에서 분석한다.

▶ 다양한 일탈 행동을 아노미 이론, 차별 교제 이론, 낙인 이론 등을 통해 분석하고 비교하며 각 이론의 유용성과 한계를 인식한다.

탐구주제

7.사회·문화 — 개인과 사회 구조

1. '사회에서 나타나는 갈등이 부정적인 것만은 아니다'라는 의미가 무엇인지 생각해 보고, 사회갈등의 순기능과 역기능에 대해 균형감 있는 태도의 중요성을 논리적으로 설명해 보자. 이를 근거로 자신이 쉽게 접할 수 있는 미디어 매체에서 오늘 날짜의 교육, 문화, 정치, 경제 등과 관련한 주요 뉴스를 탐색하고 그 중 한 가지 사건이나 현상을 소재로 선정하여 기능론, 갈등론, 상징적 상호 작용론의 관점에서 그 효용성과 한계를 비교해 보자.

관련학과
전 교육계열

2. 자신이 현재 소속해 있는 여러 집단이나 조직을 모두 나열해보고, 이것을 사회 집단 및 사회 조직을 구분하는 유형별 특징과 개념에 따라 구분해 보자.

관련학과
교육학과, 초등교육과, 사회교육과, 윤리교육과, 국어교육과, 가정교육과

3. 일탈 행위를 주제로 한 드라마나 영화 또는 실제로 매체에 보도된 사례를 통해 일탈자가 일탈 행동에 이르게 되는 과정을 분석하고 아노미, 차별 교제, 낙인 이론을 적용하여 탐구해 보자.

관련학과
교육학과, 초등교육과, 사회교육과, 윤리교육과, 국어교육과

영역 문화와 일상생활

성취기준

[12사문03-02] 하위문화의 의미를 주류 문화와의 관계 속에서 설명하고 다양한 하위문화의 특징과 기능을 분석한다.

▶ 지역 문화, 세대 문화, 반문화 등 다양한 하위문화의 특징과 기능을 이해하고 현대 사회의 문화 다양성 측면에서 하위문화의 역할이 중요하다는 점을 강조한다.

[12사문03-04] 문화 변동의 요인과 양상을 탐구하고 문화 변동 과정에서 발생하는 문제에 대한 대처 방안을 모색한다.

탐구주제

7.사회·문화 — 문화와 일상생활

1 다문화 정책에 대한 이론 중에서 샐러드볼 이론과 국수 대접 이론의 공통점과 차이점을 비교해 보자. 그리고 하위문화와 주류 문화의 역동적인 상호 관계를 보여주는 구체적 사례를 찾아 두 문화 간의 상관관계와 실태를 비판적으로 분석해 보자.

관련학과

교육학과, 초등교육과, 사회교육과, 윤리교육과, 국어교육과

2 문화 전파, 문화 접변 등 문화 변동의 양상을 조사하고 문화 상대주의적 태도가 필요한 이유를 제시해 보자. 나아가 현대의 다원주의에 기반한 사회에서 '사회가 학생들에게 무엇을 가르쳐야 하는가?' 또는 '사회가 학생들을 어떤 방법으로 가르쳐야 하는가?'에 대한 주제로 우리 교육의 현주소와 미래 교육의 방향을 제시해 보자.

관련학과

교육학과, 초등교육과, 사회교육과, 윤리교육과, 국어교육과, 가정교육과

3 사회학자인 오그번이 '물질문명의 변화에 비하여 비물질적, 정신적 문화 요소의 변동 속도가 느리기 때문에 나타나는 혼란'을 문화 지체라고 칭한 바 있다. 오늘날 1인 1스마트폰 시대를 사는 현대인들의 온라인 댓글 사례들을 분석해보고 '문화 지체 현상'에 대한 문제의식과 해결방법을 모색해 보자.

관련학과

교육학과, 초등교육과, 사회교육과, 윤리교육과, 국어교육과, 컴퓨터교육과

영역 사회 계층과 불평등

성취기준

[12사문04-03] 다양한 사회 불평등 양상을 조사하고 그와 관련한 차별을 개선하기 위한 방안을 모색한다.

▶ 사회적 소수자, 성 불평등, 빈곤의 양상과 그 문제점 및 해결 방안을 탐색한다. 특히 사회적 소수자는 인종, 민족, 국적, 신체 등 다양한 요인에 의해 규정되며 그에 따른 차별에 대한 대응이 필요하다.

[12사문03-04] 사회 복지의 의미를 설명하고 복지 제도의 유형과 역할 및 한계를 분석한다.

탐구주제

7.사회·문화 — 사회 계층과 불평등

1 사회적 소수자 문제를 다룬 대중매체를 통해 구체적인 불평등 양상에 대해 유형별로 파악하고, 이를 해결하기 위한 구체적 방안을 탐색해 보자.

관련학과

교육학과, 초등교육과, 사회교육과, 윤리교육과, 국어교육과, 가정교육과, 외국어교육과

탐구주제

7.사회·문화 — 사회 계층과 불평등

2 소수 집단 우대 정책은 소수 집단이 그간 부당하게 받아 온 차별을 시정하기 위해 1961년 미국의 케네디 대통령이 '고용과 교육에서 인종·종교·출신 국가 등을 이유로 차별하지 않는다'는 행정 명령에 서명하면서 등장하였다. 이 정책은 사회적 차별에 대한 적극적 시정 조치로서 흑인·히스패닉·여성 등 사회적으로 차별을 받는 사람들에게 대학 입학과 취업 등에서 혜택을 주는 제도이다. 이와 같은 취지로 우리 사회에서 운영되고 있는 소수 집단에 대한 우대 정책 및 제도에는 무엇이 있는지 조사해 보자.

관련학과

교육학과, 초등교육과, 사회교육과, 윤리교육과, 국어교육과, 가정교육과

3 코로나19의 팬데믹 현상으로 인해 각 국가들은 전염병으로 인한 경제위기에서 탈출하고자 다양한 방안과 정책을 실시하였다. 그 중 '기본재난소득 지급'에 대한 논쟁이 복지 정책의 범주와 어떤 관련이 있는지 조사해 보자. 더 나아가 세계 복지 선진국과 우리나라의 복지 제도를 비교하고, 보편 복지와 선별 복지에 대한 자신의 입장을 논리적으로 발표해 보자.

관련학과

교육학과, 초등교육과, 사회교육과, 윤리교육과, 국어교육과, 가정교육과

영역

현대의 사회 변동

성취기준

[12사문05-01] 사회 변동을 설명하는 다양한 이론을 비교하고 사회 운동이 사회 변동에 미치는 영향을 분석한다.

▶ 진화론, 순환론, 기능론, 갈등론 등의 특징을 비교하고 사회 변동의 요인으로서 사회 운동의 의의와 역할을 인식한다.

[12사문05-04] 전 지구적 수준의 문제와 그 해결 방안을 탐색하고 세계시민으로서 지속 가능한 사회를 위해 노력하는 태도를 가진다.

▶ 환경 문제, 자원 문제, 전쟁과 테러 등의 양상을 살펴보고, 이에 대응하는 과정에서 세계시민으로서의 의식과 실천이 중요하다는 점을 인식한다.

탐구주제

7.사회·문화 — 현대의 사회 변동

1 20세기 이후로 현재에 이르기까지 세계의 변화 양상을 알 수 있는 통신기기 또는 기술, 교통수단, 직업 등의 분야 중 하나를 선정하고 주요 변천사를 정리하여 연표로 제작해 보자. 이를 바탕으로 내가 10년 후에 직면하게 될 우리 사회의 변화를 예상해 본 후 미래 사회를 준비하기 위한 자신의 진로 계획서를 작성하여 발표해 보자.

관련학과

교육학과, 초등교육과, 사회교육과, 윤리교육과, 국어교육과, 가정교육과, 외국어교육과, 공학교육과, 과학교육과, 컴퓨터교육과

탐구주제

2 저출산·고령화 사회를 맞이하여 현재 추진되고 있는 사회 정책들을 조사해 보자. 그리고 경제적, 교육적, 사회 복지적, 문화적, 기술적 측면에서 앞으로 추진될 필요가 있는 정책에 대해 구체적으로 제안해 보자.

관련학과

교육학과, 초등교육과, 사회교육과, 윤리교육과, 국어교육과, 가정교육과

3 현대 사회는 환경오염, 경제적 빈곤, 종교적 분쟁, 자원 부족, 생태계 파괴 등 다양한 위기 상황에 직면해 있다. 이러한 문제는 어느 한 지역에서 발생하여 세계 여러 나라에 영향을 주거나, 같은 문제가 여러 지역에서 동시다발적으로 발생하기도 한다. 이와 같이 전 지구적 차원의 문제 중 하나를 선정하여 일상 속 해결 방안을 모색하는 프로젝트를 기획해 보자.

관련학과

교육학과, 초등교육과, 사회교육과, 윤리교육과, 국어교육과, 가정교육과, 과학교육과, 컴퓨터교육과, 공학교육과

4 '사회 운동'이란 구체적인 사회문제를 해결하거나 현존 사회 체제를 근본적으로 변혁하기 위하여 대중이 자발적으로 하는, 조직적이고 집단적이며 지속적인 행위를 말한다. 사회운동으로는 학생운동, 노동운동, 환경운동, 여성운동, 문화운동, 인권운동 등 다양한 분야가 존재한다. 우리 사회를 긍정적으로 변화시키기 위해 내가 앞장서고 싶은 사회 운동 분야가 있다면 무엇인지 발표해 보자.

관련학과

교육학과, 초등교육과, 사회교육과, 윤리교육과, 국어교육과

활용 자료의 유의점

- ! 문화 변동을 탐구할 때는 영화, 드라마 등 영상 자료나 그림, 조각 등과 같은 예술 작품을 활용
- ! TV 드라마, 뉴스, 광고, 기사 등을 시청자나 독자 및 청소년의 입장에서 비판적으로 분석
- ! 자신과 주변의 일상생활과 관련된 사례를 다룰 때는 개인 정보 노출 및 사생활 침해에 유의
- ! 하위문화를 다룰 때 특정 문화에 대해 단순 호기심이나 편견을 갖지 않도록 유의
- ! 사회 불평등을 묘사하고 있는 예술 작품 또는 사회 불평등 문제를 다룬 신문 기사를 스크랩

MEMO

사회과

8

사회문제 탐구

핵심키워드

☐ 사회문제 탐구 방법과 절차 ☐ 사회현상 ☐ 게임 과몰입 ☐ 정보사회의 역기능 ☐ 정보사회의 문제
☐ 범죄 유형 ☐ 학교 폭력 ☐ 저출산·고령화 ☐ 사회적 소수자 ☐ 차별
☐ 2018 덴마크 개항 ☐ 덴마크 교육 ☐ 메타분석

영역

사회문제의 이해

성취기준

[12사탐01-02] 사회문제 탐구를 위한 과학적 방법과 절차를 파악하고, 사회문제 탐구를 위해 필요한 다양한 자료 수집 방법의 특징을 설명한다.

탐구주제

8.사회문제 탐구 — 사회문제의 이해

1 통계청, 한국은행, 여론조사 기관 등에서 사회현상에 대해 통계적 조사를 수행한 주요 사안과 통계 자료들에 어떤 것이 있는지 조사하여 사회문제 탐구를 위한 자료수집 방법을 경험해 보자.

관련학과

교육학과, 초등교육과, 사회교육과, 윤리교육과, 국어교육과, 수학교육과, 컴퓨터교육과

2 '청소년의 용돈 금액과 주요 사용처 파악하기', '화장을 시작하는 시기와 화장의 정도, 선호하는 화장품, 화장품 사용 시 부작용 발생 경험', '스마트폰 중독' 등 교내의 사회적 현상 중 내가 관심 있는 것을 한 가지 선정해 보자. 그리고 과학적 방법과 절차를 적용하여 해당 문제를 탐구한 후 그 결과를 보고서로 작성해 보자.

관련학과

교육학과, 초등교육과, 사회교육과, 윤리교육과, 국어교육과, 수학교육과

영역

게임 과몰입

성취기준

[12사탐02-01] 정보사회의 의미와 특징을 이해하고, 정보사회에서 나타나고 있는 다양한 사회문제에 대해 조사한다.

[12사탐01-02] 또래집단에 대한 관찰을 통해 게임 과몰입으로 인해 나타나는 문제점을 인식하고, 사회문제 탐구 절차를 적용하여 게임 과몰입 문제에 대한 탐구 계획을 수립한다.

탐구주제

8.사회문제 탐구 — 게임 과몰입

1 '게임 과몰입 실태 조사'를 하기 위해 이미 검증된 진단 설문 검사지를 찾아 보자. 이를 바탕으로 혼자 있는 시간, 게임 시간, 게임 장소, 집중도, 일상생활 지장 여부, 게임 유형, 학업성적, 스트레스 정도 등 조사하고 싶은 내용을 재구성하여 설문지를 제작해 보자. 그런 다음 친구들에게 직접 설문조사를 실시하여 게임 과몰입 실태를 분석해 보자.

관련학과

교육학과, 초등교육과, 사회교육과, 윤리교육과, 국어교육과, 수학교육과, 컴퓨터교육과

2 정보화는 우리 생활에 많은 편리함과 혜택을 주지만 사이버불링, 사생활 침해, 저작권 침해, 가짜 뉴스 유포 등 역기능도 존재한다. 이러한 역기능과 관련된 사회적 쟁점을 소개하고, 해결 방안을 모색해 보자.

관련학과

교육학과, 초등교육과, 사회교육과, 윤리교육과, 국어교육과, 컴퓨터교육과

3 정보사회 문제 해결을 위해 개인적 차원의 노력과 더불어 사회·제도적 차원의 노력이 병행되어야 함을 이해하고, 정보통신위원회, 시민단체, 사이버범죄수사대 등 관련 기관들을 찾아 각각의 주요 역할과 실질적 활용 방법을 탐구해 보자.

관련학과

교육학과, 초등교육과, 사회교육과, 윤리교육과, 국어교육과, 컴퓨터교육과

영역

학교 폭력

성취기준

[12사탐03-02] 학교 공동체에서 발생하는 폭력 문제의 심각성을 인식하고, 사회문제 탐구 절차를 적용하여 학교 폭력 문제에 대한 탐구 계획을 수립한다.

탐구주제

8.사회문제 탐구 — 학교 폭력

① 신문이나 뉴스 등 시사 자료와 통계자료 등을 활용한 문헌 연구법을 통해 최근 우리 사회에서 발생한 각종 범죄의 유형을 분석한 후 대책 방안을 모색해 보자. 이와 관련하여 학교 폭력의 유형 및 실태에 대해서도 정리해 보자.

관련학과

교육학과, 초등교육과, 사회교육과, 윤리교육과, 국어교육과, 수학교육과, 컴퓨터교육과

② 경찰, 법원, 교도소, 소년원 등 학교 폭력 범죄 해결을 위한 관련 기관의 역할에 대해 조사하고, 각 기관별 역할에 대해 쉽게 기억할 수 있는 효과적인 홍보 자료를 제작해 보자. 또한 관련 분야에 종사하는 사람들의 다양한 직업에 대해서도 조사하여 발표해 보자.

관련학과

교육학과, 초등교육과, 사회교육과, 윤리교육과, 국어교육과, 컴퓨터교육과

③ 학술정보서비스(www.riss.kr/), 국회전자도서관(www.nanet.go.kr/) 등에 접속하여 학교 폭력 예방에 기여하는 요인들에 대해 탐구한 연구 자료들로는 어떤 것이 있는지 검색해보고, 학교 폭력 예방에 효과적 결과를 도출한 요인들을 종합하여 이를 학교에 적용시키기 위한 구체적 방안을 모색해 보자.

관련학과

교육학과, 초등교육과, 사회교육과, 윤리교육과, 국어교육과, 컴퓨터교육과

영역

저출산·고령화에 따른 문제

성취기준

[12사탐04-03] 저출산·고령화의 원인에 대한 다양한 관점을 파악하고, 비용 편익 분석 등을 통해 저출산·고령화 문제 해결을 위해 제시된 대안들을 평가한다.

탐구주제

8.사회문제 탐구 — 저출산·고령화에 따른 문제

① 우리나라 출산율의 증감 추이를 광복 이후 10년 주기로 조사하여 원인을 분석하고, 향후 50년 뒤 평균 수명의 증가 수치를 추정해서 미래 사회의 모습을 전망해 보자.

관련학과

교육학과, 초등교육과, 사회교육과, 윤리교육과, 국어교육과, 수학교육과, 컴퓨터교육과

② 비용 편익 분석 방법을 통해 저출산·고령화 문제를 해결하고자 기존에 제시된 대안들로는 어떤 것들이 있는지 KOSIS 국가통계포털 사이트(kosis.kr/), SGIS통계지리정보서비스 플러스(sgis.kostat.go.kr/)에서 제공하는 관련 자료 등을 분석하여 비판적으로 평가해 보자.

관련학과

교육학과, 초등교육과, 사회교육과, 윤리교육과, 국어교육과, 컴퓨터교육과

탐구주제

8.사회문제 탐구 — 저출산·고령화에 따른 문제

③ 저출산·고령화 사회가 가속되는 경우, 우리 사회에서 앞으로 수요가 증가할 것으로 예상되는 직업과 수요가 감소할 것으로 예상되는 직업에 대해 조사해 보자. 그리고 자신이 희망하는 직업의 미래 전망에 대해 평가해 보자.

관련학과

전 교육계열

영역 사회적 소수자에 대한 차별

성취기준

[12사탐05-02] 사회적 소수자 문제가 지구촌 곳곳에서 나타나고 있음을 인식하고, 사회문제 탐구 절차를 적용하여 사회적 소수자 차별 문제에 대한 탐구 계획을 수립한다.

탐구주제

8.사회문제 탐구 — 사회적 소수자에 대한 차별

① TV, 영화, 광고 등 대중매체를 통해 무의식적으로 나타나고 있는 사회적 소수자에 대한 다양한 편견과 차별의 양상을 관찰하여 유형별로 파악해 보자.

관련학과

교육학과, 초등교육과, 사회교육과, 윤리교육과, 역사교육과, 국어교육과, 컴퓨터교육과, 언어교육과, 특수교육과

② 같은 학교 학생들 100명을 대상으로 사회적 소수자에 대한 차별의식을 조사하는 설문지를 제작하고 배부, 회수하여 결과를 분석해 보자.(소인수 학교인 경우 소셜 네트워크를 활용하여 일반인 대상의 온라인 설문조사를 해 보자.) 더불어 사회적 소수자의 부당한 차별에 대해 경각심을 일으킬 수 있는 실제 사례를 분석하여 보고서를 작성하자. 이를 바탕으로 국내외용 온라인 계도 자료를 각각 만들고, 차별의식 개선을 목적으로 친구들과 협업하여 미니 공연이나 공개 포럼 등의 행사를 진행해 보자.

관련학과

교육학과, 초등교육과, 사회교육과, 윤리교육과, 역사교육과, 국어교육과, 컴퓨터교육과, 언어교육과, 특수교육과

MEMO

영역

사회문제 사례연구

성취기준

[12사탐06-01] 자신이 일상생활에서 경험하는 사회문제 중 하나를 탐구 대상으로 선정하고, 선정 이유에 대해 설명한다.

[12사탐06-01] 선정한 사회문제를 해결하기 위한 탐구 계획을 수립하고, 다양한 자료 수집 방법을 활용하여 선정한 사회문제의 현황을 분석한다.

탐구주제

8.사회문제 탐구 — 사회문제 사례연구

1 친구들과의 토의 활동을 통해 자신이 선정한 사회문제에 대한 다양한 관점을 파악하여 각 입장을 정리해 보자. 그리고 기존의 다양한 이론적 관점과 비교하여 공통점과 특이점을 분류하고, 탐구를 위한 경험적 자료로 활용해 보자.

관련학과

교육학과, 초등교육과, 사회교육과, 윤리교육과, 역사교육과, 국어교육과

2 교육과 관련된 주요 현안(기초학력저하, 과잉 사교육, 교육격차, 경쟁적 입시구조 등) 중 심각한 사회문제에 해당되는 것이 무엇인지 숙고하여 토의 주제로 선정한 후, 사회문제 해결 방안에 대한 그룹 토의 활동을 진행해 보자. 토의를 통해 도출된 해결 방안들 중에서 한 가지를 정하여 직접 실천해 보고, 해결 과정 전체를 종합하여 사회탐구 실천보고서를 작성하고 발표해 보자.

관련학과

교육학과, 초등교육과, 사회교육과, 윤리교육과, 역사교육과, 국어교육과

3 외교부 홈페이지의 간행물 자료 등을 참고하여 덴마크의 교육과 관련된 자료를 조사해 보자. 덴마크는 치열한 입시 경쟁이 없고 학비도 무료로 알려져 있어 교육의 천국이라 불린다. 이처럼 덴마크 교육이 긍정적으로 평가되는 원인을 탐구하고, 우리나라의 교육에 주는 시사점을 도출해 보자.

관련학과

전 교육계열

4 동일한 사회문제를 서로 다른 관점에서 사례연구하여 각기 다른 결론에 도달한 기존의 사례연구보고서 또는 논문 등 신뢰도 높은 연구 자료를 각각 탐색하여 기존 선행연구에 대한 '메타분석'(기존 연구의 데이터를 취합한 뒤 재분석해 새로운 결과를 얻는 연구 방법)을 해 보자. 이를 통해 기존 연구 결과를 재검증하고 새로운 결론 및 대안을 도출함으로써 사회문제에 접근하는 비판적이고 종합적인 탐구역량을 발휘해 보자.

관련학과

교육학과, 초등교육과, 사회교육과, 윤리교육과, 역사교육과, 국어교육과, 언어교육과

활용 자료의 유의점

- (!) 자신의 실생활에서 접할 수 있는 사회문제에 대한 탐구가 필요
- (!) 진로 선택과목의 특성을 고려하여 사회문제 해결을 위한 노력과 다양한 직업을 연계하여 활용
- (!) 사회문제를 소개하거나 관련 자료를 수집할 때 미디어를 적극적으로 활용
- (!) 사회 문제를 사회현상 차원에서 접근하도록 객관적·과학적 자료 수집 및 분석 방법 활용
- (!) 사회문제에 대한 탐구 과정을 실제로 경험해 보는 경험이 중요
- (!) 사회문제의 사례나 자료를 다루는 과정에서 개인 및 특정 집단의 권리가 침해되지 않도록 유의
- (!) 탐구과정에서 특정 입장에 편향되지 않도록 입장을 바꾸어 생각하고 주장해 보는 활동 필요

MEMO

사회과

9

한국지리

핵심키워드

☐ 국토 현안 문제 ☐ 지리정보시스템 ☐ 국토 인식 변화 ☐ 항공사진 ☐ 한반도 해안지형 ☐ 제주도 자연환경
☐ 대한지리학회 ☐ 지구 이상기후 ☐ 기후정보포털 사이트 ☐ 고향 상실의 시대 ☐ 도시재생 성공사례
☐ 안정적 전기 공급 ☐ 언택트 마케팅 ☐ 저출산·고령화 ☐ 지역구분 지표 ☐ 행정 구역

영역 국토 인식과 지리 정보

성취기준

[12한지01-02] 고지도와 고문헌을 통하여 전통적인 국토 인식 사상을 이해하고, 국토 인식의 변화 과정을 설명한다.

[12한지01-03] 다양한 지리 정보의 수집·분석·표현 방법을 이해하고, 지역 조사를 위한 구체적인 답사 계획을 수립한다.

탐구주제

9.한국지리 — 국토 인식과 지리 정보

1. 독도 주권, 동해 표기 등 우리나라의 국토 현안 문제를 주변 국가와의 영역 관련 현안과 관련하여 주요 쟁점을 분석해 보자. 지리적·역사적 문헌 자료를 근거로 우리 국토의 공간적 범위를 명확하게 표현하고, 이에 대한 정부와 민간단체의 대응 방안에 어떤 것들이 있는지 탐색해 보자.

관련학과

교육학과, 초등교육과, 지리교육과, 사회교육과, 역사교육과, 국어교육과, 언어교육과

2. 지리정보시스템(GIS)은 지구상의 모든 사물과 그 사물들 사이의 사건들을 컴퓨터를 이용해 지도화하고 분석하는 도구를 말한다. 이는 과거 지리 정보를 얻는 수단이었던 종이 지도의 한계를 극복하여 수시로 변화하는 정보를 제공한다. GIS와 GPS의 차이점과 상호 관련성을 파악하고, 이러한 지리정보시스템의 활용 분야에 대해 조사하여 발표해 보자.

관련학과

교육학과, 초등교육과, 지리교육과, 사회교육과, 공학교육과, 컴퓨터교육과

3 서로 다른 시기에 제작된 지도 및 문헌들을 비교하여 국토 인식의 변화 과정을 설명해 보자. 그리고 자신이 사는 지역의 과거와 현재의 변화 모습을 조사하여 발표해 보자. '통계지리정보서비스(sgis.kostat.go.kr/)'에서는 사용자 참여로 통계 정보와 지리 정보를 융·복합하여 새로운 서비스를 만들고 공유 및 소통이 가능하도록 지원하는 개방형 플랫폼을 운영하고 있는데, 이를 다양한 자료 조사에 활용해 보자.

관련학과

교육학과, 초등교육과, 지리교육과, 사회교육과, 공학교육과, 국어교육과, 컴퓨터교육과

영역 지형 환경과 인간 생활

성취기준

[12한지02-01] 한반도의 형성 과정을 이해하고, 이를 중심으로 우리나라 산지 지형의 특징을 설명한다.

▶ 한반도가 지질 시대별로 어떤 형성 작용 및 과정을 통해 형성되었는지를 주요 암석의 분포, 지질 및 지체 구조를 통해 파악하고, 우리나라 지형의 골격을 이루는 산맥과 산지 지형 체계를 지각 운동과 관련지어 설명할 수 있도록 하며, 해수면 변동이 한반도의 지형 변화에 미친 영향을 해안선 변화 등을 통해 이해하도록 한다.

[12한지02-02] 하천 유역에 발달하는 지형과 해안에 발달하는 지형의 형성 과정 및 특성을 이해하고, 인간의 간섭에 의해 발생하는 문제점에 대해 토론한다.

탐구주제

9.한국지리 — 국토 인식과 지리 정보

1 우리나라는 경동 지형으로 산지가 많고 하천의 유량 변동이 커서 다양한 하천 지형이 발달하였다. 우리나라 하천 지형의 종류를 나열하고 형성 과정을 설명해 보자. 또한 이러한 지형이 주민 생활에 미친 영향을 조사하여 발표해 보자.

관련학과

교육학과, 초등교육과, 지리교육과, 사회교육과, 역사교육과, 과학교육과, 국어교육과, 언어교육과, 컴퓨터교육과, 공학교육과

2 제주도의 자연환경을 주제로 다룬 다큐멘터리를 시청한 후 그 내용을 재구성하여 제주도에 대한 다차원적 지리 정보 자료를 만들어 보자. 예를 들어 제주의 하천을 주제로 건천과 지하수에 대한 탐구, 주민 생활을 주제로 제주의 주요 어종 및 어업을 통한 생계유지 현황, 제주의 지형 및 토질로 인한 독특한 밭농사 형태, 제주의 아름다운 화산 지형 등을 내용으로 구성한다. 이러한 활동을 통해 우리 국토의 가치에 대해 명확하게 인식하고 제주도가 가진 희소성을 적극적으로 홍보해 보자.

관련학과

교육학과, 초등교육과, 지리교육과, 사회교육과, 과학교육과, 역사교육과, 국어교육과

탐구주제

3. 대한지리학회(www.kgeography.or.kr/)에서 최근 발표된 간행물 등 게시된 자료를 살펴보고, 대한지리학회 홈페이지에서 제공하는 관련 기관 및 단체에 어떤 곳이 있는지 알아 보자. 이 밖에도 국토교통부, 해양수산부, 한국지질자원연구원, 수자원공사, 산림청 등 유관 기관 사이트에 접속하여 주요 업무 등에 대해 이해하고, 국토에 대한 종합적인 이해를 확장해 보자.

관련학과

전 교육계열

영역 기후 환경과 인간 생활

성취기준

[12한지03-03] 자연재해 및 기후 변화의 현상과 원인, 결과를 조사하고, 인간과 자연환경 간의 지속 가능한 관계에 대해 토론한다.

탐구주제

9.한국지리 — 기후 환경과 인간 생활

1. 최근 들어 지구의 이상기후(호우, 폭염, 한파)로 많은 피해가 발생하고 있다. 그런데 과거에도 이상기후 현상이 발생했을까? 아주 오래된 과거의 기후(고기후)를 알 수 있는 방법에는 어떤 것들이 있는지 조사해 보고, 과거의 기후를 분석하는 것이 현대의 기후 변화 현상을 경험하는 인류에게 어떤 의미가 있는지 발표해 보자.

관련학과

교육학과, 초등교육과, 지리교육과, 사회교육과, 과학교육과, 역사교육과, 국어교육과

2. 기상청의 기후정보포털 사이트(www.climate.go.kr/home/)에서 제공하는 기후와 관련된 다양한 정보를 습득하고, 자료실의 발간물 메뉴에서 연도별 지구대기감시 보고서를 열람하여 주로 어떤 요소들에 대한 감시가 이루어지는지 파악해 보자. 그리고 자료실의 교육자료 중 가장 최근의 자료인 '한국 기후변화 평가보고서 2020(기후변화 영향 및 적응)'을 읽고 자료의 내용을 요약하여 자신이 느낀 기후 문제의 심각성에 대해 발표해 보자.

관련학과

교육학과, 초등교육과, 지리교육과, 사회교육과, 과학교육과, 역사교육과, 국어교육과, 언어교육과

3. 공동의 관심사를 가진 친구들과 캠페인 팀을 구성하고 지구온난화, 해수면 상승, 한파, 온실가스, 멸종위기 등 기후 변화가 원인이 되어 발생하는 문제점에 관한 신문 기사를 스크랩해 보자. 학교의 게시판이나 복도의 빈 공간을 활용하여 갤러리를 꾸미고 '기후 문제 인식 캠페인'과 '기후 정상화를 위한 나의 선언'을 댓글 서명으로 받는 프로젝트 활동 등을 기획하여 실천해 보자.

관련학과

교육학과, 초등교육과, 지리교육과, 사회교육과, 윤리교육과, 역사교육과, 국어교육과, 컴퓨터교육과, 미술교육과

영역

거주 공간의 변화와 지역 개발

성취기준

[12한지04-01] 우리나라 촌락의 최근 변화상을 파악하고, 도시의 발달 과정 및 도시체계의 특성을 탐구한다.

▶ 촌락은 여전히 국토 공간의 상당 부분을 차지하고 있으며, 전통문화 보존, 식량 생산, 여가 공간 등의 측면에서 중요한 역할을 하는 촌락의 의미를 충분히 이해하도록 한다.

[12한지04-04] 지역 개발의 영향으로 나타나는 공간 및 환경 불평등과 지역 갈등 문제를 파악하고, 국토 개발 과정이 우리 국토에 미친 영향에 대해 평가한다.

▶ 지역 개발 정책이나 경제 성장 과정과 관련한 문제점이 나타나고 있음을 인식하고, 국토 개발 과정이 우리 국토에 미친 영향을 긍정적인 측면과 부정적인 측면으로 함께 탐구하도록 한다.

탐구주제

9.한국지리 — 거주 공간의 변화와 지역 개발

1 하이데거는 현대 과학기술이 '모든 존재자들을 계산 가능한 에너지원으로 무자비하게 동원하고 지배함으로써 모든 존재자가 자신의 고유한 존재를 발현하면서도 서로 조화와 애정을 갖고 운영되었던 고향의 세계를 추방해 버렸다'고 진단하였다. 이 때문에 현대의 우리에게는 마음을 붙일 수 있는 고향이 없다는 것이다. 하이데거가 지적한 '고향 상실의 시대'라는 표현의 의미를 바탕으로 현대인들에게 고향의 의미가 무엇인지 분석하고 고향의 의미를 재정립해 보자. 더불어 내가 제2의 고향으로 삼고 싶은 지역을 선정하여 그 이유를 소개하고, 그 지역을 알리는 홍보물을 제작해 보자.

관련학과

교육학과, 초등교육과, 지리교육과, 사회교육과, 역사교육과, 국어교육과, 언어교육과, 가정교육과

2 학교교육활동 중 학생들을 대상으로 학교가 주도해왔던 체험학습 및 교육여행(수학여행)의 프로그램을 학생들의 입장에서 새로운 방식으로 직접 구안해 보자. 도시와 도서 벽지의 교차 지역 탐방이나 문화 체험 등의 특징을 담은 브랜드와 스토리를 만들고, 이를 효과적으로 표현하는 포스터 디자인 및 소개 영상을 제작하여 학생중심 체험학습의 아이디어로 제안해 보자.

관련학과

전 교육계열

3 부산 감천문화마을, 경주 황리단길 등은 우리나라 도시 재생 사업의 성공 사례에 속한다. 이외에 도시 재생과 지속 가능한 관광의 측면이 잘 조화를 이룬 사례가 있는지 조사해 보자. 그리고 젠트리피케이션 현상을 방지하고 바람직한 도시 개발을 위해 필요한 것은 무엇인지 발표해 보자.

관련학과

교육학과, 초등교육과, 지리교육과, 사회교육과, 윤리교육과, 역사교육과, 국어교육과, 공학교육과

탐구주제

9.한국지리 — 거주 공간의 변화와 지역 개발

4 도시 및 촌락의 주거환경 및 건축물이 삶의 질에 미치는 영향은 매우 크다. 이에 따라 향후 도시계획에서는 '모든 이의 인간다운 삶'에 도움을 주는 건축물이 더욱 필요할 것이다. 현대인들이 필요로 하는 다양한 기능을 갖추고 있으면서 사람들 간의 협력과 유대감이 발휘되고 기존의 주변 환경 요소들과 공존하며 협업하는 건축, 도시와 상생하는 건축을 필요로 하는 것이다. 지역 개발 시 정의롭고 조화로운 거주공간에 대한 아이디어를 제안해 보자.

관련학과

교육학과, 초등교육과, 지리교육과, 사회교육과, 윤리교육과, 역사교육과, 국어교육과, 과학교육과, 공학교육과, 미술교육과, 컴퓨터교육과

영역 생산과 소비의 공간

성취기준

[12한지05-01] 자원의 특성과 공간 분포를 파악하고, 이의 생산과 소비에 따른 문제점 및 해결 방안에 대해 모색한다.

[12한지05-04] 상업 및 서비스 산업의 입지에 영향을 미치는 요인과 최근의 변화상을 파악하고, 교통·통신의 발달이 생산 및 소비 공간에 미치는 영향을 평가한다.

▶ 상업 및 서비스 산업의 변화를 다양한 측면에서 탐구해 봄으로써 생산 및 소비 공간의 변화 과정과 모습을 이해하도록 한다.

탐구주제

9.한국지리 — 생산과 소비의 공간

1 국내의 안정적인 전기 공급을 위해 원자력 발전 단지나 풍력 발전 단지 등으로 선정되었던 지역을 찾아서 단지로 조성되기 이전과 이후로 구분하여 지역주민들의 생산 및 소비 활동 측면에서 변화된 점들이 무엇인지 비교하고, 해당 지역주민들이 가장 불편을 호소하는 부분이 무엇인지 조사하여 문제의 해결 방안을 탐색해 보자.

관련학과

교육학과, 초등교육과, 지리교육과, 사회교육과, 역사교육과, 국어교육과, 언어교육과

2 코로나19로 인한 상업 및 서비스 산업의 변화는 언택트 마케팅(Untact marketing)이 특징이다. 고객과 마주하지 않고 서비스와 상품 등을 판매하는 비대면 마케팅 방식으로, 첨단기술을 활용해 판매 직원이 소비자와 직접적으로 대면하지 않고 상품이나 서비스를 제공하는 것이다. 이러한 방식의 발달이 생산, 유통, 소비 공간의 변화와 지역 및 주민들의 일상생활 변화에 어떠한 영향을 미치고 있는지 사례를 기반으로 탐구해 보자.

관련학과

교육학과, 초등교육과, 지리교육과, 사회교육과, 윤리교육과, 역사교육과, 국어교육과

영역

인구 변화와 다문화 공간

성취기준

[12한지06-01] 우리나라 인구 분포의 특성을 파악하고, 인구 구조의 변화 과정을 이해한다.

▶ 다양한 형태의 통계 자료 및 주제도를 제시하여 성별, 연령별, 지역별 인구 구조의 변화 양상과 인구의 공간 분포에서 드러나는 특성을 함께 살펴볼 수 있도록 하는 것이 필요하다.

탐구주제

9.한국지리 — 인구 변화와 다문화 공간

1 학령기 인구, 노인 인구, 외국인 분포 비율이 높게 나타나는 지역과 낮게 나타나는 지역의 공간별 특성을 파악해 보자. 이러한 인구 분포 형성에 영향을 미친 요인을 조사하고, 국토의 균형 발전을 위해 필요한 것은 무엇인지 의견을 제안해 보자.

관련학과

교육학과, 초등교육과, 지리교육과, 사회교육과, 가정교육과, 역사교육과, 국어교육과, 언어교육과

2 우리나라는 경제 성장에 따른 생활 수준의 향상, 의학의 발달 등으로 평균 수명이 증가하면서 노년층의 인구는 빠르게 증가하는 반면, 출산율 및 유소년층 인구 비율은 급격히 감소하고 있다. 이에 대한 대책으로 중앙 정부와 지방자치단체를 중심으로 시행하고 있는 저출산·고령화 정책의 종류를 나열하고, 문제점에 대해 토의해 보자.

관련학과

교육학과, 초등교육과, 지리교육과, 사회교육과, 가정교육과, 윤리교육과, 역사교육과, 국어교육과, 과학교육과

3 경제 전문가들은 저출산·고령화 현상으로 2021년부터 민간 소비가 감소할 것으로 예상하고 있다. 불황 등의 변수를 제외하고 인구 요인만으로 민간 소비가 감소하는 것은 산업화가 시작된 1960년대 이래 최초라고 한다. 인구 감소가 소비 감소 외에 영향을 미치는 사회 문제에는 무엇이 있는지 조사해 보고, 인구 감소를 초래한 주요 요인에는 어떤 것들이 있는지 정리해 보자. 그러한 분석 결과를 바탕으로 인구 문제의 해결 방안에 대한 자신의 견해를 발표해 보자.

관련학과

교육학과, 초등교육과, 지리교육과, 사회교육과, 가정교육과, 윤리교육과, 역사교육과, 국어교육과, 과학교육과

MEMO

영역 우리나라의 지역 이해

성취기준

[12한지07-01] 구체적인 사례를 통해 지역의 의미와 지역구분 기준의 다양성을 이해하고, 학생 스스로 선정한 기준에 의해 우리나라를 여러 지역으로 구분한다.

▶ 다양한 지표를 통해 지역구분이 가능하며, 지역구분의 스케일도 다양함을 이해하도록 한다.

탐구주제

9.한국지리 — 우리나라의 지역 이해

1. 지역은 다양한 기준에 따라 구분되며, 그 기준에 따라 크고 작은 규모를 갖는다. 우리나라는 지역구분에 행정적 구분과 지리적 구분을 함께 적용하고 있다. 각자 창의성을 발휘하여 선정한 기준에 따라 우리나라의 각 지역을 새로이 구분해 보고, 통일 국토의 미래상을 지리적으로 설계해 보자.

관련학과

교육학과, 초등교육과, 지리교육과, 사회교육과, 윤리교육과, 역사교육과

2. 우리나라의 행정구역상 지역구분 명칭과 경계를 이해하고 지역별로 행정 구역을 나누는 것의 효과와 문제점에 대해 알아보자. 또한 우리 지역의 세부 읍·면·동에 포함되는 곳이 어디까지인지 행정 구역상의 구분을 파악한다. 그리고 우리 지역을 홍보하고 널리 알릴 수 있는 캐치프레이즈(Catchphrase) 문구를 작성해 보자.

관련학과

교육학과, 초등교육과, 지리교육과, 사회교육과, 윤리교육과, 역사교육과, 국어교육과

활용 자료의 유의점

- (!) 지리적 현상 등을 직접 체험할 수 있는 기회를 확보하여 경험의 폭을 확장
- (!) 인터넷 및 교육용 멀티미디어 관련 장비와 콘텐츠 활용
- (!) 영역 관련 현안에 대한 정부와 민간단체의 대응 방안 자료 탐색 필요
- (!) 대축척 지도, 위성 영상, 항공 사진, 로드뷰 등 다양한 시각 및 영상 자료 참고
- (!) 일상생활에서 직·간접적으로 경험하게 되는 사회현상을 지리적 관점에서 검토
- (!) 도시와 촌락에서 나타나는 지리적 현상을 직간접적으로 경험할 수 있는 지역사회의 연구 자료, 면담 내용, 영화, 신문 기사, 여행기, 통계 자료 등을 활용
- (!) 지리적 정보를 획득할 수 있는 주요 전문기관들의 홈페이지 등을 활용해 신뢰도 높은 자료를 참고

사회과

10

세계지리

핵심키워드

☐ 세계 권역 구분 ☐ 세계화 ☐ 지역화 현상 ☐ 글로컬리즘 ☐ 기후 환경 ☐ 종교 간 평화로운 공존 ☐ 식량문제
☐ 종교 다양성 ☐ 국가별 주요 수출품 ☐ 건조 기후 ☐ 화석 에너지 ☐ 사막화 현상 ☐ 유럽계 백인
☐ 도시화 과정 ☐ 지역 통합 운동 ☐ 지역 분리 운동 ☐ 아프리카대륙자유무역지대 ☐ 동심원 구조
☐ 커피 산지 ☐ 기아 문제 ☐ 포스트 코로나

영역 세계화와 지역 이해

성취기준

[12세지01-01] 세계화와 지역화가 한 장소나 지역의 정체성 변화에 영향을 주는 사례를 조사하고, 세계화와 지역화가 공간적 상호 작용에 미치는 영향을 파악한다.

[12세지01-03] 세계의 권역들을 구분하는 데에 활용되는 주요 지표들을 조사하고, 세계의 권역들을 나눈 기준의 여러 가지 사례들을 비교 분석하여 각각의 특징과 장단점을 평가한다.

탐구주제

10.세계지리 — 세계화와 지역 이해

① 본 교육과정의 세계사 교과서의 4~7단원에 제시된 권역들(몬순 아시아와 오세아니아, 건조 아시아와 북부 아프리카, 유럽과 북부 아메리카, 사하라 이남 아프리카와 중·남부 아메리카)은 어떤 지표에 근거하여 구분된 것일지 추론하여 발표해 보고, 자기 나름대로 설정한 목적과 지표에 따라 세계의 권역들을 직접 구분해서 발표해 보자.

관련학과

교육학과, 초등교육과, 지리교육과, 사회교육과, 역사교육과, 국어교육과, 언어교육과

② 세계화란 인간의 활동 공간이 지리적으로 확대되고 국제적인 상호 연계성이 증대되어 국경의 제약이 약해지는 현상이며, 지역화는 각 지역이 세계적인 차원에서 독자적인 가치를 지니게 되는 현상을 말한다. 각 모둠별로 세계화와 지역화 사례를 조사하여 발표해 보자. 나아가 문화·예술, 축제, 특산품, 건축, 생물, 자연 등 주제별 영역군 안에서 동시에 나타나는 세계화와 지역화 현상을 조사하고, 이를 '글로컬리즘'과 관련지어 설명하며 앞으로의 전망을 탐구해 보자.

관련학과

교육학과, 초등교육과, 지리교육과, 사회교육과, 윤리교육과, 역사교육과, 국어교육과, 과학교육과, 음악교육과, 예술교육과, 컴퓨터교육과, 공학교육과

영역 세계의 자연환경과 인간 생활

성취기준

[12세지02-01] 기후 요인과 기후 요소에 대한 기본 이해를 바탕으로 열대 기후의 주요 특징과 요인을 분석한다.

[12세지02-04] 지형형성작용에 대한 기본 이해를 바탕으로 세계의 주요 대지형의 분포 특징과 형성 원인을 분석한다.

▶ 기후나 지형 환경이 세계 각 지역의 생활 모습 및 인간 생활에 미치는 주요 사례들을 조사하고 탐구해야 한다.

탐구주제

10.세계지리 — 세계의 자연환경과 인간 생활

1. 기후와 지형은 인간을 둘러싼 자연환경이며 인간의 삶에 영향을 주고 인간이 상호 작용하고 적응해야 하는 환경으로서 의미를 갖는다. 세계의 각 기후별 특징에 따라 기후 환경에 적응한 각국의 사례를 조사해 보자. 또한 특수한 지형의 나라가 고유한 적응 전략을 구사한 사례도 함께 정리하여 발표해 보자. 이를 통해 인간과 환경이 공존할 수 있는 방법에 대한 자신의 생각을 표현해 보자.

관련학과

교육학과, 초등교육과, 지리교육과, 사회교육과, 과학교육과, 역사교육과, 국어교육과

2. 지구 표면의 기복이나 모양을 뜻하는 지형은 끊임없이 형성되고 변화한다. 그중에서도 대륙 규모의 큰 산맥이나 고원, 평야 등을 대지형이라고 한다. 세계의 주요 대지형을 지도에 표시하고, 형성 원인을 설명해 보자. 나아가 세계에서 과거와 가장 많이 달라진 지형이 어디인지 조사하여 그 원인과 향후 인간 생활에 미칠 영향을 분석하는 글을 작성해 보자.

관련학과

교육학과, 초등교육과, 지리교육과, 사회교육과, 과학교육과, 역사교육과, 국어교육과

영역 세계의 인문환경과 인문 경관

성취기준

[12세지03-01] 세계의 주요 종교별 특징과 주된 전파 경로를 분석하고, 주요 종교의 성지 및 종교 경관이 지닌 상징적 의미들을 비교하고 해석한다.

[12세지03-04] 세계 주요 식량 자원의 특성과 분포 특징을 조사하고, 식량 생산 및 그 수요의 지역적 차이에 따른 국제적 이동 양상을 분석한다.

▶ 세계 각 지역의 인문환경과 인문 경관에 내재하는 일반적 특징이나 보편적 원리를 학습하는 세계의 보편성에 대한 단원이다.

탐구주제

1 세계의 종교, 인구, 도시, 식량 자원, 에너지 자원 등 인문지리학에서 다루는 다양한 주제를 중심으로 세계의 인문 현상들이 보여주는 보편성이 있는지 탐구해 보자. 즉 '세계 주요 종교의 발상지들에 나타난 지리적 공통점은 무엇인가?', '세계의 주요 이주 사례들에서 보이는 이주의 주요 유형은 무엇인가?', '세계도시들에서 나타나는 공통된 기능은 무엇인가?', '식량 자원이나 에너지 자원의 국제 이동을 일으키는 주요 요인은 무엇인가?' 등과 같이 인문 현상에서 나타나는 세계의 보편적 특성을 전제로 탐구할 질문을 설정하고 답을 찾아 보자.

관련학과

교육학과, 초등교육과, 지리교육과, 사회교육과, 윤리교육과, 역사교육과, 과학교육과, 국어교육과, 공학교육과

2 신도 수에 따른 종교의 규모 및 지리적 분포 비율을 나타낸 자료를 찾아 보자. 정보 검색 과정에서 종교에 관한 자신의 호기심을 중심으로 탐구 주제를 정해 보자. 예를 들어 '세계 주요 종교 발상지의 지리적 공통점', '각 종교의 주요 성지와 종교 경관의 상징성', '각 종교별 전파 경로와 유형 비교·분석'과 같은 주제를 정할 수 있다. 이러한 주제들 중 하나를 정하여 조사하고 다양한 종교들 간의 평화로운 공존을 위한 방안을 발표해 보자.

관련학과

교육학과, 초등교육과, 지리교육과, 사회교육과, 윤리교육과, 역사교육과

3 코로나19에 따른 위기로 식량문제가 주목받고 있다. 아프리카돼지열병, 홍수, 태풍, 병충해 등으로 식량의 주요 생산 및 수출국들에서 생산물이 감소하여 가격은 오르는데 감염병 유행으로 인해 식량의 유통 공급망까지 차질을 빚게 되면서 '식량안보'의 중요성이 더욱 부각되고 있다. 이에 따른 대응책으로 '애그테크', '푸드테크'와 같이 농업 분야와 음식 분야에 첨단 기술을 더해 새로운 미래식품을 만들기 위한 움직임이 일고 있다. 이에 관해 세계 여러 나라의 연구 진행 상황을 조사하고 향후 산업으로서의 가치에 대해 전망해 보자.

관련학과

교육학과, 초등교육과, 지리교육과, 사회교육과, 윤리교육과, 역사교육과, 과학교육과, 공학교육과, 가정교육과, 언어교육과

영역

몬순 아시아와 오세아니아

성취기준

[12세지04-02] 몬순 아시아와 오세아니아의 주요 국가의 산업 구조를 지역의 대표적 자원 분포 및 이동과 관련지어 비교 분석한다.

[12세지04-03] 몬순 아시아와 오세아니아의 주요 국가들에서 보이는 민족(인종)이나 종교적 차이를 조사하고, 이로 인한 최근의 지역 갈등과 해결 과제를 파악한다.

탐구주제

10.세계지리 — 몬순 아시아와 오세아니아

1. 몬순 아시아와 오세아니아는 지리적으로 인접해 있을 뿐 아니라 경제적, 정치적, 문화적으로 긴밀한 관계를 형성하고 있다. 몬순 아시아와 오세아니아 주요 국가의 산업 구조를 이 지역의 대표적 자원 분포와 연계하여 비교 분석해 보자.

관련학과

교육학과, 초등교육과, 지리교육과, 사회교육과, 역사교육과

2. 민족과 종교가 다양한 몬순 아시아에서는 갈등과 분쟁이 자주 발생하고 있다. 오세아니아 역시 유럽인의 유입에 따라 원주민과의 갈등이 발생했다. 몬순 아시아와 오세아니아의 지역 갈등의 구체적 사례를 제시하고 갈등의 원인과 해결 방안을 토의해 보자.

관련학과

교육학과, 초등교육과, 지리교육과, 사회교육과, 윤리교육과, 역사교육과, 국어교육과, 언어교육과

3. 세계무역통계사이트에 등에 접속한 후 대륙별 1개의 국가를 선정하고, 국가별 주요 수출품과 수출상대국을 1위부터 5위까지 순위별로 조사하고 결과표를 작성하여 비교해 보자. 이때, 정보 검색 방법 및 순서로 연도 기준(Year)을 가장 최신년도로 설정하고, Reporter 항목에 조사할 국가를 선택한다. 다음으로 Export/Import 중에서 수출(Export)을 선택한 후 수출품(Product)을 먼저 선택하고 다음으로 상대국(Partner)을 선택한다. 이와 같은 검색 방법을 참고로 ITC 국제무역센터 등 해외 공식 사이트를 접속하여 얻은 최신 정보와 교과서에 있는 통계 자료에 변동이 생긴 부분이 있는지 찾아보고, 그 이유에 대해 조사해 보자.

관련학과

교육학과, 초등교육과, 지리교육과, 사회교육과, 역사교육과, 언어교육과, 국어교육과

영역 건조 아시아와 북부 아프리카

성취기준

[12세지05-02] 건조 아시아와 북부 아프리카의 주요 국가의 산업 구조를 화석 에너지 자원의 분포와 관련지어 비교 분석한다.

[12세지05-03] 건조 아시아와 북부 아프리카의 주요 사막화 지역과 요인을 조사하고, 사막화의 진행으로 인한 여러 가지 지역 문제를 파악한다.

탐구주제

10.세계지리 — 건조 아시아와 북부 아프리카

1. 서남 아시아와 북부 아프리카는 건조 기후라는 공통의 기후 환경에 적응하였으며 세계적인 화석 에너지의 분포 지역이다. 이 권역 주요 국가들의 산업 구조를 기후와 화석 에너지의 분포 및 이동과 관련지어 비교 분석해 본 후, 이들 국가가 화석 에너지 자원 위주의 산업 구조로부터 벗어나기 위한 최근의 노력에 대해서도 조사하여 발표해 보자.

관련학과

교육학과, 초등교육과, 지리교육과, 사회교육과, 역사교육과, 과학교육과, 공학교육과

탐구주제

② 사막화란 토지의 황폐화로 땅이 생산성을 잃고 사막 환경으로 변화하는 현상을 말한다. 서남 아시아와 북부 아프리카의 공통 쟁점인 사막화 현상의 주요 원인과 실태를 조사해 보자. 사막화를 초래한 원인으로 주목되는 과도한 목축, 관개 농업, 지구온난화 등에 대해 관련 국가들이 보이는 입장 차에 대해 분석하고, 전 지구적 대응 방안에 대해 토론해 보자.

관련학과

교육학과, 초등교육과, 지리교육과, 사회교육과, 역사교육과, 과학교육과, 공학교육과

영역 유럽과 북부 아메리카

성취기준

[12세지06-02]	유럽과 북부 아메리카의 세계적 대도시들을 조사하여 현대 도시의 내부 구조의 특징을 추론한다.
[12세지06-03]	유럽과 북부 아메리카에서 나타나는 정치적 혹은 경제적 지역 통합의 사례를 조사하고, 지역의 통합에 반대하는 분리 운동의 사례와 주요 요인을 탐구한다.

탐구주제

10.세계지리 — 유럽과 북부 아메리카

① 유럽과 북부 아메리카는 유럽계 백인이 인구의 다수를 차지하고 백인 중심의 정치, 경제, 문화가 지배적인 곳으로 유럽의 산업 혁명 이후 세계의 공업화와 도시화를 주도한 권역이다. 우선 유럽의 주요 공업 지역과 주요 공업 분야가 무엇인지 조사하고, 공업구조에 따라 입지 조건이 어떻게 다른지 비교하며 탐구해 보자. 또한 북부 아메리카의 공업 지역 형성과 변화 과정을 유럽과 비교하여 발표해 보자.

관련학과

교육학과, 초등교육과, 지리교육과, 사회교육과, 윤리교육과, 역사교육과, 공학교육과, 국어교육과, 언어교육과

② 유럽과 북부 아메리카에 위치한 세계적 대도시의 발달 과정을 조사해 보자. 이 권역의 대표적 대도시(런던, 뉴욕, 파리 등)들을 비교하여 유럽과 북부 아메리카 도시 구조의 차이점을 설명해 보자. 그리고 만약 자신이 도시 경관을 디자인한다면 어떻게 설계하고 싶은지 구상하여 발표해 보자.

관련학과

교육학과, 초등교육과, 지리교육과, 사회교육과, 윤리교육과, 역사교육과, 공학교육과, 국어교육과, 언어교육과

③ 유럽과 북부 아메리카는 각각 유럽 연합, 북아메리카 자유무역협정 등 국가 간 통합 노력을 통해 지역 발전을 추구하고 있다. 그러나 이러한 통합의 흐름과 달리 국가 내에서 분리 독립을 요구하는 지역도 있다. 유럽과 북부 아메리카에서 나타나는 분리 운동을 소개하고 그 원인을 설명해 보자.

관련학과

교육학과, 초등교육과, 지리교육과, 사회교육과, 윤리교육과, 역사교육과, 공학교육과, 국어교육과, 언어교육과

영역 사하라 이남 아프리카와 중·남부 아메리카

성취기준

[12세지07-01] 중·남부 아메리카의 주요 국가들에서 나타나는 도시 구조의 특징 및 도시 문제를 지역의 급속한 도시화나 민족(인종)의 다양성과 관련지어 탐구한다.

[12세지07-03] 사하라 이남 아프리카와 중·남부 아메리카에서 나타나는 자원 개발의 주요 사례들을 조사하고 환경 보존이나 자원의 정의로운 분배라는 입장에서 평가한다.

탐구주제

10.세계지리 — 사하라 이남 아프리카와 중·남부 아메리카

1. 2019년 5월 30일, 아프리카 55개 국가 12억 9,000만 명의 거대 단일 시장으로 발전하기 위한 첫 단계로 '아프리카 대륙자유무역지대(AfCFTA)'가 출범하게 되었다. AfCFTA 출범으로 아프리카 산업화의 속도는 빨라지고, 외국인의 직접투자기회가 늘 것이며, 역내 교역량도 급속히 증가할 것으로 예상된다. 현재 우리나라와 아프리카 간의 교역량을 분석하고, AfCFTA의 경제통합이 한국에 주는 의미와 기회에 대해 전망해 보자.

관련학과

교육학과, 초등교육과, 지리교육과, 사회교육과, 역사교육과, 공학교육과, 국어교육과, 언어교육과

2. 중·남부 아메리카의 주요 도시들은 에스파냐와 포르투갈의 식민 지배에 유리한 도시 구조로 고안, 건설되었다. 아르헨티나의 부에노스아이레스처럼 도시 구조가 소득 계층에 따라 고급 도심 지구와 외곽의 불량 주택 지구로 양극화되어 형성되는 경우 발생하는 문제점을 발표해 보자. 그리고 이를 해결하기 위한 도시 공간의 재구성 방안을 설명해 보자.

관련학과

교육학과, 초등교육과, 지리교육과, 사회교육과, 역사교육과, 윤리교육과, 공학교육과

3. 사하라 이남 아프리카는 자원 거점 지역이라고 할 수 있다. 남아공과 잠비아는 다이아몬드, 잠비아와 짐바브웨는 구리, 가봉은 우라늄, 나이지리아·가나·카메룬 등은 세계적인 코코아와 커피 산지이며 이 밖에 산유국도 많다. 그럼에도 불구하고 빈곤 상태를 벗어나지 못하고 기아 문제로 고통 받고 있는 이유가 무엇인지 분석해 보자.

관련학과

교육학과, 초등교육과, 지리교육과, 사회교육과, 역사교육과

MEMO

영역

공존과 평화의 세계

성취기준

[12세지08-02] 세계의 평화와 정의를 위한 지구촌의 주요 노력들을 조사하고, 이에 동참하기 위한 세계시민으로서의 바람직한 가치와 태도에 대해 토론한다.

탐구주제

10.세계지리 — 공존과 평화의 세계

1. 세계화와 정보화가 진행되면서 어느 한 지역에서 발생한 문제가 세계 여러 나라에 영향을 주거나 같은 문제가 여러 지역에서 동시다발적으로 발생하는 이른바 '전 지구적 차원의 문제'가 증가하고 있다. 이러한 문제들은 어느 한 국가나 지역뿐 아니라 인류가 공동으로 노력해야만 개선이나 해결이 가능한 경우가 많다. 국제사회의 적극적 대응 사례를 소개하고, 이에 동참하기 위해 자신이 실천할 부분에 대해 공개적으로 선언해 보자.

관련학과

전 교육계열

2. 2019년 발생한 코로나19가 팬데믹 현상을 가져오는 감염병임을 세계 각국이 인지하면서, '사회적 거리두기'와 '물리적 거리두기'를 통한 확산 방지에 주력하였다. '포스트 코로나' 시대를 맞이하여 인류는 세계시민으로서 어떤 자질을 함양해야 하는지 의견을 발표해 보자.

관련학과

교육학과, 초등교육과, 지리교육과, 사회교육과, 윤리교육과, 역사교육과, 국어교육과, 언어교육과

활용 자료의 유의점

- ① 지리적 현상 등을 직접 체험하기 어려우므로 지형 모식도나 사진, 다큐멘터리 등 자료 적극 활용
- ① 최근의 국내외 이슈와 관련 있는 뉴스 및 보도 자료 접근
- ① 유엔(www.un.org/en), 코트라(www.kotra.or.kr/biz/), ITC국제무역센터(www.intracen.org/) 등 웹사이트를 방문하여 해당 국가별 정보 탐색
- ① 대축척 지도, 위성 영상, 항공 사진, 로드뷰 등 다양한 시각 및 영상 자료 분석 필요
- ① 자칫 최신 통계 자료에만 얽매이지 말고, 거시적이고 일반적인 경향성을 파악해야 함에 유의
- ① 지나치게 광범위해지지 않도록 시사성이 높은 국가나 거점 국가 중심의 탐구가 필요

사회과
11

여행지리

핵심키워드

☐ 여행 방식 ☐ 베스트 여행지 ☐ 세계유산 ☐ 스포츠 여행 ☐ 인문 여행 ☐ 전통시장 ☐ 국경없는의사회
☐ 여행 산업 분야 ☐ 워크넷 ☐ 다른 나라의 이색 직업

영역

여행을 왜, 어떻게 할까?

성취기준

[12여지01-04] 바람직하고 안전한 여행을 위한 여행 계획 수립의 중요성을 이해하고 여행 준비에 필요한 지식과 기능, 가치 및 태도를 탐구하고 이를 몇몇 사례 지역에 적용한다.

탐구주제

11.여행지리 — 여행을 왜, 어떻게 할까?

1 친구들과 모둠을 편성하여 여행을 준비할 때 '꼭 필요한 물건'과 '있으면 좋을 수도 있는 물건', '불필요한 물건', '여행에서 가장 위험했던 순간', '가장 행복했던 여행과 그 이유' 등 여행을 계획하는 데 참고가 될 만한 사항들을 조사해 보자. 이를 설문 항목으로 구성하고 각각 역할을 분담하여 교내 학생들을 대상으로 설문조사를 실시해 보자. 조사된 답변을 빈도수에 따라 통계처리한 결과를 분석한 후, 여행 계획을 수립할 때 참고가 될 수 있는 자료를 만들어 발표해 보자.

관련학과

교육학과, 초등교육과, 지리교육과, 사회교육과, 윤리교육과, 역사교육과, 가정교육과, 국어교육과, 언어교육과

2 '문밖으로 나서지 않고도 떠날 수 있는 여행'이 가능할까? 만일 가능하다면 그런 여행은 어떤 것이 있을지 생각해 보자. 물리적으로 떠나지 않고도 할 수 있는 여행을 한다면 어떤 방식으로 할 수 있을지에 대한 기발한 아이디어를 제안해 보자.

관련학과

전 교육계열

영역 매력적인 자연을 찾아가는 여행

성취기준

[12여지02-04] 우리나라의 매력적인 생태 및 자연여행이라는 주제로 우리나라의 생태 및 자연에 대한 이해를 높이고 즐길 수 있는 여행지를 선정하고 소개한다.

탐구주제

11.여행지리 — 매력적인 자연을 찾아가는 여행

1 생태여행은 자연경관을 관찰하고 야외에서 간단한 휴양을 하면서 자연을 훼손하지 않는 여행을 말한다. 여행의 기본적인 목적을 새로운 장소와 공간에 대한 호기심 충족, 휴양과 재충전에 둔다면, 생태여행은 이러한 목적 외에 자연에 대한 적절한 학습을 통해 지적 만족감을 얻고 자연을 보호한다는 개인적인 보람도 느낄 수 있는 여행이다. 우리나라의 생태 및 자연에 대한 이해를 높이고 즐길 수 있는 여행지 한 곳을 선정하여 생태여행 계획서를 작성해 보자.

관련학과

교육학과, 초등교육과, 지리교육과, 사회교육과, 과학교육과

2 세계유산은 크게 문화유산, 자연유산, 복합유산(문화+자연)으로 구분되는데 그중에서 제주도는 자연유산에 해당한다. 제주는 2002년 생물권보전지역 지정, 2007년 세계자연유산 지정, 2010년 세계지질공원 인증 등 유네스코 3관왕을 차지했다. 유네스코가 지정하는 3대 보호지역을 모조리 석권한 것으로 전 세계가 제주도의 가치를 인정한 것이다. 제주의 경우처럼 자연유산으로 등재되기 위한 기준 요건에는 어떤 것들이 포함되는지 조사해 보고, 다른 나라의 자연유산에 어떤 것이 있는지 알아보자.

관련학과

교육학과, 초등교육과, 지리교육과, 사회교육과, 역사교육과, 과학교육과

영역 다채로운 문화를 찾아가는 여행

성취기준

[12여지03-02] 종교, 건축, 음식, 예술 등 다양한 문화로 널리 알려진 지역을 사례로 각 문화의 형성 배경과 의미를 이해하고 관광적 매력을 끄는 이유를 탐구한다.

탐구주제

11.여행지리 — 다채로운 문화를 찾아가는 여행

1 다양한 스포츠를 즐기고 관람하는 스포츠 여행을 기획해 보자. 올림픽과 월드컵 개최가 지역경제에 미치는 긍정적·부정적 효과를 탐색해 보자. 그리고 팬데믹 시대에 국내에서 안전하게 즐길 수 있는 스포츠 프로그램을 기획해 보자.

관련학과

교육학과, 초등교육과, 지리교육과, 사회교육과, 역사교육과, 체육교육과

탐구주제

11.여행지리 — 다채로운 문화를 찾아가는 여행

2 다채로운 문화를 찾아가는 인문 여행 프로젝트를 주제로 세계 각국에서 벌어지는 축제의 사례를 조사하여 축제의 개최 배경, 의미, 성공적인 축제의 조건을 지역성에 맞게 제시해 보자. 특히 축제의 지역경제 활성화 측면에서 성공적으로 평가받는 프랑스 망통 레몬 축제, 우리나라 함평 나비 축제를 비교 분석함으로써 지역의 자연환경을 잘 활용하는 것 이외에 어떤 부가적인 노력이 필요한지 자신의 생각을 발표해 보자.

관련학과

교육학과, 초등교육과, 지리교육과, 사회교육과, 역사교육과, 윤리교육과, 예술교육과

3 맛집 탐방은 여행의 필수코스로 이미 대중적이다. 음식여행을 주제로 우리나라의 서민적 정감을 경험할 수 있는 전통시장을 탐방하는 여행 프로그램을 기획해 보자. 이를 위해 서울의 광장시장, 대구의 서문시장, 부산의 국제시장 등 주요 전통시장들의 대표 음식을 소개하고, 이러한 음식 문화가 발달한 원인을 설명해 보자.

관련학과

교육학과, 초등교육과, 지리교육과, 사회교육과, 역사교육과, 가정교육과

영역 인류의 성찰과 공존을 위한 여행

성취기준

[12여지05-02] 분쟁, 재난, 빈곤, 환경 문제 등으로 고통받는 지역으로의 봉사여행이 지역과 여행자에게 주는 긍정적 변화를 탐구하고 인류의 행복한 공존을 위한 노력에 공감하고 실천 방법을 모색한다.

탐구주제

11.여행지리 — 인류의 성찰과 공존을 위한 여행

1 봉사여행이란 '자원봉사자'와 '여행'이라는 말의 합성어로 자원봉사를 겸하는 여행을 뜻한다. 봉사여행은 가 보고 싶었던 곳을 여행하면서 그 지역에서 어려운 이웃을 돕거나 환경 보호 운동을 하며 지역민들에게 도움의 손길을 줄 수 있다는 데 그 의의가 있다. 분쟁, 재난, 빈곤, 환경 문제 등으로 고통받는 지역 가운데 한 곳을 선정하여 봉사여행 계획을 세워보자.

관련학과

전 교육계열

2 '국경없는의사회(Doctors Without Borders)'는 의사와 언론인 12명이 1971년, 전쟁·기아·질병·자연재해 등으로 고통받는 세계 각 지역의 주민들을 구호하기 위하여 설립한 국제 민간의료구호단체이다. 이외에 해외봉사를 위한 민간조직인 NGO(비정부기구) 단체에 어떤 것들이 있는지, 각 구호분야가 무엇인지를 자료로 정리하여 소개하는 활동을 해 보자.

관련학과

전 교육계열

영역

여행과 미래 사회 그리고 진로

성취기준

[12여지06-03] 자신의 진로 탐색에 도움이 될 여행 주제를 탐구하여 정한 뒤 구체적인 여행 계획을 세우는 과정으로 실천적인 진로를 탐색한다.

탐구주제

11.여행지리 — 여행과 미래 사회 그리고 진로

1 여행 산업 분야와 관련된 다양한 직업 및 직종에 어떤 것들이 있는지 알아보자. 더불어 자신의 진로 탐색에 도움이 될 수 있는 여행의 주제를 정하여 자신만의 차별화된 진로여행 계획을 수립해 보자.

관련학과

전 교육계열

2 여행은 해 보지 않은 일들을 시도해 보고 다양한 경험을 할 수 있는 좋은 시간이 된다. 이러한 경험을 통해 자신에 대해 더 잘 알게 되고 몰랐던 면을 발견하기도 한다. 내가 관심있는 미래 진로 분야가 발달한 지역이나 도시를 선정하여 여행 계획을 세워보자.

관련학과

전 교육계열

활용 자료의 유의점

- ! 외교부(www.mofa.go.kr/www/index.do), 한국관광공사(www.visitkorea.or.kr/intro.html) 사이트의 자료를 적극 활용
- ! 최근의 국내외 이슈와 관련 있는 뉴스 및 보도 자료를 적극 탐색
- ! 가능한 한 실제 여행이 가능한 여행 계획을 수립하고 직접 경험하여 실제적 지식 습득
- ! 특정 문화나 지역, 지구촌 문제 등에 대해 왜곡, 편견, 선입견, 차별적인 태도 배제
- ! 종이 지도뿐 아니라 디지털 지도, 영상 매체, 도서(여행안내서, 여행기, 잡지, 지역지리 전문서), 여행 블로그 같은 인터넷 자료, 사진, 통계 자료 및 여행가 경험을 적극적으로 활용
- ! 포트폴리오의 구성이나 자기 성장 보고서 쓰기, 여행 사진 전시회 등 자신만의 활동 기획

MEMO

MEMO

교육계열편

도덕과 교과과정

도덕과

1

생활과 윤리

핵심키워드

☐ 전통적 이론 ☐ 비윤리적 행위 ☐ 자연선택 이론 ☐ 생명의 존엄성 ☐ 생명 윤리 ☐ 아동·청소년 정신건강 ☐ OECD 자살률 ☐ 유전자 치료 기술 ☐ 성적 자기결정권 ☐ 부유세 ☐ 디지털 플랫폼 ☐ 사형제도 ☐ 빅브라더 ☐ 뉴미디어 ☐ 한류의 세계화 ☐ 다문화가정 ☐ 민족 분단 ☐ 북한이탈주민 ☐ 폭력실태 ☐ 기부 참여율

영역 현대인의 삶과 실천 윤리

성취기준

[12생윤01-02] 현대의 윤리 문제를 다루는 새로운 접근법 및 동서양의 다양한 윤리 이론들을 비교·분석하고, 이를 다양한 윤리 문제에 적용하여 윤리적 해결 방안을 도출할 수 있다.

[12생윤01-03] 윤리적 삶을 살기 위한 다양한 도덕적 탐구와 윤리적 성찰 과정의 중요성을 인식하고, 도덕적 탐구와 윤리적 성찰을 일상의 윤리 문제에 적용할 수 있다.

탐구주제

1.생활과 윤리 — 현대인의 삶과 실천 윤리

① 동양에서의 유교, 불교, 도교 윤리와 서양에서의 의무론, 공리주의, 덕윤리 등 전통적 이론이 윤리적 문제에 대해 판단하는 기준이 무엇인지 상호 비교하여 이론들 간의 공통점과 차이점을 무엇인지 분석해보고, 현대에 새롭게 등장한 신경 윤리학, 진화 윤리학 등 '도덕과학적 접근 방법'에 따른 이론에 어떤 것들이 있는지 소개해 보자.

관련학과

교육학과, 초등교육과, 윤리교육과, 역사교육과, 사회교육과, 국어교육과, 언어교육과, 과학교육과

② '이론 없는 실천은 맹목적이다'와 '실천 없는 이론은 공허하다'의 두 주장에서 각각의 주장을 뒷받침할 수 있는 사례로 무엇이 있는지 탐색해 보고, 이 두 입장에서 발생할 수 있는 문제점에 대한 대안은 무엇인지 발표해 보자.

관련학과

교육학과, 초등교육과, 윤리교육과, 역사교육과, 사회교육과, 국어교육과, 언어교육과

탐구주제

③ 학교생활을 하면서 비윤리적 행위라고 생각했던 일에 어떤 것이 있는지 또는 일상생활 속에서 무엇이 옳은지 판단이 안되는 일에 어떤 것이 있는지 친구들에게 설문조사를 해 보자. 나온 주제들에 대해 보편화 결과 검사, 역할 교환 검사 등을 적용하여 도덕적 탐구의 과정을 거침으로써 도덕 판단을 내리고, 친구들과 민주적인 토론을 통해 자신이 내린 도덕 판단을 검증하고 일반화 가능성을 모색해 보자.

관련학과

전 교육계열

④ "모든 생물종은 자연자원이 지탱할 수 없는 엄청난 양의 자손을 생산한다. 또한 모든 생물종은 약간씩의 유전적 변이를 가지고 있다. 따라서 이 많은 자손 중 어떤 자손이 살아남을 것인지를 자연이 선택한다. 이러한 선택을 수십 세대, 수백 세대 반복하게 되면 생물종은 서서히 변화, 진화하게 된다"는 리처드 도킨스의 '자연선택' 이론에 근거하여 인간의 도덕성 및 이타적 행동의 이유를 유전자의 원리와 관련지어 설명해 보자. 더불어 이러한 생각에 반론을 제기하는 입장과 그 근거가 무엇인지 조사해 보자.

관련학과

교육학과, 초등교육과, 윤리교육과, 과학교육과, 역사교육과, 사회교육과, 가정교육과, 국어교육과, 언어교육과

영역

생명과 윤리

성취기준

[12생윤02-01] 삶과 죽음에 대한 다양한 윤리적 문제를 인식하고, 이에 대한 여러 윤리적 입장을 비교·분석하여, 인공임신중절·자살·안락사·뇌사의 문제를 자신이 채택한 윤리적 관점으로 설명할 수 있다.

[12생윤02-03] 사랑과 성의 의미를 양성평등의 관점에서 분석하고, 성과 관련된 문제를 여러 윤리 이론을 통해 설명할 수 있으며 가족 윤리의 관점에서 오늘날의 가족 해체 현상을 탐구하고 이에 대한 극복 방안을 제시할 수 있다.

탐구주제

① 생명의 존엄성과 관련된 각 쟁점들(인공임신중절·자살·안락사·뇌사·생명복제·유전자 치료·동물실험 문제 등)중 자신의 윤리적 관점에 따라 하나의 입장을 결정한 후 자신의 입장을 정당화하는데 가장 효과적인 이론적 근거가 무엇인지 알아보자. 입장이 다른 상대방을 설득하는 데 가장 효과적인 사례나 방법, 객관적으로 수치화된 통계 자료 등에 대해서 충분히 자료 수집과 조사를 한 후 찬반 토론 활동에 참여해 보자.

관련학과

교육학과, 초등교육과, 윤리교육과, 역사교육과, 사회교육과, 가정교육과, 국어교육과, 언어교육과, 과학교육과

탐구주제

2 OCED 가입국들의 자살률을 비교하면, 2017년 기준 OECD 평균 자살률이 12.0명인 것에 반해 한국은 24.3명으로 약 2배 가량 높게 나타났다. 또한 최근 '한국, 아동·청소년 정신건강 세계 하위권 수준(EBS NEWS. 2020.09.04.)'이라는 보도 기사에 의하면, 한국 아동·청소년의 정신건강 수준이 선진국 가운데 하위권이며 아동의 '삶의 질' 순위도 38개 국가 가운데 21위이다. 이와 관련된 우리나라 통계청의 자료를 분석하여 청소년의 극단적 선택을 예방하기 위한 방안에 대해 친구들과 토의해 보자.

관련학과

교육학과, 초등교육과, 윤리교육과, 사회교육과, 가정교육과, 역사교육과, 지리교육과, 국어교육과, 언어교육과

3 생명과학과 의학기술의 발전으로 가능해진 '유전자 치료 기술'은 인간은 고통을 완화하고 건강과 생명을 연장하여 행복을 실현하는 혜택을 누리게 해주지만, 동시에 유전자 치료의 과정에서 개인의 유전 정보 수집 및 보안의 문제, 유전자 치료의 범위, 차세대의 게놈 에디팅의 문제 등 양면성을 지님을 이해해 보자. 여기에 대한 윤리적 가치와 사회 효용적 가치를 면밀히 숙고하여 자신의 입장을 발표해 보자.

관련학과

교육학과, 초등교육과, 윤리교육과, 과학교육과, 사회교육과, 가정교육과, 국어교육과, 언어교육과

4 '성적 자기결정권(자기 스스로 내린 성적 결정에 따라 자기 책임 하에 상대방을 선택해 성관계를 가질 수 있는 권리)'에는 기본적 권리로 개인의 인격권과 행복추구권, 개인의 자기 운명 결정권이 헌법적 권리로서 전제되어 있음을 법조문을 통해 확인해 보자. 또한 성적 자기결정권의 적용 연령이 적정한가에 대해 친구들과 토론해 보자.

관련학과

교육학과, 초등교육과, 윤리교육과, 사회교육과, 가정교육과, 국어교육과, 언어교육과

영역 사회와 윤리

성취기준

[12생윤03-01]	직업의 의의를 행복의 관점에서 이해하고, 다양한 직업군에 따른 직업윤리를 제시할 수 있으며 공동체 발전을 위한 청렴한 삶의 필요성을 설명할 수 있다.
[12생윤03-02]	공정한 분배를 이룰 수 있는 방안으로서 우대 정책과 이에 따른 역차별 문제를 분배 정의 이론을 통해 비판 또는 정당화할 수 있으며, 사형 제도를 교정적 정의의 관점에서 비판 또는 정당화할 수 있다.

탐구주제

1 '부유세는 필요한가?'를 주제로 정하여 부유세를 시행했던 유럽 15개 국가의 사례를 조사하고, 부정적 평가로 인해 폐지된 프랑스의 사례와 현재까지 유지되고 있는 노르웨이 등의 사례를 비교함으로써 현실적인 측면의 장단점을 분석해 보자. 이를 바탕으로 우리나라에 부유세를 도입할 필요성이 있는지에 대한 입장을 제시하고 만약 부유세에 반대한다면 그 이유에 대해 타당한 근거를 제시하고, 찬성한다면 그 이유와 부유세를 도입할 시 고려해야 할 요인에 대해 설명해 보자.

관련학과

교육학과, 초등교육과, 윤리교육과, 사회교육과, 역사교육과, 지리교육과, 국어교육과, 언어교육과

2 4차 산업혁명에 의한 직업세계의 변화를 대비하며 미래 유망 직업에 대해 검색해 보자. 최근 인공지능 로봇의 일반적 상용화에 따라 '로봇 윤리학자', '기술 윤리 변호사'와 같은 새로운 직업 분야가 필요한 것으로 전망되고 있다. 이들의 역할이 무엇인지 자세히 알아보고, 향후 우리 사회에서 인류가 고민하게 될 문제가 무엇일지 예측해 보자.

관련학과

교육학과, 초등교육과, 윤리교육과, 사회교육과, 컴퓨터교육과, 공학교육과, 국어교육과, 언어교육과

3 '기업의 사회적 책임의 필요성과 CSR 지수와 이윤의 상관관계 분석', '대한민국 100대 상장기업 CSR 지수', 'CSR과 ESG 지수의 평가지표 비교', '기업의 이윤 추구와 양립 가능한 사회적 공유가치 창출(CSV) 전략 탐구' 등 기업경영과 관련된 분야를 활동 주제로 선문성을 발휘하는 팀 프로젝트를 수행해 보자.

관련학과

교육학과, 초등교육과, 윤리교육과, 사회교육과, 역사교육과, 국어교육과, 언어교육과

4 디지털 플랫폼을 기반으로 새롭게 등장한 노동 형태로 현재 국내에서 이루어지는 배달기사, 대리기사, 가사도우미, 요양보호사 등 플랫폼 노동자들은 노동보호법의 보호를 받지 못하여 근로 복지의 사각지대에 놓이게 된다. 그러한 구조적 이유가 무엇인지 알아보고, 이들을 보호할 수 있는 방안에 대해 고민해 보자.

관련학과

교육학과, 초등교육과, 윤리교육과, 사회교육과, 국어교육과, 언어교육과, 컴퓨터교육과

5 '사형제도는 정당한가'를 주제로 칸트, 루소, 베카리아, 벤담 4인의 교정적 정의 이론에 대해 상호 비교해 보자. 특히 이들 사상가가 사형제도에 대하여 어떤 입장을 취하는지, 그 근거는 무엇인지에 대해 탐구해 보자. 그런 다음, 사형제도에 대한 자신의 입장을 정하여 친구들 앞에서 논리적으로 주장해 보자.

관련학과

교육학과, 초등교육과, 윤리교육과, 사회교육과, 역사교육과, 국어교육과, 언어교육과

영역

과학과 윤리

성취기준

[12생윤04-02] 정보기술과 매체의 발달에 따른 윤리적 문제들을 제시할 수 있으며 이에 대한 해결 방안을 정보윤리와 매체윤리의 관점에서 제시할 수 있다.

[12생윤04-03] 자연을 바라보는 동서양의 관점을 비교·설명할 수 있으며 오늘날 환경 문제의 사례와 심각성을 조사하고, 이에 대한 해결 방안을 윤리적 관점에서 세시할 수 있다.

탐구주제

1 테슬라의 CEO 일론 머스크, 페이스북 CEO 마크 저커버그 등은 '뇌·컴퓨터 인터페이스(Brain-Computer Interface)', 즉 BCI기술을 개발하는데 박차를 가하고 있다. 기술은 인간의 뇌파를 컴퓨터로 전송받아 해독하고 사람들도 뇌파를 통해 서로 소통하며, 컴퓨터에 사람의 기억을 저장하고 그것을 다시 로봇에게 이식하는 단계까지 향한다. 앞으로는 지식에 대한 업로딩뿐만 아니라 마인드 업로딩 기술까지 가능해질 것이라 전망한다. 이러한 미래 사회로의 전환 과정이 인간의 도덕성이나 윤리적 의사 결정력 등에 어떤 영향을 미치게 될지에 대해 친구들과 토론해 보자.

관련학과

교육학과, 초등교육과, 윤리교육과, 사회교육과, 과학교육과, 공학교육과, 국어교육과, 언어교육과

2 빅브라더는 정보의 독점으로 사회를 통제하는 관리 권력 혹은 그러한 사회체계를 일컫는 말로, 조지 오웰의 소설 「1984년」에서 비롯된 용어이다. 코로나19 감염병 유행으로 인해 위치기반 서비스에 기반한 재난 문자의 발송, 감염 확진자 및 관련자에 대한 카드 결제 내역 및 CCTV를 통한 동선의 파악, 확진자에 대한 온라인 커뮤니티에서의 신상공개 등 일상 전반에 걸친 사생활 노출 문제에 주목하며 '빅브라더 사회'에 대한 위기의식이 확산되고 있다. 이러한 상황과 관련지어 정보기술과 매체의 비약적 발달이 가져온 정보사회의 편익과 문제점을 집중 탐구하고 정보민주주의의 실현을 위한 방안에 대해 발표해 보자.

관련학과

교육학과, 초등교육과, 윤리교육과, 사회교육과, 컴퓨터교육과, 공학교육과, 국어교육과, 언어교육과

3 뉴미디어(New Mass Communication Media)란 정보·통신 기술의 발달로 지금까지 독립적으로 기능해 온 종이 기반 출판물, 책, 잡지, 영화 및 텔레비전 프로그램 등에 얽매이지 않고, 여러 가지 미디어가 디지털화되어 복합적 기능을 갖게 된 것을 말한다. 이러한 시대에 매우 중요한 역량이 미디어 리터러시(Media literacy) 능력임을 이해하고 '미디어 파수꾼'이 되어 할 수 있는 선플 달기 등의 댓글 정화 활동, 저작권 보호 촉구 활동, 창작물 게시, 정보 공유, 비판적 평가, 가짜 정보 신고 및 알리기 등의 활동을 실천해보자. 마지막으로 활동 포트폴리오를 만들어 인증 기록을 랜선에 업로드 하는 사회 참여형 블로거로서 역할을 해 보자.

관련학과

교육학과, 초등교육과, 윤리교육과, 사회교육과, 컴퓨터교육과, 과학교육과, 공학교육과, 국어교육과, 언어교육과, 예술교육과

4 과학기술과 산업의 발달에 따라 환경과 관련된 윤리적 문제가 발생하였다. 이에 대해 '기후 문제', '환경 오염', '자원 고갈', '생태계 파괴' 등 각 쟁점 사안별로 파악해 보자. 그리고 일상 속에서 이를 예방하고 해결할 수 있는 구체적 실천 방안에 대한 아이디어를 모으자. 각 문제 분야별로 집중 실천 기간을 정하고 매주 다른 주제들로 4주 연속 프로젝트를 기획하여 실천해 보자.

관련학과

교육학과, 초등교육과, 윤리교육과, 과학교육과, 사회교육과, 역사교육과, 가정교육과, 국어교육과, 언어교육과, 공학교육과

5 동물의 도덕적 지위를 인정하는 싱어와 레건의 입장에 대해 '종 차별주의'를 옹호하는 코헨(Carl Cohen)이 근거로 제시한 '가장자리 인간 논증', '도덕적 차이 논증', '종류 논증'이 무엇이며 어떤 오류가 있는지 탐구해 보자.

관련학과

교육학과, 초등교육과, 윤리교육과, 사회교육과, 국어교육과, 언어교육과

문화와 윤리

성취기준

[12생윤05-01] 미적 가치와 윤리적 가치를 예술과 윤리의 관계 차원에서 설명할 수 있으며 대중문화의 문제점을 윤리적 관점에서 비판하고 그 개선 방안을 제시할 수 있다.

[12생윤05-02] 의식주 생활과 관련된 윤리적 문제들을 제시하고, 이를 윤리적 관점에서 비판할 수 있으며 윤리적 소비 실천의 필요성을 설명할 수 있다.

탐구주제

1.생활과 윤리 — 문화와 윤리

1 K-POP의 인기에 이어 세계를 무대로 한 한류열풍이 뜨겁다. K-드라마, K-푸드, K-코스메틱, K-방역 등 세계적인 인기를 누리고 있는 다양한 문화산업과 그것을 이끈 주역들의 성공 과정, 한류의 세계화가 시사하는 의미를 생각해 보고, 세계적인 문화 소비 현상과 특징에 대해 탐구해 보자. 더불어 각 K-산업 분야에 대해 각 나라에서 보도된 현지 뉴스 기사 및 보도 자료를 분석하여 한류문화의 수준을 향상시키며 지속적으로 유지할 수 있는 방안에 대한 의견을 제안해 보자.

관련학과

전 교육계열

2 대중문화의 상업화와 비윤리적 혐오 풍조 확산으로 타인 존중의식 및 윤리적 감수성의 결핍이 문제로 대두되고 있다. 인터넷 콘텐츠들에 범람하는 각종 신조어, 줄임말의 유행 속 빈번히 노출되는 세대 분리 현상, 무분별한 혐오 표현, 자극적인 성 상품화, 폭력성 등 우리 사회에 대중화된 문제 현상을 주제로 문제를 제기하는 기사문을 작성해 보자.

관련학과

교육학과, 초등교육과, 윤리교육과, 사회교육과, 국어교육과, 언어교육과, 예술교육과, 가정교육과

3 KOSIS통계표, e-나라지표 등에서 '연도별 국내 체류 외국인 현황'을 살펴보고, 외국인의 국내 거주 비율이 해마다 얼마나 증가하고 있는지 알아보자. 특히 통계 자료 및 보도 기사 등을 통해 다문화가정 자녀 수의 변화 추이와 학업 중단 실태, 문화적 이질감, 배타적 태도 등 문제점을 분석한다. 여러 가지 다문화 정책에 대한 다양한 이론적 근거와 국내외에서 추진하는 정책이나 제도 등을 비교하여 다문화가정에서 양육되는 아동의 신변보호 및 교육권의 보장 문제에 대한 대안을 찾아 보자. 나아가 자원봉사사이트 등을 활용하여 다문화가정 자녀를 위한 교육봉사활동을 지속적으로 실천해 보자.

관련학과

교육학과, 초등교육과, 윤리교육과, 사회교육과, 국어교육과, 언어교육과, 예술교육과, 가정교육과

4 의식주 윤리와 기업윤리를 접목한 '식품 제조 기업의 사회적 책임과 이윤 추구'와 같이 두 개 이상 단원의 주제를 융합하여 탐구해 보자. 앞으로 식량 안보가 중요한 쟁점 중 하나가 될 것이라는 전망이 있다. 이와 관련하여 식량부족 문제뿐만 아니라 유전자변형농산물(GMO) 먹거리의 안전 미검증, 함량 미달, 위생처리 불량, 식품 성분의 불성실 표기, 화학적 식품첨가물의 안전성 미테스트 및 임의 기준 적용 등 우리 사회에서 비윤리적으로 이윤을 추구했던 국내·외 기업들의 실제 사례들을 비판적으로 분석해 보자. 이와 대조적으로 윤리 경영을 통해 이윤 창출과 선순환을 이뤄낸 기업의 사례를 찾아 비교하여 발표해 보자.

관련학과

교육학과, 초등교육과, 윤리교육과, 사회교육과, 역사교육과, 가정교육과, 과학교육과, 국어교육과, 언어교육과

I. 국어과 II. 사회과 도덕과 IV. 수학과 V. 과학과 VI. 영어과

영역 평화와 공존의 윤리

성취기준

[12생윤06-01] 사회에서 일어나는 다양한 갈등의 양상을 제시하고, 사회 통합을 위한 구체적인 방안을 제안할 수 있으며 바람직한 소통 행위를 담론윤리의 관점에서 설명하고 일상생활에서 실천할 수 있다.

[12생윤06-02] 통일 문제를 둘러싼 다양한 쟁점들을 이해하고, 각각의 쟁점에 대한 자신의 관점을 설명할 수 있으며 남북한의 화해를 위한 개인적·국가적 노력을 구체적으로 제시할 수 있다.

▶ 민족의 분단과 갈등으로 인한 윤리적 문제들을 평화, 인권, 자유 등 보편적 가치 차원에서 이해함으로써 민족 통일의 필요성을 인식하고, 통일을 둘러싼 쟁점들에 대한 자신의 관점을 형성하도록 한다.

[12생윤06-03] 국제 사회의 여러 분쟁들과 국가 간 빈부격차 문제를 윤리적 관점에서 비판적 설명을 할 수 있으며 국제 사회에 대한 책임과 기여 문제를 윤리적 관점에서 정당화하고 실천 방안을 제시할 수 있다.

탐구주제

1. 생활과 윤리 — 평화와 공존의 윤리

1 민족 분단의 갈등으로 인한 우리 사회의 윤리적 문제들을 평화, 인권, 자유의 보편적 가치 측면에서 구체적으로 탐구해 보자. 또한 경제적 가치 측면에서 발생되는 문제점을 분단비용, 통일비용, 통일 편익의 개념을 바탕으로 조사해 보자. 이를 바탕으로 민족 통일의 필요성을 종합적으로 알릴 수 있는 통일 공익광고를 제작하여 학교 홈페이지, 동영상 공유 사이트 등에 공개해 보자.

관련학과

교육학과, 초등교육과, 윤리교육과, 역사교육과, 사회교육과, 국어교육과, 언어교육과, 컴퓨터교육과

2 '북한이탈주민'을 칭하는 명칭에는 월남민, 귀순용사, 탈북자, 새터민 등 다양한 용어가 있다. 지금도 적절한 용어에 대해 의견이 엇갈리는 상황이다. 북한이탈주민에 대한 적절한 명칭을 창의적으로 제안해 보자. 그리고 1997년 제정된 '북한이탈주민의 보호 및 정착지원에 관한 법률'을 근거로 북한이탈주민에 대한 지원 정책으로는 어떤 것들이 있는지 살펴보자. 또한 신문 기사나 인터뷰 내용을 바탕으로 북한이탈주민의 증가 추세와 이들이 겪는 어려움에 대해 구체적으로 조사해 보자.

관련학과

교육학과, 초등교육과, 윤리교육과, 역사교육과, 사회교육과, 가정교육과, 국어교육과, 언어교육과

3 지금도 세계 곳곳에서는 크고 작은 분쟁이 끊임없이 발생하고 있고, 이러한 현실은 우리에게 평화의 중요성을 일깨워 준다. 호주의 경제·평화 연구소(IEP)가 2019년 발표한 '세계평화지수(GPI)'에 따르면 한국은 163개국 중 55위, 북한이 149위로 기록됐다. 이를 바탕으로 우리 사회의 폭력 실태를 조사하여 문제점을 정리해 보자. 또한 갈퉁이 진정한 평화에 대해 주장하며 제시했던 '적극적 평화'의 의미를 되새기며 자신의 학교생활에서 경험해 볼 수 있는 '평화 프로젝트'를 기획해 보자.

관련학과

교육학과, 초등교육과, 윤리교육과, 역사교육과, 사회교육과, 가정교육과, 국어교육과, 언어교육과

4 빅데이터 분석업체 타파크로스에서 언론 기사와 소셜미디어(SNS)상에 나타난 사회갈등의 크기와 변화 양상을 지수로 도출한 결과를 찾아 보자. 갈등의 주요 원인에 어떤 것이 가장 영향을 많이 미쳤는지에 대해 살펴보고 상위를 차지한 갈등 요인에 대한 해결 방안을 모색해 보자.

관련학과

교육학과, 초등교육과, 윤리교육과, 역사교육과, 사회교육과, 국어교육과, 언어교육과, 컴퓨터교육과

5 우리나라 기부 참여율의 감소 추이를 살펴보고 '기부를 하는 이유'와 '기부를 하지 않는 이유', '연령대별 기부 현황', '소득 대비 기부 비율' 등에 대해 조사해 보자. 우리나라 기부 참여율의 감소 추이에 대한 원인을 진단하고 대안을 모색해 보자. 이를 위해 '내 도움이 필요한 곳은 어디일까?'에 대한 고민을 시작으로 내가 기부할 대상(빈곤한 어린이, 유기동물, 독거노인 등)과 기부의 형식(자신의 상황 여건에 따라 물질적, 비물질적 기부를 균형있게 고려)을 정하여 관심사가 같은 친구들과 함께 실천해 보자.

관련학과

전 교육계열

활용 자료의 유의점

- ! 토의·토론, 프로젝트, 모둠활동, 신문 읽기 자료 활용
- ! 최근의 국내외 이슈와 관련 있는 뉴스 및 보도 자료를 적극 탐색
- ! 통일 문제에 대한 접근 시 윤리적 탐구 공동체를 결성하고 상호 협동하여 심층적인 논의 전개
- ! 특정 문화나 지역, 특정 종교, 소수자 집단 등에 대한 편견과 차별적인 태도 지양
- ! '실천 윤리'의 특징을 고려하여 구체적 문제 해결 방안에 대해 집중 탐구
- ! 현대 사회가 당면한 윤리적 문제들이 학제적 성격을 지니고 있음을 고려하여 다양한 학문 및 각종 사회 분야와의 관련성에 주목

MEMO

도덕과

2

윤리와 사상

핵심키워드

☐ 인간본성론 ☐ 성악설과 성선설 ☐ 윤리 사상 ☐ 동양과 서양의 윤리 사상 ☐ 쾌락주의 ☐ 금욕주의
☐ 포퓰리즘(populism) ☐ 현행 헌법 ☐ 민주주의 ☐ 공화주의 ☐ 하이퍼루프

영역 인간과 윤리 사상

성취기준

[12윤사01-01] 인간에 대한 다양한 관점을 비교하고, 우리의 삶에서 윤리 사상과 사회 사상이 필요한 이유를 탐구할 수 있다.

▶ 인간에 대한 어떤 관점을 채택하든 인간은 윤리적 존재일 수밖에 없다는 점을 이해한다.

탐구주제

2.윤리와 사상 — 인간과 윤리 사상

1 인간이 다른 존재와 구별되는 고유의 본성에 대해 제시한 이론들을 이해하고, 그중 인간만이 가진 고유한 특성인 '도덕성'을 중심으로 체계화한 동양 및 서양 사상의 다양한 이론(성선설, 성악설, 성무선악설, 진화설 등)을 탐구해 보자. 인간의 도덕적 본성에 대해 자신이 가장 공감하는 입장을 논리적으로 발표해 보자.

관련학과

교육학과, 초등교육과, 윤리교육과, 역사교육과, 사회교육과, 국어교육과, 언어교육과, 과학교육과

2 중국의 고대 사상가인 맹자와 순자는 각각 성선설과 성악설을 주장하며 인간의 도덕적 본성에 대해 상반된 입장을 취하였다. 그럼에도 불구하고 두 사상가 모두 유교 사상가로 분류되는 이유가 무엇인지 각 사상의 공통점과 차이점을 비교하며 설명해 보자.

관련학과

교육학과, 초등교육과, 윤리교육과, 역사교육과, 사회교육과, 국어교육과, 언어교육과

탐구주제

3 서양의 근대 사회계약론자인 홉스와 루소는 각각 성악설과 성선설을 주장하며 인간 본성에 대한 상반된 관점을 보이지만 사회계약론이라는 공통점을 지닌다. 이들이 자연 상태에서 사회상태로 넘어오는 과정에서 계약의 주체로 바라본 대상이 어떻게 다르며, 이들이 바라본 사회는 어떻게 다른지 탐구해 보자.

관련학과

교육학과, 초등교육과, 윤리교육과, 역사교육과, 사회교육과, 국어교육과, 언어교육과

영역 동양과 한국 윤리 사상

성취기준

[12윤사02-01] 동양과 한국의 연원적 윤리 사상들을 탐구하고, 이를 인간의 행복 및 사회적 질서와 관련시켜 토론할 수 있다.

탐구주제

1 '동양 사상가 초청 토크쇼'라는 주제로 가상의 상황극을 계획해 보자. 이를 위해 시나리오와 무대 및 명찰 소품 등을 준비하고, 친구들과 토크쇼 참가자 역할을 분담한다. 질문자는 자신이 질문하고 싶은 사상가에게 묻고 싶은 다양한 내용을 준비하여 질문을 한다. 공자, 맹자, 순자, 주자, 왕수인, 이황, 이이, 석가모니, 혜능, 지눌, 의천, 노자, 장자, 정약용 등 해당 사상가를 가능한 많이 배정하고, 자신이 맡은 인물에 대해 미리 공부해온 상태에서 철저히 그 사상가의 입장이 되어 즉흥적으로 답변한다. 역할을 바꿔가며 활동한 후 상호 동료평가를 하여 사상가에 대한 실존적 이해를 시도해 보자.

관련학과

교육학과, 초등교육과, 윤리교육과, 역사교육과, 사회교육과, 국어교육과, 언어교육과

2 동양 및 한국 윤리 사상의 발생 배경과 특성 등을 조사하여 고대부터 현대에 이르기까지의 흐름 속에서 어떤 상호 관련성을 지니는지 탐구해 보자. 그리고 이를 자신만의 독창적 표현법으로 시각화하여 한 장의 지면에 효과적으로 표현한 '윤리 사상 연표'를 제작해 보자. 또한 연표에 나타난 시기별로 자신이 가장 공감하는 대표 인물들에 대한 '인물 집중 탐구' 활동을 하고 이를 스토리텔링 형식으로 발표해 보자.

관련학과

교육학과, 초등교육과, 윤리교육과, 역사교육과, 사회교육과, 국어교육과, 예술교육과

3 주희와 왕수인의 윤리 사상의 주요 내용과 특징, 한계점 등을 분석하고 특히 도덕법칙의 탐구방식인 '격물치지(格物致知)'에 대하여 두 사상가가 각각 어떤 입장을 지녔는지에 대해 구체적 사례를 들어 설명해 보자. 그리고 두 사상가의 입장 중 자신이 지지하는 입장과 그 이유를 발표해 보자.

관련학과

교육학과, 초등교육과, 윤리교육과, 역사교육과, 사회교육과, 국어교육과, 언어교육과

탐구주제

2.윤리와 사상 — 동양과 한국 윤리 사상

4 유가, 도가, 불가 사상에서 제시한 이상사회의 모습 중 오늘날 비교적 근접하게 도달된 이상사회의 모습은 무엇이라고 생각하는지 구체적 사례와 이유를 들어 자신의 생각을 소개해 보자. 더불어 내가 꿈꾸는 이상사회의 조건에 대해서 발표해 보자.

관련학과

교육학과, 초등교육과, 윤리교육과, 역사교육과, 사회교육과, 국어교육과, 언어교육과

영역 서양 윤리 사상

성취기준

[12윤사03-01]	서양 윤리 사상의 연원으로서 고대 그리스 사상과 헤브라이즘을 살펴보고, 소피스트의 윤리 사상과 소크라테스의 윤리 사상을 비교하여 윤리적 상대주의와 윤리적 보편주의의 특징을 설명할 수 있다.
[12윤사03-03]	행복에 이르는 방법으로서 쾌락의 추구와 금욕의 삶을 강조하는 윤리적 입장을 비교하여 각각의 특징과 한계를 토론할 수 있다.
[12윤사03-05]	도덕적 판단과 행동에 관한 이성과 감정의 역할을 규명하고, 도덕적인 삶을 위한 양자 사이의 바람직한 관계에 대해 토론할 수 있다.

탐구주제

2.윤리와 사상 — 서양 윤리 사상

1 교과서 안의 대표적인 서양 윤리 사상가들이 당대의 시간적·공간적의 배경 속에서 가졌던 가장 크고 중요한 '고민'이 무엇이었는지에 대해 사상가별로 나열하고., 인물별 고민 목록을 만들어 보자. '무언가에 대한 고민'은 '무언가를 실행하도록 이끄는 원동력'이 된다. 나와 가까운 주변인들의 고민 목록을 작성해 보고, 나의 고민과 비교하며 성찰해 보자.

관련학과

교육학과, 초등교육과, 윤리교육과, 역사교육과, 사회교육과, 국어교육과, 언어교육과

2 쾌락주의와 금욕주의 윤리설의 입장을 비교하여 행복한 삶을 위해 그들이 접근한 방식의 특징을 알아보고, '쾌락주의의 역설'에 대한 이해를 바탕으로 '절제하는 소박한 쾌락주의자들과 운명론적 자연법칙에 따르는 의무를 이행하며 부질없는 욕망을 억제하는 금욕주의자들 중 누가 더 행복할까?'에 대해 생각해 보자. 나를 행복하게 하는 것에 대한 마인드맵 활동을 통해 자신이 어느 쪽 입장에 가까운지 발표해 보자.

관련학과

교육학과, 초등교육과, 윤리교육과, 역사교육과, 사회교육과, 국어교육과, 언어교육과

탐구주제

3 박지원의 「허생전」, 홍대용의 「의산문답」, 토마스 모어의 「유토피아」는 어떤 공통점이 있는지 찾아서 분석해보고, 특히 「유토피아」에 나오는 '양이 사람을 잡아먹는다'는 어떤 의도를 담고있는 표현인지 알아보자. 「유토피아」에서는 모든 사람이 하루에 6시간만 노동을 하면 물질적으로 충분하다고 언급하였는데, 우리사회는 하루 8시간 주 5일제 노동으로 보다 많은 노동을 하고 있으며 개인들의 행복감이 낮은 편이다. 이에 대한 대안에는 어떤 것들이 있을지 토의해 보자.

관련학과

교육학과, 초등교육과, 윤리교육과, 역사교육과, 사회교육과, 국어교육과, 언어교육과

4 서양의 마키아벨리는 「군주론」에서 군주가 가져야 할 자세로써 정치를 윤리, 도덕, 종교 등과 분리하고, 비인간적 권모술수의 방법을 가리지 않을 것을 주장하였다. 비슷한 시기 조선의 성리학자인 이황과 이이 등은 군주가 덕치를 하여 백성들의 도덕적 모범이 되어야 함을 강조하였다. 현대 사회는 과거의 군주국가와 달리 국민 주권론에 기반한 '포퓰리즘(Populism)'적 정치지도자들이 종종 등장한다. 포퓰리즘이란 대중의 인기에 영합하는 정치 형태로서 대중을 동원하여 권력을 유지하는 정치 체제로 대중주의라고도 하며 엘리트주의와 상대되는 개념이다. 이러한 현상이 가져올 수 있는 정치 발전의 한계에 대해 비판해 보자.

관련학과

교육학과, 초등교육과, 윤리교육과, 역사교육과, 사회교육과, 국어교육과, 언어교육과

영역 사회 사상

성취기준

[12윤사04-03]	개인과 공동체의 관계, 개인의 권리와 의무, 자유의 의미와 정치 참여에 대한 자유주의와 공화주의의 입장을 비교하여, 개인선과 공동선의 조화를 위한 대안을 모색할 수 있다.
[12윤사04-06]	동·서양의 평화사상들을 탐구하여 세계시민주의와 세계시민윤리의 원칙 및 지향을 이해하고, 이를 통해 세계시민이 가져야 할 태도에 대해 성찰할 수 있다.

탐구주제

1 시민이라는 용어의 기원에서부터 자유를 바탕으로 권리와 의무를 받아들이며 현재에 이르기까지의 과정에서 시민들이 역사적으로 획득하고 형성해 온 교양에는 어떤 것들이 포함되는지에 대해 자신이 조사하고 분석한 내용을 정리해서 발표해 보자.

관련학과

교육학과, 초등교육과, 윤리교육과, 역사교육과, 사회교육과, 국어교육과, 언어교육과

탐구주제

2 대한민국 현행 헌법의 제1조 1항에서는 "대한민국은 민주공화국이다"라고 명기하고 있다. 다른 나라 헌법 제1조의 내용으로는 어떤 것들이 있는지 알아보고, 우리나라는 왜 민주공화국을 표방하였으며 '민주주의'와 '공화주의'는 어떤 점에서 구분되는지 탐구해 보자.

관련학과

교육학과, 초등교육과, 윤리교육과, 역사교육과, 사회교육과, 국어교육과, 언어교육과

3 '하이퍼루프(Hyperloop)'는 전기자동차 제조업체인 테슬라 모터스와 민간 우주업체 스페이스X의 CEO인 일론 머스크가 고안한 차세대 이동수단이다. 기본적으로 진공 튜브에서 자기장을 이용해 얻은 추진력으로 시속 1,280km로 서울-부산 사이를 15분 만에, 미국 서부 샌프란시스코에서 로스앤젤레스 구간을 불과 30분 안에 달릴 수 있다고 한다. 이러한 하이퍼루프가 우리나라에서 북한, 러시아를 거쳐 독일, 프랑스, 런던까지 이어지는 것을 상상했을 때 이런 세계에서 사는 사람들에게 필요한 시민의식은 무엇인지에 대해 토론해 보자.

관련학과

교육학과, 초등교육과, 윤리교육과, 과학교육과, 공학교육과, 사회교육과, 국어교육과, 언어교육과

4 전 세계 노동자들에게 큰 반향을 일으켰던 마르크스는 독일 트리어가 고향이지만 프랑스 파리로 이주하여 프랑스 혁명을 연구하였으며, 벨기에 브뤼셀에서 엥겔스와 만나 「독일 이데올로기」를 저술하였다. 이후 독일혁명시기에 활동하였으나 실패 후 영국에서 대부분의 활동을 하다가 「자본론」을 저술한 뒤 런던의 공원묘지에 묻혔다. 현재 200년이 지난 마르크스의 사상은 중국에서 체제 강화를 위해 재조명되고 있다. 지금은 교통과 통신의 초고속 발전으로 인해 평범한 일반 사람들의 일상적 활동 반경도 전 세계로 확장되었다. 이에 따라 장차 세계시민으로서 자신이 방문할 것으로 계획하고 있는 나라와 방문 목적, 주요 활동을 도표로 나타낸 후 친구들에게 소개해 보자.

관련학과

교육학과, 초등교육과, 윤리교육과, 사회교육과, 국어교육과, 언어교육과

활용 자료의 유의점

- (!) 토의·토론, 프로젝트, 모둠활동, 인물탐구, 역할극, 사상연표 등을 활용
- (!) 다양한 윤리 사상이 등장하게 된 시대적·공간적 배경을 맥락적으로 탐색하기 위한 역사자료 참고
- (!) 사상가들이 직접 저술한 원전을 직접 읽고 번역본에 따른 해석의 차이에 유의
- (!) 특정 사상가를 탐구할 때는 그와 대조를 이루는 사상가의 입장을 서로 비교하여 이해의 폭을 확장
- (!) 인터넷 검색사이트와 온라인 공개 인문 철학 강연 등 다양한 심화 학습 컨텐츠를 적극 활용
- (!) 동양과 서양으로 이분적 세계관을 형성하기보다는 동·서양을 아우르는 보편적 가치에 주목
- (!) 자신의 존재와 삶, 타인과 사회와의 관계에 대한 성찰의 과정이 결론에 반영되도록 탐구 활동 구성

도덕과

3

고전과 윤리

핵심키워드

☐ 뜻 세움 ☐ 마음수칙과 행동수칙 ☐ 21세기 한국인 보편 핵심가치 ☐ 에우다이모니아 ☐ 중용의 덕
☐ 연기 법칙 ☐ 사회계약론 ☐ 공무원 행동강령 ☐「목민심서」 ☐ 고전 삼독법 ☐ 정의의 원칙
☐ 공리주의 사상 ☐ 종교의 핵심 가치 ☐ 보편적 윤리

영역

자신과의 관계

성취기준

[고윤01-01] 도덕적 주체로 살아가기 위해서 '뜻 세움'이 중요함을 알고 자신이 세운 뜻을 실현하기 위한 구체적인 계획을 수립하여 이를 실천하기 위한 방법을 제시할 수 있다.
(「격몽요결」 - 뜻 세움과 나의 삶)

[고윤01-02] 마음공부의 의미와 중요성을 알고, 돈오(頓悟)와 점수(漸修)의 의미를 이해하여 자신의 마음공부법을 제안할 수 있다.
(「수심결」 - 진정한 나 찾기와 마음공부)

[고윤01-03] 정언명령의 의미를 이해하여 정언명령에 따르는 도덕적 행동에 대해 탐구하고 구체적인 사례를 찾아 제시할 수 있다.
(「윤리형이상학 정초」 - 도덕법칙과 인간의 존엄성)

탐구주제

3.고전과 윤리 — 자신과의 관계

1 율곡 이이의「격몽요결」을 읽고, 유학 사상가들에게 '뜻 세움'이 갖는 의미를 분석해 보자. 오늘날 흔히 삶의 목표로 대표되는 대학 진학이나 직업 선택으로서의 '뜻 세움'에 머무를 때 나타나는 인간적 한계에 대해 성찰하고, 자기 삶에서 무엇에 뜻을 세우고자 하는지 입지(立志)에 대한 고민의 시간을 가져 보자.

관련학과

교육학과, 초등교육과, 윤리교육과, 역사교육과, 사회교육과, 국어교육과, 언어교육과, 과학교육과

2 신사임당은 새벽에 일찍 일어나 경전을 필사했다고 한다. 고전을 음미하는 방법 중 하나가 바로 필사(글을 그대로 베끼어 씀)를 하는 것이다. 책을 읽어 내려가다가 마음이 가는 문장이나 구절을 부분적으로 필사하거나 처음부터 전체를 필사하는 방법이 있는데, 고전을 하나 정한 후 자신에게 적합한 방법을 택하여 고전을 깊이 음미해 보자.

관련학과

교육학과, 초등교육과, 윤리교육과, 역사교육과, 사회교육과, 국어교육과, 언어교육과

3 대중음악을 통해 세계적인 한류열풍을 주도한 방탄소년단의 '피 땀 눈물'이라는 곡이 헤르만 헤세의 소설 「데미안」에서 영감을 얻어 나온 곡으로 알려져 유명세를 탄 바 있다. 내가 감명 깊게 읽은 고전을 바탕으로 한 제2의 창작물(노래, 행위예술, 미술품, 작곡, 연주, 전시, 플래시몹, 랩, 춤, 웹툰, 요리, 디자인, 시, 교육용 컨텐츠, 오디오북 낭독 등)을 만들어 보자.

관련학과

전 교육계열

4 「격몽요결」, 「수심결」, 「윤리형이상학 정초」를 읽고 자신이 세운 뜻을 실천하기 위해 스스로 마음을 수양하며 성숙한 삶을 사는데 필요한 마음 수칙과 행동 수칙을 정리해 보자. 이 중에서 자신에게 필요한 구체적 실천 항목 10개를 뽑아 '1일 10행 체크리스트'를 구성한다. 그리고 온라인 공유문서 등을 활용하여 효율적으로 체크할 수 있는 자가 점검표를 만들고, 자기 실천 여부를 꾸준히 점검하면서 실천해 보자.

관련학과

전 교육계열

5 도덕·윤리과 교육과정에서는 '성실', '배려', '정의', '책임'을 21세기 한국인으로서 보편적으로 갖추고 있어야 하는 핵심 가치로 보고 이를 내면화하는 것을 목표로 한다. 이러한 핵심 가치를 어떠한 동·서양 사상 및 고전에서 추출한 것이라고 볼 수 있을지 그 근거를 찾아 탐구해 보자.

관련학과

교육학과, 초등교육과, 윤리교육과, 역사교육과, 사회교육과, 국어교육과, 언어교육과

영역 타인과의 관계

성취기준

[고윤02-01] 궁극적 목적으로서 행복의 의미를 탐구하고, 이를 위해 도덕적 습관과 의지를 가지고 도덕적 덕을 길러야 함을 알고 자신의 삶에서 요구되는 도덕적 습관과 자세를 제시할 수 있다.
(「니코마코스 윤리학」 - 삶의 목적으로서의 행복과 덕)

[고윤02-02] 인(仁)에 담긴 뜻을 이해하고 현대 사회에서 인을 실천하기 위한 방안을 탐구하여 제시할 수 있다.
(「논어」 - 인간다움으로서의 인(仁)의 마음과 실천)

[고윤02-03]	관계적 존재로서 인간의 존재를 탐구하고 삶 속에서 서로 베풂의 관계를 형 성하기 위한 자세를 제시할 수 있다. (「금강경」 - 관계 속에서 존재하는 나와 베푸는 삶)

탐구주제

3.고전과 윤리 — 타인과의 관계

1 아리스토텔레스가 말하는 인간의 최종 목적인 행복 즉 에우다이모니아(Oeudaemonia)란 무엇인지 설명해 보자. 그리고 이러한 상태가 타인들과의 관계성 없이 도달될 수 있는지에 대해 아리스토텔레스의 이론을 근거로 검토하여 대답해 보자.

관련학과

교육학과, 초등교육과, 윤리교육과, 역사교육과, 사회교육과, 국어교육과, 언어교육과

2 아리스토텔레스는 도덕적 행위를 위한 덕목으로 '중용의 덕'을 강조한다. 이러한 중용은 동양의 고전인 「논어」에서도 등장하며, 석가모니의 '중도' 사상에서도 유사한 이치를 전하고 있다. 아리스토텔레스, 공자, 석가모니가 타인과의 이상적 관계를 위해 강조하는 경지에 대해 상호 공통점과 차이점을 비교하고, 이로부터 현대 사회의 인간관계에도 적용할 수 있는 보편 원칙을 도출해 보자.

관련학과

교육학과, 초등교육과, 윤리교육과, 역사교육과, 사회교육과, 국어교육과, 언어교육과

3 불가의 참선 수행 방법에서와 같이 현재의 내가 존재하도록 도움을 준 모든 대상과 원인을 떠올리며 고요하고 진지한 태도로 감사 명상을 해 보자. 세상의 모든 일이 연기법칙에 따라 이루어진다는 불가의 사상을 이해하고, 현재 자신의 덕행이 추후 결과로 작용될 것을 가설로 설정하여 직접 실험·관찰하는 이론을 검증하는 기회를 가져보자. 이를 위해 겸허한 태도와 댓가를 바라지 않는 마음으로 주변에 베풀며 봉사하는 '무주상보시로서의 자비 실천 프로젝트'를 1주일 동안 실천하며 주변 사람들의 반응과 결과에 대해 주의 깊게 관찰하고 기록하여 그 결과를 발표해 보자.

관련학과

교육학과, 초등교육과, 윤리교육과, 역사교육과, 사회교육과, 국어교육과, 언어교육과, 과학교육과

영역 사회·공동체와의 관계

성취기준

[고윤03-01]	정의로운 국가와 올바른 개인의 관계를 탐구하고 이를 통해 현대 사회에서 바람직한 국가를 위한 올바른 개인의 중요성을 말할 수 있다. (「국가」 - 조화로운 영혼과 정의로운 국가)
[고윤03-02]	공직자의 자세로서 청렴의 필요성을 탐구하고, 현대 사회에서 올바른 공직자의 '국민을 사랑하는 마음', 즉 애민의 구체적인 실천 방법을 제시할 수 있다. (「목민심서」 - 공직자의 자세로서 청렴과 애민(愛民))

[고윤03-03]	결과적 정의와 절차적 정의에 대해 비판적으로 탐구하고, 롤즈가 주장한 정의의 원칙에 대하여 논리적 근거와 함께 자신의 견해를 제시할 수 있다. (「정의론」 - 정의로운 사회를 위한 정의의 원칙)

탐구주제

3.고전과 윤리 — 사회·공동체와의 관계

1. 고대 그리스의 사상가 아리스토텔레스와 사회계약론에서 홉스, 로크, 루소가 바라보는 국가의 기원에 대한 관점 차이를 분석하고, 각 관점에 따라 개인과 국가의 관계가 어떻게 달라지는지에 대해 자신의 견해를 발표해 보자.

관련학과

교육학과, 초등교육과, 윤리교육과, 역사교육과, 사회교육과, 국어교육과, 언어교육과

2. '바른 몸가짐과 청렴한 마음으로 절약하고 청탁을 물리쳐라. 덕을 널리 펼치고 법을 지키면서 예로써 사람을 대하라. 세금을 거둬들일 때는 부자부터 해야 한다. 노인을 공경하고 어린이를 사랑하며 외롭고 가난한 사람을 구제하라. 재난에 최우선적으로 최선을 다해 대처하라'등 정약용이 「목민심서」에서 잘못된 지방 수령을 꾸짖고 목민관이 백성들을 위해 구체적으로 해야 할 일들에 대해 조목조목 제시한 구절을 찾아서 필사하고, 오늘날 공직자윤리법 및 공무원 행동 강령 등의 항목과 비교해 보자.

관련학과

교육학과, 초등교육과, 윤리교육과, 역사교육과, 사회교육과, 국어교육과, 언어교육과

3. '고전 삼독법'은 텍스트 읽기로서의 일독, 저자의 생각과 마음 읽기로서의 이독, 독자 자신의 경험과 삶 읽기로서의 삼독을 말한다. 이러한 고전 읽기 방법을 적용하여 「정의론」을 읽고 각 단계별 감상문을 작성해 보자.

관련학과

교육학과, 초등교육과, 윤리교육과, 역사교육과, 사회교육과, 국어교육과, 언어교육과

4. 정의로운 사회의 기준과 근거로 고전적 공리주의에서와 같은 '결과로서의 공정함'과 '무지의 베일'이라는 원초적 상태를 가상의 상태로 설정해 보자. 이를 정의의 원칙으로서 '과정의 공정함'을 추구하는 것과 상호 비교하여 어떤 입장이 정의로운 사회 달성을 위한 방안에 더 가까운지 비판적으로 탐구해 보자. 그리고 현대 사회에서 필요로 하는 정의의 원칙을 수립하기 위한 의견을 제안해 보자.

관련학과

교육학과, 초등교육과, 윤리교육과, 역사교육과, 사회교육과, 국어교육과, 언어교육과

영역 자연·초월과의 관계

성취기준

[고윤04-01]	최대 다수의 최대 행복(쾌락)을 도덕의 기준으로 삼는 공리주의를 칸트의 견해와 비교하여 그것의 장단점을 비판적으로 논의하고, 도덕적 고려의 대상을 인간뿐만 아니라 동물까지 확대해야 하는 이유를 제시할 수 있다. (「공리주의」, 「동물해방」 - 최대 다수의 최대 행복과 도덕적 고려 범위의 확대)

[고윤04-02]	현대 사회에서 무위자연(無爲自然)의 도(道)의 필요성을 탐구하고, 편견과 선입견에서 벗어나 사회 문제 해결을 위한 자세와 방법을 제시할 수 있다. (「노자」, 「장자」 - 자연의 이치에서 배우는 삶의 지혜, 편견과 선입견에서 벗어난 진정한 자유)
[고윤04-03]	종교적 신념이나 교리에 내재된 윤리적 의미를 탐구하고, 다양한 종교들이 지향하는 가치에 대한 비판적 논의와 소통의 과정을 통하여 관용의 필요성을 설명할 수 있다. (「신약」·「꾸란」 - 인간의 삶에서 종교의 의미와 종교에 대한 자세)

탐구주제

3.고전과 윤리 — 자연·초월과의 관계

1 결과론적 행위원칙을 도출한 공리주의 사상가 제러미 벤담, 존 스튜어트 밀, 피터 싱어의 공리의 원칙에는 각각 어떤 특징이 있는지 비교하여 탐구해 보자. 이들의 이론을 동기와 의무에 따른 행위원칙을 중시했던 칸트와 교차 비교하여 심도 있게 이해해 보자. 또한 공리주의의 어떤 근거가 동물의 권리 및 복지를 증진시키는 데 기여했는지 알아보고, 인간과 동물의 복리 충돌 시 한계점에 대해 비판적으로 검토해 보자.

관련학과

교육학과, 초등교육과, 윤리교육과, 역사교육과, 사회교육과, 국어교육과, 언어교육과

2 주변에서 자연의 이치로부터 삶의 지혜를 배울 수 있는 사례를 찾아 보자. 노자의 '물', 장자의 '똥·오줌'과 같이 이를 모방하여 우주의 이치를 담고 있다고 생각되는 자연 사물을 찾아 그것에 빗대어 표현해 보고, 그렇게 비유한 이유를 설명해 보자.

관련학과

교육학과, 초등교육과, 윤리교육과, 역사교육과, 사회교육과, 국어교육과, 언어교육과

3 「장자」에서 활용하고 있는 표현 방식을 우언, 중언, 치언으로 구분한다. 이러한 표현방식이 무엇을 말하는지 조사하여 자신에게 감명 깊게 와닿은 이야기는 어떤 표현방식에 해당되는지 분석해 보자. 특히 「장자」의 내용 중에서 편견과 고정관념에 대해 경고하며 진정한 정신적 자유를 누릴 것을 주제로 다룬 우언을 하나 정하고, 그것을 친구들에게 실감나게 스토리텔링하여 소개하거나 6컷 이내의 만화 또는 그림, 인형극 등으로 재창조해 보자.

관련학과

교육학과, 초등교육과, 윤리교육과, 역사교육과, 사회교육과, 국어교육과, 언어교육과

4 자신이나 자신의 주변에서 초월적 실재나 초자연적인 경험을 한 사례를 친구들과 이야기하는 시간을 가져 보면서 현실 이면의 세계에 대한 사람들의 다양한 인식 방법에 대해 탐색해 보자. 그중에서 종교적 인식 체계를 가진 이들과 과학적 인식 체계를 가진 이들이 세계를 바라보는 방식에 대해 상호 존중하고, 비판적으로 검토할 부분과 관용의 태도를 가질 부분에 대해 탐구해 보자.

관련학과

교육학과, 초등교육과, 윤리교육과, 역사교육과, 사회교육과, 국어교육과, 언어교육과, 과학교육과

5 전 세계에서 가장 많은 신자 수를 가진 종교부터 소수 종교에 이르기까지 종교의 지리적 분포 비율을 비교하여 조사해 보자. 현재 갈등 관계에 있는 종교를 찾아보고, 종교 갈등의 해결 방안에 대해 토론해 보자. 특히 각 종교들에 내포된 핵심 가치를 파악하고, 종교적 교리나 신념을 관통하는 '보편적인 윤리'가 무엇인지 탐구해 보자.

관련학과

교육학과, 초등교육과, 윤리교육과, 역사교육과, 사회교육과, 국어교육과, 언어교육과

활용 자료의 유의점

- ! 교육과정에서 제시하고 있는 대표적 고전을 기본으로 하여 관심 분야에 따른 추가 고전을 참고
- ! 필사를 위한 노트를 별도로 마련하거나 필사를 겸할 수 있는 고전 도서를 구입하여 활용
- ! 고전을 매개로 자신과의 대화 및 타인과의 대화, 질문, 토론을 통한 성찰과 탐구의 기회를 마련
- ! 사상가들이 직접 저술한 원전을 직접 읽고 번역본에 따른 해석의 차이에 유의
- ! 특정 사상가를 탐구할 때는 그와 대조를 이루는 사상가의 입장을 서로 비교하여 이해의 폭을 확장
- ! 인터넷 검색사이트와 온라인 공개 철학 강연 등 다양한 고전 해석 컨텐츠의 적극 활용
- ! 동양과 서양으로 이분적 세계관을 형성하기보다는 동·서양을 아우르는 보편적 가치에 주목
- ! 고전의 가치를 일상생활에서의 실천을 통해 내면화할 수 있도록 구체적 실천 방법 모색

MEMO

교육계열편

수학과 교과과정

수학과

1

수학

핵심키워드

☐ 식물의 잎 넓이 ☐ 산가지 ☐ 자율주행자동차 ☐ 음계의 원리 ☐ 드론 배달 서비스 ☐ 단어 구름
☐ 역사적 탐구 방법 ☐ 불완전성의 정리 ☐ 증명법 ☐ 파이프 오르간 ☐ 암호화 알고리즘 ☐ 복호화 알고리즘
☐ 스키드 마크 ☐ 사다리 게임 ☐ 스마트폰 패턴 ☐ 알고리즘

영역 문자와 식

성취기준

[10수학01-01] 다항식의 사칙연산을 할 수 있다.

[10수학01-09] 이차방정식과 이차함수의 관계를 이해한다.

탐구주제

1.수학 — 문자와 식

① 식물은 잎을 통해 흡수한 태양의 빛 에너지를 이용하여 필요한 영양분을 스스로 만들어 성장하기 때문에 잎의 모양과 크기는 매우 중요한 역할을 한다. 따라서 나무나 채소가 차지하는 땅의 넓이에 대한 잎 전체의 넓이의 비를 나타내는 잎 넓이 지수(LAI:Leaf Area Index)를 연구에 이용하곤 한다. 이때 잎 넓이(LA:Leaf Area)를 잎의 폭(W:width)과 길이(L:length)만으로 추정하는 식을 탐구해 보자.

관련학과

수학교육과, 생물교육과

② 조선시대에는 현재의 다항식을 산가지라는 것을 이용하여 표현하였다. 즉 산가지를 이용하여 다항식을 표현하는 동양 전래의 계산법을 '천원술'이라 한다. 천원술의 유래와 사용 방법을 조사하여 발표해 보자.

관련학과

수학교육과, 역사교육과

탐구주제

1.수학 — 문자와 식

3. 불꽃 축제 또는 분수를 디자인하기 위해 곡선을 분석하려고 한다. 이 과정에서 이차방정식과 이차함수를 사용하여 원리를 설명하고 실제 불꽃 축제 또는 분수를 디자인하여 발표해 보자.

관련학과

수학교육과, 물리교육과

영역 기하

성취기준

[10수학02-01] 두 점 사이의 거리를 구할 수 있다.

[10수학02-06] 원의 방정식을 구할 수 있다.

탐구주제

1.수학 — 기하

1. 피타고라스는 대장간에서 나는 망치 소리를 듣다가 좋은 소리의 비를 알게 되었으며, 이를 통해 피타고라스 음계를 발견하게 되었다. 피타고라스 음계의 원리를 알아보고, 전체 현의 길이를 1이라고 할 때 각각의 음의 길이를 구하여 발표해 보자.

관련학과

수학교육과, 음악교육과, 과학교육과

2. 최근 드론의 비행 규제가 없는 뉴질랜드에서는 드론 피자 배달 자율 비행 테스트에 성공했다. 이를 근거로 원의 겹치는 면적을 최소화하여 최대의 효과를 낼 수 있는 드론 배달 서비스의 상용화 방안을 탐구하고 발표해 보자.

관련학과

수학교육과, 일반사회교육과

영역 수와 연산

성취기준

[10수학03-01] 집합의 개념을 이해하고, 집합을 표현할 수 있다.

[10수학03-04] 명제와 조건의 뜻을 알고, '모든', '어떤'을 포함한 명제를 이해한다.

탐구주제

1 단어 구름(Word cloud)은 문서에 사용된 단어의 중요도나 인기도 등을 고려해서 시각적으로 늘어놓아 표시하는 시각화 유형을 말한다. 자신이 알고 있는 혹은 좋아하는 대통령의 취임연설문을 듣고 단어 구름을 만들어 발표해 보자.

관련학과

수학교육과, 일반사회교육과, 초등교육과

2 다윈의 진화론, 파스퇴르의 탄저병 백신, 플레이밍의 페니실린, 왓슨과 크릭의 DNA 구조 발견 등과 같이 역사적으로 중요한 탐구 방법을 조사하고, 이 연구가 귀납적, 연역적 탐구 중 어디에 해당되는지 구체적인 과정을 통해 설명해 보자.

관련학과

초등교육과, 과학교육과, 수학교육과

3 괴델은 20대의 나이에 불완전성 정리를 발표하고, 이 이론을 증명하면서 컴퓨터 계산이론의 토대를 마련하였다. 불완전성의 원리는 제1, 제2 불완전성 정리로 나눠지는데, 그중 제1 불완전성 정리는 수학에서는 증명도 부정도 되지 않는 명제가 반드시 존재한다는 것이다. 괴델의 불완전성 정리가 무엇인지 조사하면서 제2 불완전성 정리도 조사하고, 이 불완전성 정리가 수학 및 사회에 미친 영향에 대해 발표해 보자.

관련학과

수학교육과, 컴퓨터교육과

4 증명법에는 직접 증명법과 간접 증명법이 있으며, 간접 증명법으로는 대우 증명법, 모순 증명법, 반례 증명법 등이 있다. 이외에도 재귀법이나 프로그램 검증법 등이 있는데, 각각의 증명법이 무엇인지 조사하고 사례를 들어 설명해 보자.

관련학과

수학교육과, 컴퓨터교육과, 일반사회교육과

영역 함수

성취기준

[10수학04-01] 함수의 개념을 이해하고, 그 그래프를 이해한다.

탐구주제

1 파이프 오르간의 음의 높낮이는 진동수에 의해 달라지는데 진동수는 파이프의 길이에 반비례한다. 또, 소리가 전달되는 데 걸리는 시간과 온도 사이의 관계는 분모에 문자가 포함된 분수 꼴의 식으로 나타난다. 이와 같이 우리 주변에서 분수 꼴의 식으로 표현되는 함수를 이용하여 설명할 수 있는 현상을 찾아 발표해 보자.

관련학과

수학교육과, 물리교육과, 과학교육과, 음악교육과

탐구주제

2 암호화의 과정을 살펴보면 암호화 과정에서 암호문을 생성하기 위한 암호와 알고리즘이 필요하고, 해독 과정에서는 복호화 알고리즘이 필요하다. 이러한 암호 기법을 설계하는데 매우 중요한 요소가 바로 함수이다. 다양한 암호의 종류를 알아보고, 자신이 관심 있는 암호를 활용하여 자신만의 암호를 만들어 보자.

관련학과

수학교육과

3 스키드 마크란 달리던 자동차가 급정지할 때 도로 위를 미끄러지면서 생기는 타이어 자국을 말한다. 이 자국을 분석하면 자동차의 종류와 운전자가 브레이크를 밟기 직전 자동차의 속력을 알 수 있기 때문에 자동차 사고를 규명하는데 중요한 자료가 된다. 속력을 통해 스키드 마크의 길이를 나타내는 공식을 유도하고 직접 계산하여 발표해 보자.

관련학과

수학교육과, 물리교육과, 과학교육과

영역 확률과 통계

성취기준

[10수학05-01] 합의 법칙과 곱의 법칙을 이해하고, 이를 이용하여 경우의 수를 구할 수 있다.

탐구주제

1 사다리 게임의 결과는 정규 분포를 따르므로 가운데가 술래라면 가장자리를 택해야 걸릴 확률이 낮다고 한다. 이를 실험하기 위해 8개의 다리와 12개의 계단이 있는 2차원 사다리를 이용하여 증명하고 발표해 보자.

관련학과

수학교육과

2 많은 사람들이 스마트폰 잠금 화면으로 패턴을 사용하고 있다. 스마트폰 패턴을 그리는 규칙은 매우 다양하고 복잡하다. 4개의 점을 이은 스마트폰 패턴의 경우의 수를 구해보고 이를 설명해 보자.

관련학과

수학교육과, 컴퓨터교육과

3 알고리즘이란 어떠한 문제를 해결하기 위한 여러 동작들의 모임으로 연산, 데이터 진행 또는 자동화된 추론을 수행한다. 또한 시간 및 공간의 복잡도를 계산할 때 사용되는데 이때 경우의 수 개념이 사용된다. 알고리즘에서 어떻게 경우의 수가 사용되는지 탐구해 보자.

관련학과

수학교육과, 컴퓨터교육과

활용 자료의 유의점

- 수학 탐구활동을 통해 실생활 문제 및 법칙을 해결하는 과정 속에서 수학의 필요성과 유용성을 인식
- 문제를 해결할 때에는 문제를 이해하고 해결 전략을 탐색하며 해결 과정을 실행하고 검증 및 반성
- 생활 주변이나 사회 및 자연 현상 등 다양한 맥락에서 파악된 문제를 해결하면서 수학적 개념, 원리, 법칙을 탐구
- 문제 해결력을 높이기 위해 주어진 문제를 변형하거나 새로운 문제를 만들어 해결하고 그 과정을 검증
- 관찰과 탐구 상황에서 귀납, 유추 등 개연적 추론을 사용하여 수학적 사실을 추측하고 적절한 근거에 기초하여 탐구
- 새롭고 의미 있는 아이디어를 다양하고 풍부하게 산출할 수 있는 수학적 탐구를 진행하여 창의적 사고를 촉진
- 하나의 문제를 여러 가지 방법으로 해결하고, 해결 방법을 비교하여 더 효율적인 방법을 탐구

MEMO

수학과

1

수학 I

핵심키워드

☐ 케플러 제3법칙 ☐ 산성비 ☐ 지진파 ☐ 빌딩풍 현상 ☐ 별의 등급 ☐ 고령화 사회 ☐ 드리블
☐ 병마개의 톱니수 ☐ 소리의 3요소 ☐ 피보나치 수열 ☐ 인구 ☐ 식량 생산량

영역 지수와 로그

성취기준

[12수학 I 01-03] 지수법칙을 이해하고, 이를 이용하여 식을 간단히 나타낼 수 있다.

[12수학 I 01-08] 지수함수와 로그함수를 활용하여 문제를 해결할 수 있다.

탐구주제

1.수학 I — 지수와 로그

1 행성이 타원궤도로 돌고 있는 이유를 중력과 관성의 법칙과 같은 과학적 법칙을 통해 설명해 보자. 행성의 운동에 대한 케플러 제3법칙이 뉴턴의 중력 법칙으로 증명되는 과정을 탐구하여 정리하고 발표해 보자.

관련학과

수학교육과, 과학교육과, 물리교육과, 지구과학교육과

2 대기가 오염되지 않은 곳에서 내리는 빗물의 pH는 5.6이다. 따라서 pH가 5.6 미만인 비를 산성비라고 한다. 산성비의 기준이 왜 pH 5.6인지 탐구하여 설명하고 산성비의 원인에 대해 발표해 보자.

관련학과

과학교육과, 환경교육과, 화학교육과

3 지구 내부를 연구하는 방법에는 지구 내부의 물질을 직접 시추하거나 화산 분출물을 조사하는 방법이 있다. 하지만 이런 방법은 비용이 많이 들어가기 때문에 지진파를 이용한다. 이러한 지진파의 특성을 이용하여 지진 발생 시 진원과 진앙의 위치를 찾는 법을 조사하고, 지진파를 이용하여 지구 내부의 층상구조를 밝히는 과정에 대해 발표해 보자.

관련학과

수학교육과, 과학교육과, 지구과학교육과

탐구주제

1.수학 Ⅰ — 지수와 로그

④ 태풍이 강타했을 때 해안가 고층 건물 주변에 바람이 더 강하게 부는 '빌딩풍 현상'에 대한 실험을 설계하고, 이를 통해 빌딩풍 현상의 원인을 찾아 설명해 보자. 또한 빌딩풍 현상을 해결하기 위한 방안을 토의하여 발표해 보자.

관련학과

수학교육과, 과학교육과, 물리교육과

⑤ 고대 그리스의 수학자 히파르코스는 맨눈으로 보이는 가장 밝은 별을 1등급, 맨눈으로 겨우 볼 수 있는 별을 6등급으로 정하였다. 이후 영국의 천문학자 포그슨은 별의 등급별로 빛의 양을 실제로 측정·수치화하여 1등급 별이 6등급 별보다 약 100배 밝은 것을 알아냈다. 별자리들의 밝기 차이와 거리를 로그를 활용한 식인 포그슨 방정식과 거리지수를 활용하여 탐구해 보자.

관련학과

수학교육과, 지구과학교육과

⑥ 우리나라는 2017년 65세 이상 고령자가 전체 인구의 14%로 고령화 사회에 진입하였다. 이러한 고령화 사회에서 노동력은 전반적으로 줄고, 예산 및 연금 지출, 국가 채무가 늘어날 것이다. 통계청의 자료 분석을 통해 초고령화 사회 기준인 인구 비율 20% 도달 시기와 함께 다양한 경제 지표에 대해 탐구하여 발표해 보자.

관련학과

수학교육과, 일반사회교육과, 가정교육과

영역

삼각함수

성취기준

[12수학 Ⅰ 02-03] 사인법칙과 코사인법칙을 이해하고, 이를 활용할 수 있다.

탐구주제

1.수학 Ⅰ — 삼각함수

① 농구에서 드리블(Dribble)이란 볼을 플로어에 튕긴 다음 튀어 오르는 볼을 다시 한 손으로 플로어에 튕기는 동작을 말한다. 속도와 거리 그리고 삼각함수의 성질을 이용하여 이상적인 드리블을 할 수 있는 공식을 유도하고 이를 발표해 보자.

관련학과

수학교육과, 물리교육과, 체육교육과

② 1892년 미국의 페인타 부부가 식중독으로부터 안전하고 오래 보관가능한 병마개를 연구하여 지금의 모양과 21개의 톱니수를 보이는 병마개를 개발하였다. 병마개의 톱니수가 21개인 이유를 수학적으로 탐구하여 설명해 보자.

관련학과

수학교육과, 물리교육과, 과학교육과, 가정교육과

탐구주제

1.수학 Ⅰ — 삼각함수

③ 소리는 물체의 진동 때문에 생기고, 공기와 같은 매질이 진동시켜 전달되는 파동이다. 이때 소리를 특징 짓는 3요소로 소리의 세기, 높이, 맵시가 있는데, 소리의 3요소는 삼각함수로 표현할 수 있다. 소리를 삼각함수로 표현하는 원리와 방법 그리고 소리의 차이에 따른 변화를 조사하여 발표해 보자.

관련학과

수학교육과, 물리교육과, 과학교육과

영역

수열

성취기준

[12수학 Ⅰ 03-04] Σ의 뜻을 알고, 그 성질을 이해하고, 이를 활용할 수 있다.

탐구주제

1.수학 Ⅰ — 수열

① 레오나르도 피보나치(1170-1250)는 이탈리아 수학자로 이집트, 그리스, 시칠리아 등의 나라를 여행하며 아라비아에서 발전된 수학을 두루 섭렵하였고, 이를 유럽에 보급시킨 인물이다. 특히 피보나치 수열에 대한 구체적인 문제 해석 방법을 설명하였다. 피보나치 수열을 귀납적으로 정의해보고 자신의 진로 분야에서 활용되고 있는 피보나치 수열의 예를 찾아 발표해 보자.

관련학과

수학교육과, 과학교육과, 공학관련교육과, 일반사회교육과

② 영국의 경제학자 맬서스는 '아무런 통제가 없다면 인구는 기하급수적으로 증가하고, 생존에 필요한 자원이 산술급수적으로 증가한다'라고 하며 어느 시점부터는 인구수가 식량의 양을 초과하게 되어 식량이 부족할 것이라고 예측하였다. 통계청의 인구와 식량 생산량을 조사하여 계산해보고, 맬서스의 주장에 대한 자신의 생각을 발표해 보자.

관련학과

수학교육과, 일반사회교육과

활용 자료의 유의점

- (!) 구체적인 자연 현상이나 사회 현상을 지수함수와 로그함수로 표현하고 이 과정에서 문제를 해결하는 탐구 진행
- (!) 생활 주변이나 사회 및 자연 현상 등 다양한 맥락에서 파악된 문제를 해결하면서 수학적 개념, 원리, 법칙을 탐구
- (!) 관찰과 탐구 상황에서 귀납 , 유추 등 개연적 추론을 사용하여 스스로 수학적 사실에 기초하여 탐구
- (!) 하나의 문제를 여러 가지 방법으로 해결하게 하고, 해결 방법을 비교하여 더 효율적인 방법을 찾거나 정교화하여 탐구
- (!) 여러 수학적 지식, 기능, 경험을 연결하거나 수학과 타 교과나 실생활의 지식, 기능, 경험을 연결·융합하여 문제를 해결
- (!) 실생활 및 수학적 문제 상황에서 자료를 탐색하여 수집하고, 목적에 맞게 정리, 분석하며, 문제 상황에 적합하게 활용

수학과

3

수학 II

핵심키워드

☐ 양치류 식물의 잎 ☐ 프랙탈 ☐ 블랙홀 ☐ 과속카메라 ☐ 자유낙하 ☐ 수평 방향 운동
☐ 관성 및 충돌 ☐ 자율주행자동차 ☐ 영상 촬영 장비의 원리

영역

함수의 극한과 연속

성취기준

[12수학 II 01-04] 연속함수의 성질을 이해하고, 이를 활용할 수 있다.

탐구주제

3.수학 II — 함수의 극한과 연속

1. 고사리를 비롯한 양치류 식물의 잎 모양을 확대하여 살펴보면 전체와 동일한 모양이 계속적으로 반복되는 것을 확인할 수 있다. 이처럼 부분의 모양이 전체 모양과 닮은 형태로 끝없이 되풀이되는 구조를 프랙탈이라고 합니다. 이러한 생명 현상 속 프랙탈 구조를 분석하고, 이를 응용할 수 있는 방안에 대해 탐구해 보자.

관련학과

수학교육과, 과학교육과, 생물교육과, 미술교육과

2. 아인슈타인의 상대성 이론은 '블랙홀'이라는 천체의 존재를 예측하였다. 블랙홀은 너무나 강력한 중력을 가지고 있어 빛조차 탈출할 수 없는 불가사의한 천체라고 하는데, 이를 만류인력 상수 G, 행성의 질량 M, 행성의 반지름 R, 탈출속도 v라고 정하여 수학적으로 해석해 보자.

관련학과

수학교육과, 과학교육과, 지구과학교육과

영역 **미분**

성취기준

[12수학 II 02-06] 접선의 방정식을 구할 수 있다.

탐구주제

3.수학 II — 미분

1. 과속으로 인한 교통사고의 치사율이 높아지면서 과속 단속 카메라처럼 강제적으로 과속을 막는 방법이 등장하였다. 평면운동에서의 위치와 속도, 가속도의 관계를 통해 과속카메라의 원리를 설명해 보자.

관련학과

수학교육과, 물리교육과

2. 장총으로부터 매우 빠른 속력으로 수평을 향해 쏜 총알 A와, 같은 높이 같은 시간에 자유낙하시킨 총알 B 중 어느 총알이 먼저 땅에 떨어질지에 대해 자유낙하와 수평 방향 운동을 활용해 과학적으로 설명해 보자.

관련학과

수학교육과, 초등교육과, 과학교육과, 물리교육과, 지구과학교육과

3. 야구 글러브, 인라인스케이트 무릎 보호대 또는 자동차의 범퍼 등 일상생활 속 관성 및 충돌에 의한 안전사고 장치를 실험을 통해 확인하고 질량, 속도, 힘, 시간 등과 같은 변수를 통해 수학적으로 설명해 보자.

관련학과

수학교육과, 과학교육과, 물리교육과, 초등교육과, 컴퓨터교육과, 기술교육과

영역 **적분**

성취기준

[12수학 II 03-05] 곡선으로 둘러싸인 도형의 넓이를 구할 수 있다.

[12수학 II 03-06] 속도와 거리에 대한 문제를 해결할 수 있다.

탐구주제

3.수학 II — 적분

1. 비옥한 티그리스강, 유프라테스강 유역의 메소포타미아를 중심으로 강의 범람을 막기 위한 치수와 관개 사업을 위해 수학과 과학이 발달하게 되었다. 이러한 수학과 과학의 특징과 구체적인 사례를 조사하고, 사회·문화에 미친 영향을 조사하여 발표해 보자.

관련학과

과학교육과, 수학교육과, 역사교육과, 지리교육과

탐구주제

2 4차 산업혁명에 대한 관심이 높아지면서 인공지능 자율주행자동차에 대한 관심이 높아지고 있다. 카메라를 통해 수집된 데이터를 토대로 차선을 추출하고, 시야각과 곡률과 같은 개념을 수치로 표현하는 등의 통합적 탐구 과정을 통해 자율주행자동차를 설계해 보자.

관련학과

과학교육과, 물리교육과, 수학교육과, 컴퓨터교육과, 공학관련교육과, 기술교육과

3 원통형 장치에 환자가 출입하면서 영상 촬영을 하는 CT, MRI, PET 장비의 모양은 비슷하다. CT, MRI, PET 각각의 영상 촬영 방식과 과학적, 수학적 원리를 알아보고, CT, MRI, PET의 차이는 무엇인지 발표해 보자.

관련학과

과학교육과, 물리교육과, 수학교육과

4 갈릴레이는 정지 상태에서 출발하여 가속도가 일정한 물체가 직접 운동을 할 때, 시간의 증분에 대한 속도의 증분의 비가 일정하다고 주장하였다. 지구의 중력 가속도가 $9.8m/s^2$으로 일정하다고 할 때 이 주장을 증명해 보자.

관련학과

물리교육과, 수학교육과

활용 자료의 유의점

- ① 학생 중심의 탐구 과정 속에서 수학 개념, 원리, 법칙을 발견하고 그 원리의 타당성을 확인
- ① 생활 주변이나 사회 및 자연 현상 등 다양한 맥락에서 파악된 문제를 해결하면서 수학적 개념, 원리, 법칙을 탐구
- ① 문제 해결력을 높이기 위해 주어진 문제를 변형하거나 새로운 문제를 만들어 해결하고 그 과정을 검증하는 탐구 활동
- ① 관찰과 탐구 상황에서 귀납, 유추 등 개연적 추론을 사용하여 수학적 사실을 추측하고 적절한 근거에 기초하여 탐구
- ① 하나의 문제를 여러 가지 방법으로 해결하게 하고, 해결 방법을 비교하여 더 효율적인 방법을 찾거나 정교화
- ① 실생활 및 수학적 문제 상황에서 적절한 자료를 탐색하고, 목적에 맞게 정리, 분석, 평가하여 분석한 정보를 활용

MEMO

수학과

4

미적분

핵심키워드

☐ 이중창 ☐ 삼중창 ☐ 프랙탈 ☐ 수학적 모델링 ☐ 공사장 안전망 ☐ 물 로켓 ☐ 3면 등가 법칙
☐ 사이버폭력 ☐ 언어 폭력 ☐ 댐의 콘크리트 벽 ☐ 탄소 연대 측정법 ☐ 식빵의 모양 ☐ 3D프린팅 기술

영역 수열과 극한 (함수의 극한)

성취기준

[12미적01-06] 등비급수를 활용하여 여러 가지 문제를 해결할 수 있다.

탐구주제

4.미적분 — 수열과 극한 (함수의 극한)

1 한 겹으로 된 유리 창문은 여름철과 겨울철 냉난방 에너지의 손실이 많다. 따라서 두 겹으로 된 이중 창문을 사용하고 있으며 최근에는 삼중 창문까지 나와 실생활에 활용되고 있다. 등비급수를 활용하여 이중 창문을 통해 방안으로 들어오는 햇빛의 양을 계산하고 발표해 보자.

관련학과

수학교육과, 물리교육과, 기술교육과

2 닮은 도형이 한없이 반복되는 기하적 형태를 프랙탈(fractal)이라고 한다. 프랙탈은 눈의 결정모양이나 해안선의 구조 등 여러 자연 현상에 나타난다. 등비급수와 관련된 성질을 가지는 프랙탈 도형을 실생활에서 찾아보고 그 결과를 발표해 보자.

관련학과

수학교육과, 과학교육과, 미술교육과

영역

미분법

성취기준

[12미적02-01] 지수함수와 로그함수의 극한을 구할 수 있다.

[12미적02-14] 속도와 가속도에 대한 문제를 해결할 수 있다.

탐구주제

4.미적분 — 미분법

① 현실의 여러 현상을 수학적으로 표현하고, 이를 이용하여 다시 현실의 문제를 해결하는 과정을 '수학적 모델링'이라고 한다. 주어진 자료를 수학적으로 표현하고, 장기적인 자료의 변화를 곡선으로 나타내는 추세선을 통해 미래를 예측할 수 있다. 바이러스를 통한 전염에 대한 자료를 찾아본 후, 누적 환자수 및 사망자와 같은 데이터를 통해 예측하는 모델링을 해보고, 관련 내용을 정리하여 발표해 보자.

관련학과

수학교육과, 일반사회교육과, 생물교육과

② 공사장의 안전망을 관찰해 보면 지면으로부터 어느 정도 기울어진 각도로 설치되어 있다. 실험을 통해 공사장의 안전망 설치 각도에 따라 추락한 물체가 받는 충격량의 변화를 측정하고, 지면을 기준으로 어느 정도의 각도가 공사장 안전망 설치에 안전한 각도일지 탐구해 보자.

관련학과

수학교육과, 과학교육과, 물리교육과, 공학관련교육과, 기술교육과, 컴퓨터교육과

③ 물 로켓 발사대를 만들어 물 로켓을 멀리 보내고자 한다. 다양한 방법을 활용하여 물 로켓 발사대를 만들어 보고 어떻게 하면 멀리 날아갈 수 있을지 탐구해 보자. 그리고 물 로켓의 최고 높이에서의 속도와 가속도를 계산하여 발표해 보자.

관련학과

수학교육과, 물리교육과, 초등교육과

④ 한국은행 및 통계청 홈페이지에서 최근 10년간 우리나라 국내 총생산, 경제 성장률, 각종 고용 통계(경제활동 참가율, 실업률, 고용률), 소비자 물가 지수, 인플레이션 등을 조사하고 표와 그래프를 활용한 분석 자료로 작성해 보자. 특히 3면 등가의 법칙이 적용되는 사례를 통해 계산하는 방법을 이해하고, GDP로 나타난 경제지표가 국민들의 삶의 질이나 행복과 상관관계가 있는지에 대해 연도별로 조사하여 상관도를 분석해 보자. 또한 다른 국가들에서도 GDP와 행복지수(UN산하 자문기구인 SDSN의 통계자료 참고)가 비례하는지에 대하여 조사하고, 자료를 바탕으로 자신의 경제관을 결론으로 도출해 보자.

관련학과

수학교육과, 교육학과, 초등교육과, 일반사회교육과, 윤리교육과, 컴퓨터교육과, 공학교육과

⑤ 최근 SNS를 통해 불특정 다수가 피해자를 집단적으로 괴롭히는 사이버폭력이 사회문제로 나타나고 있다. 특히 SNS를 통해 빠르게 퍼지는 언어 폭력이 문제인데, 이러한 언어 폭력이 퍼지는 속도를 나타내기 위해 미분방정식이 사용되기도 한다. 미분방정식이 어떻게 사용되는지 탐구해 보자.

관련학과

수학교육과, 교육학과, 초등교육과, 일반사회교육과, 윤리교육과

영역 적분법

성취기준

[12미적03-05] 곡선으로 둘러싸인 도형의 넓이를 구할 수 있다.

[12미적03-06] 입체도형의 부피를 구할 수 있다.

탐구주제

4.미적분 — 적분법

1 댐의 콘크리트 벽은 아래로 내려갈수록 점점 두꺼워진다. 그 까닭은 댐의 깊이가 깊을수록 댐에 가해지는 물의 압력이 커지는 것을 고려하여 건축하기 때문이다. 이때 댐 전체에 가해지는 힘은 적분을 이용하여 계산할 수 있다. 이처럼 적분이 우리 주변에 사용되는 예를 찾아 직접 계산한 값과 실제 값을 알아보고, 차이가 발생하는 결과와 그 이유를 발표해 보자.

관련학과

수학교육과, 물리교육과

2 방사성 동위원소인 14C는 시간이 지나면 스스로 붕괴되기 때문에 일정량의 14C는 시간이 지날수록 그 양이 점차 줄어든다. 이러한 14C의 성질을 이용하여 오래된 동물의 화석이나 유물의 연대를 측정할 수 있는데 이를 방사성 탄소 연대 측정법이라고 한다. 방사성 탄소 연대 측정법을 활용한 사례를 한가지 찾아보고, 어떠한 값이 계산되었는지 탐구하여 발표해 보자.

관련학과

수학교육과, 지구과학교육과, 지리교육과, 역사교육과

3 아랫면이 사각형인 식빵이 있는데 식빵 윗부분의 모양을 모르는 상황이다. 우리가 알고 있는 것은 식빵을 아랫면에 수직인 임의의 평면으로 잘랐을 때 생기는 단면의 넓이뿐이라면 이 정보를 가지고 식빵의 윗부분의 모양을 알 수 있는 방법을 찾아 탐구해보고 그 원리를 발표해 보자.

관련학과

수학교육과

4 3D프린팅 기술은 사용하는 재료가 액체인지 고체인지, 또 이 재료를 가지고 어떤 방식으로 형상을 만드느냐에 따라 분류된다. 지금까지 다양한 방식의 3D프린팅 기술이 상용화된 것으로 알려졌지만 공통점은 '미분'과 '적분'이 원리에 따라 만들어진다는 점이다. 3D 프린팅의 원리와 3D프린팅을 통해 사회적 문제를 해결한 사례를 찾아 발표해 보자.

관련학과

수학교육과, 컴퓨터교육과, 일반사회교육과, 초등교육과

활용 자료의 유의점

- ! 생활 주변이나 사회 및 자연 현상 등 다양한 맥락에서 파악한 문제를 해결하면서 수학적 개념, 원리, 법칙을 탐구
- ! 관찰과 탐구 상황에서 귀납, 유추 등 개연적 추론을 사용하여 수학적 사실을 추측하고 적절한 근거에 기초하여 탐구 수행
- ! 새롭고 의미 있는 아이디어를 다양하고 풍부하게 산출할 수 있는 탐구 주제를 선정하고 이를 통해 창의적 사고를 촉진
- ! 하나의 문제를 여러 가지 방법으로 해결하게 하고, 해결 방법을 비교하여 더 효율적인 방법을 찾는 탐구 수행
- ! 실생활 및 수학적 문제 상황에서 적절한 자료를 탐색하고, 정보를 목적에 맞게 정리, 분석, 평가하여 활용

MEMO

수학과

5

확률과 통계

핵심키워드

☐ 주사위 ☐ 바코드 ☐ QR코드 ☐ 파스칼의 방법 ☐ 페르마의 방법 ☐ 보험
☐ 표본조사 ☐ 문제중심학습(PBL) ☐ 유튜브 사용 실태 ☐ Z점수

영역 경우의 수

성취기준

[12확통01-01] 원순열, 중복순열, 같은 것이 있는 순열을 이해하고, 그 순열의 수를 구할 수 있다.

[12확통01-03] 이항정리를 이해하고 이를 이용하여 문제를 해결할 수 있다.

탐구주제

5.확률과 통계 — 경우의 수

1 3개의 주사위를 동시에 던질 때 나오는 눈의 수의 합이 9인 경우와 10인 경우는 6가지로 서로 같은데도 불구하고, 실제로는 눈의 수의 합이 10인 경우가 더 많은 이유를 계산하여 발표해 보자.

관련학과

수학교육과

2 편의점이나 백화점 또는 옷 매장에서 상품을 전시할 때는 다양한 요소들을 고려하여 배열한다. 이때 가능한 경우의 수를 구하는 과정을 통해 최종 상품 전시를 결정하는데 이러한 상황에 사용되는 순열과 조합의 원리를 조사하여 발표해 보자.

관련학과

수학교육과, 경제교육과, 일반사회교육과

3 흑백의 수직 막대를 나열하여 상품의 정보를 나타내는 바코드가 1차원적 정보 저장 방식이라 한다면 QR코드는 2차원적 바코드로 사진, 동영상, 지도, 명함 등 다양한 정보를 담고 있다. 바코드와 QR코드를 만들기 위해서 사용되는 순열의 의미를 찾아 발표해 보자.

관련학과

수학교육과, 컴퓨터교육과, 일반사회교육과

영역 확률

성취기준

[12확통02-03] 확률의 덧셈정리를 이해하고, 이를 활용할 수 있다.

[12확통02-07] 확률의 곱셈정리를 이해하고, 이를 활용할 수 있다.

탐구주제

5.확률과 통계 — 확률

1. 17세기 한 도박사는 프랑스의 수학자 파스칼에게 이길 확률이 같은 두 사람 A, B가 각각 32피스톨(옛 스페인의 금화)씩의 돈을 걸고 게임을 하여 먼저 3번 이기는 사람이 64피스톨을 모두 갖기로 했다. A가 2번, B가 1번 이긴 상황에서 게임이 중지되었을 때, A와 B에게 돈을 어떻게 분배하는 것이 공정할지 파스칼의 방법과 페르마의 방법을 조사하여 계산하고 이를 발표해 보자.

관련학과
수학교육과

2. 보험은 언제 일어날지 모르는 각종 사고에 대비하여 많은 사람들이 돈을 모아 공동으로 재산을 마련했다가 불의의 사고를 당한 사람에게 약속한 보험금을 지급하여 손해를 보상하는 제도이다. 보험금의 책정 방법에 대해 조사하여 발표해 보자.

관련학과
수학교육과, 일반사회교육과

3. 최근 질병이 걸릴 확률과 검사법에서 양성 반응이 나올 확률 등과 같이 질병의 진단 및 치료에도 확률이 사용되곤 한다. 최근 코로나19 상황에서 확률이 사용된 사례를 찾아보고 이를 발표해 보자.

관련학과
수학교육과, 생물교육과

영역 통계

성취기준

[12확통03-04] 정규분포의 뜻을 알고, 그 성질을 이해한다.

[12확통03-05] 모집단과 표본의 뜻을 알고 표본추출의 원리를 이해한다.

[12확통03-07] 모평균을 추정하고, 그 결과를 해석할 수 있다.

탐구주제

1 학교 교복이나 체육복 선정과 같은 설문조사를 진행하려고 한다. 시간상 표본조사를 실시하는데 모집단을 설정하고 표본을 추출하여 결론을 내려보고, 이 결과와 함께 관성과 신뢰도에 대해 발표해 보자.

관련학과

수학교육과, 일반사회교육과

2 ○○○○ 교수학습 방법이 학업 성취도·학습태도·자기주도적 학습능력·창의적 표현 능력·생태적 감수성 등에 미치는 영향을 조사하여 발표해 보자. (해당 교과의 특색있는 교수학습 방법을 통해 교육의 결과를 교과의 특성에 맞게 재가공하여 탐구한다.)

관련학과

수학교육과 외 전 교육계열

3 문제중심학습(PBL - Project Based Learning)이 ○○교과의 학업성취도, 창의력, 태도, 자기주도적 학습능력, 학습 동기에 미치는 영향을 다양한 방법으로 통계를 내고 발표해 보자.

관련학과

수학교육과 외 전 교육계열

4 초등학교, 중학교, 고등학교 ○학년 ○○○ 단원의 내용을 거꾸로 교실을 활용한 수업으로 실시했을 때 ○○교과 학습에 미치는 영향에 대해 통계를 통해 알아보고, 이를 정리하여 발표해 보자. (자신의 진로 분야에 맞춰 해당 교과의 학년, 단원을 선택하여 탐구한다.)

관련학과

수학교육과 외 전 교육계열

5 최근 학생들이 많이 사용하고 있는 SNS 또는 유튜브의 사용 실태를 조사하고, 사용시간이 학생의 생활 및 학업 성취도에 어떠한 영향을 미치고 있는지 조사 분석하여 그 결과를 발표해 보자.

관련학과

수학교육과, 일반사회교육과, 초등교육과

6 Z점수는 정규분포를 활용한 표준화 점수이다. 최근 Z점수를 대학입시에 활용하는 학교가 생기면서 관심이 높아지고 있다. Z점수가 일반고와 특목고, 자사고 학생 중 어느 학교의 학생에게 더 유리할지 탐구해보고, Z점수를 높게 받기 위해서는 어떻게 해야 할지 계산하여 발표해 보자.

관련학과

전 교육계열

활용 자료의 유의점

- ⓘ 문제 해결력을 높이기 위해 주어진 문제를 변형하거나 새로운 문제를 만들어 해결하고 그 과정을 검증하려는 탐구
- ⓘ 관찰과 탐구 상황에서 귀납, 유추 등 적절한 근거에 기초하여 탐구활동 수행
- ⓘ 새롭고 의미 있는 아이디어를 통해 창의적 사고를 촉진할 수 있는 탐구 수행
- ⓘ 수학과 타 교과나 실생활의 지식, 기능, 경험을 연결·융합하여 새로운 지식, 기능, 경험을 생성하고 문제를 해결
- ⓘ 생활 주변과 사회 및 자연 현상과 관련지어 수학의 역할과 가치를 인식
- ⓘ 실생활 및 수학적 문제 상황에서 적절한 자료를 탐색하여 수집하고, 분석한 정보를 문제 상황에 적합하게 활용

MEMO

수학과

6

기하

핵심키워드

☐ 태양열 조리기 ☐ 세인트 폴 대성당 ☐ 속삭이는 회랑 ☐ 탱크로리차 ☐ 현수교 ☐ 컴퓨터 그래픽 ☐ 래스터 그래픽 ☐ 벡터 그래픽 ☐ 대왕 고래 연구 프로젝트 ☐ 후지와라 효과 ☐ 위상수학 ☐ 토폴로지 데이터 분석 ☐ 3D 애니메이션 ☐ 광물의 결정 구조 ☐ 정사영

영역 이차곡선

성취기준

[12기하01-01] 포물선의 뜻을 알고, 포물선의 방정식을 구할 수 있다.

[12기하01-02] 타원의 뜻을 알고, 타원의 방정식을 구할 수 있다.

탐구주제

6.기하 — 이차곡선

1 태양열 조리기를 이용하여 음식을 요리하려고 한다. 태양광을 효과적으로 모아 요리를 하기 위해 단면이 포물선 모양인 태양열 조리기를 만들려고 한다. 효율성을 높이기 위한 이상적인 포물선을 계산하여 발표해 보자.

관련학과

수학교육과, 화학교육과, 과학교육과

2 영국 런던의 세인트 폴 대성당에 있는 속삭이는 회랑은 타원의 성질을 이용하여 설계된 건물이다. 속삭이는 회랑에서서 속삭이면 다른 위치에 있는 사람은 들을 수 없어도 다른 초점의 위치에 서 있는 사람은 들을 수 있다고 한다. 속삭이는 회랑에 적용된 과학적 원리를 타원의 성질과 관련하여 설명해 보자.

관련학과

과학교육과, 물리교육과, 공학관련교육과, 수학교육과

3 우유 및 기름을 운반하는 차인 탱크로리차를 보면 대부분 둥근 타원 모양이다. 우유나 오일 같은 액체를 싣는 차가 왜 타원 모양인지 실험을 통해 설명해 보고 이를 수학·과학적으로 설명해 보자.

관련학과

수학교육과, 과학교육과, 초등교육과, 물리교육과

탐구주제

6.기하 — 이차곡선

4 현수교는 케이블을 주탑 및 앵커리지 위에 설치하여 모든 하중을 케이블의 인장력으로 지지하는 교량으로 토목구조물 중 가장 난이도가 높고 아름다운 형상의 구조물이다. 이러한 현수교에 적용된 원리가 무엇인지 탐구하여 발표해 보자.

관련학과

수학교육과, 물리교육과

영역 평면벡터

성취기준

[12기하02-03] 위치벡터의 뜻을 알고, 평면벡터와 좌표의 대응을 이해한다.

[12기하02-05] 좌표평면에서 벡터를 이용하여 직선과 원의 방정식을 구할 수 있다.

탐구주제

6.기하 — 평면벡터

1 컴퓨터 그래픽은 크게 래스터 그래픽 방식과 벡터 그래픽 방식으로 나뉜다. 래스터 그래픽은 화면을 구성하는 기본 단위인 픽셀에 그래픽 정보를 저장하고, 벡터 그래픽 방식은 수학적 공식의 상태로 저장하는 방식이다. 래스터 방식과 벡터 방식의 차이에 대해 구체적으로 조사하고 장단점에 대해 발표해 보자.

관련학과

컴퓨터교육과, 수학교육과

2 컴퓨터 게임에서는 게임 속 캐릭터의 시야, 움직임, 내부와 외부의 위치 판단, 광원 처리 등에 벡터를 사용하고 있다. 게임에서 벡터가 사용되는 방법을 상황별로 정리하고 수학적으로 표현해 보자.

관련학과

컴퓨터교육과, 수학교육과

3 전 세계에 얼마 남지 않은 대왕 고래를 보호하기 위해서 대왕 고래의 정확한 이동 경로를 파악하는 것이 중요해졌다. 북태평양 대왕 고래 연구 프로젝트에서는 대왕 고래에게 위성 꼬리표와 추적용 칩을 부착하여 고래의 이동을 분석하였는데 어떤 과정을 통해 분석이 가능한지 설명해 보자.

관련학과

수학교육과, 과학교육과, 지리교육과

4 최근 마이삭에 이어 하이선 태풍이 올라오는 현상을 후지와라 효과라고 하는데 후지와라 효과가 무엇인지 알아보고, 원의 방정식을 이용하여 후지와라 효과의 물리적 의미에 대해 발표해 보자.

관련학과

수학교육과, 과학교육과, 지구과학교육과, 물리교육과

탐구주제

6.기하 — 평면벡터

5 게놈 서열 결정부터 우주 공간에 대한 디지털 측량에 이르기까지 최근의 엄청난 고차원적인 데이터를 처리하기 위해서는 기하학적 구조 등의 성질을 다루는 위상 수학을 기반으로 한 토폴로지 데이터 분석이 사용되고 있다. 토폴로지 데이터 분석 기법 과정을 탐구하여 발표해 보자.

관련학과

수학교육과, 과학교육과, 지구과학교육과, 물리교육과, 일반사회교육과

영역

공간도형과 공간좌표

성취기준

[12기하03-05]	좌표공간에서 두 점 사이의 거리를 구할 수 있다.
[12기하03-07]	구의 방정식을 구할 수 있다.

탐구주제

6.기하 — 공간도형과 공간좌표

1 최근 다양한 광고, 영화 및 시각디자인에서 3D 애니메이션을 많이 활용하고 있다. 3D 애니메이션은 선과 점 등 좌표 공간을 활용하여 제작되는데 3D 애니메이션에 상용되는 수학적 원리를 찾아 발표해 보자.

관련학과

수학교육과, 컴퓨터교육과, 미술교육과

2 로봇·인공지능·3D 프린팅·자율주행차·증강현실(AR)·가상현실(VR) 등 미래 시대에 주목받는 기술 개발에 기하(공간도형과 공간좌표)가 다양하게 활용되고 있다. 수학의 기하가 위와 같은 기술에 활용되는 원리와 사례를 발표해 보자.

관련학과

수학교육과, 과학교육과, 물리교육과, 공학관련교육과

3 지구에 존재하는 광물의 결정들은 다양한 모양을 하고 있다. 그 때문에 광물학자들은 결정 구조를 이해하기 위한 많은 노력을 하였다. 광물의 결정 구조를 이해하는 방법으로 밀러 지수를 만들었는데, 밀러 지수가 무엇인지, 어떤 원리인지에 대해 조사하여 발표해 보자.

관련학과

지구과학교육과, 수학교육과, 물리교육과, 과학교육과, 지리교육과

4 정사영은 수직으로 투영된 그림자로 어떤 선이나 물체 위에서 빛을 비췄을 때 어떤 평면에 그림자가 생긴다는 개념이다. 시각장애인에게 정사영의 개념을 가르치는 방법에 대해 고민해 보고 이를 발표해 보자.

관련학과

수학교육과, 특수교육학과

활용 자료의 유의점

- (!) 학생 중심의 탐구 과정 속에서 수학 개념, 원리, 법칙을 발견하고 그 원리의 타당성을 확인
- (!) 생활 주변이나 사회 및 자연 현상 등 다양한 맥락에서 파악된 문제를 해결하면서 수학적 개념, 원리, 법칙을 탐구
- (!) 문제 해결력을 높이기 위해 주어진 문제를 변형하거나 새로운 문제를 만들어 해결하고 그 과정을 검증하는 탐구 활동
- (!) 관찰과 탐구 상황에서 귀납, 유추 등 개연적 추론을 사용하여 수학적 사실을 추측하고 적절한 근거에 기초하여 탐구
- (!) 하나의 문제를 여러 가지 방법으로 해결하게 하고, 해결 방법을 비교하여 더 효율적인 방법을 찾거나 정교화
- (!) 실생활 및 수학적 문제 상황에서 적절한 자료를 탐색하고, 정보를 목적에 맞게 정리, 분석, 평가하여 활용

MEMO

수학과

7

실용 수학

핵심키워드

☐ 피보나치 수열 ☐ 불쾌지수 ☐ 충격력과 충격량 ☐ 조노돔 시스템 ☐ 기하학적 착시 ☐ 멸종위기종 보호
☐ 고령화 사회 ☐ 인구와 식량 생산량 ☐ 장애인 인식 개선 ☐ SNS 또는 유튜브 사용 실태

영역 해석, 기하

성취기준

[12실수01-01]	다양한 현상에서 규칙을 찾고, 이를 식으로 나타낼 수 있다.
[12실수01-02]	실생활에서 활용되는 수식의 의미를 이해한다.
[12실수01-05]	도형의 닮음과 합동을 이용하여 산출물을 만들 수 있다.

탐구주제

7.실용 수학 — 해석, 기하

① 레오나르도 피보나치(1170-1250)는 이탈리아 수학자로 이집트, 그리스, 시칠리아 등의 나라를 여행하며 아라비아에서 발전된 수학을 두루 섭렵하였고 이를 유럽에 보급시킨 인물이다. 특히 피보나치 수열에 대한 구체적인 문제 해석 방법을 설명하였다. 피보나치 수열을 귀납적으로 정의해보고, 자신의 진로 분야에서 활용되고 있는 피보나치 수열의 예를 찾아 발표해 보자.

관련학과

수학교육과, 과학교육과, 공학관련교육과, 일반사회교육과

② 날씨에 따라 사람이 불쾌함을 느끼는 정도를 표시하는 척도로 불쾌지수를 사용한다. 기상청 누리집을 방문하여 내가 사는 지역의 불쾌지수 정보를 찾아보고 지역의 건구 온도와 불쾌지수 정도를 이용하여 습구 온도를 구해 보자.

관련학과

수학교육과, 과학교육과

탐구주제

7.실용 수학 — 해석, 기하

3 체질량지수, 지니계수, 물가지수 등 실생활에 수학은 이미 다양하게 활용되고 있다. 자신의 전공과 관련하여 수학이 활용되고 있는 최근의 사례를 찾아보고 수식의 의미는 무엇인지 설명해 보자.

관련학과

수학교육과, 초등교육과, 과학교육과, 기술교육과, 일반사회교육과

4 친구들과 함께 달걀을 높은 곳에서 떨어뜨려도 깨지지 않게 보호할 수 있는 안전한 구조물을 만들어 달걀 낙하 대회를 진행하고, 이 중 안전한 구조물을 대상으로 충격량, 운동량, 반발 계수를 통한 충격력과의 관계를 설명해 보자.

관련학과

초등교육과, 과학교육과, 물리교육과, 수학교육과

5 여러 가지 정다면체와 입체도형을 만들 수 있는 기구인 조노돔 시스템을 이용하여 모둠원과 함께 60면체를 만들어 보자. 이 과정에서 활용되는 수학의 의미를 알아보고, 60면체를 만들면서 느낀 점을 모아 발표해 보자.

관련학과

수학교육과, 물리교육과

영역

기하

성취기준

[12실수02-02]	미술작품에서 평면 및 입체와 관련된 수학적 원리를 이해한다.
[12실수02-05]	평면도형과 입체도형을 이용하여 산출물을 만들 수 있다.

탐구주제

7.실용 수학 — 기하

1 라파엘로의 아테네 학당 그림은 원근법으로 그려진 벽화임에도 불구하고 막힌 벽면을 보고 있다는 느낌보다는 아치 통로 너머로 실제 고대 아테네의 풍경이 펼쳐지는 느낌을 준다. 이 그림에서의 소실점을 찾아보고 작가의 눈높이는 어디에 있는지 발표해 보자.

관련학과

수학교육과, 과학교육과, 미술교육과

2 우리의 눈은 생활 주변에서 물체를 볼 때 사물의 크기, 명암, 색상, 움직임 등 특정한 자극의 과도한 수용으로 착시가 일어난다. 즉 물체의 길이, 넓이, 방향, 각의 크기, 모양 등 주위의 선이나 도형의 관계 속에서 실제와 다르게 보이는 경우가 있는데 이를 기하학적인 착시라고 한다. 우리 주변에서 기하학적인 착시를 활용한 사례를 살펴보고 사례의 원리를 찾아 발표해 보자.

관련학과

수학교육과, 물리교육과, 미술교육과

탐구주제

3 멸종위기종을 보호하기 위한 캠페인을 진행하려고 한다. 거대한 종이를 이용하여 3D 대왕 고래와 같은 멸종위기종을 모둠원들과 함께 만들기 위한 프로젝트를 진행하고 그 결과물을 발표해 보자.

관련학과

수학교육과, 환경교육과, 미술교육과, 생물교육과

4 건축설계 프로그램 중 가장 많이 사용되고 있는 프로그램으로는 CAD, Sketch Up, 3DS MAX 등이 있다. 위 프로그램 중 하나를 이용하여 우리 학교에 필요한 건축물을 설계하고 그 결과를 발표해 보자.

관련학과

수학교육과, 미술교육과, 컴퓨터교육과

영역 자료

성취기준

[12실수03-01]	자료를 수집하고 정리하는 절차와 방법을 이해한다.
[12실수03-02]	실생활 자료를 수집하고 그림, 표, 그래프 등을 이용하여 정리할 수 있다.
[12실수03-03]	다양한 자료를 분석하여 결과를 해석할 수 있다.
[12실수03-04]	목적에 맞게 자료를 수집, 정리, 분석, 해석하여 산출물을 만들 수 있다.

탐구주제

7.실용 수학 — 자료

1 학교 교복이나 체육복 선정과 같은 설문조사를 진행하려고 한다. 시간상 표본조사를 실시하는데 모집단을 설정하고 표본을 추출하여 결론을 내려보고, 이 결과와 함께 관성과 신뢰도에 대해 발표해 보자.

관련학과

수학교육과, 일반사회교육과

2 우리나라는 2017년 65세 이상 고령자가 전체 인구의 14%로 고령화 사회에 진입하였다. 앞으로 이러한 고령화 사회에서는 노동력이 줄고 예산 및 연금 지출, 국가 채무가 늘어날 것이다. 통계청의 자료 분석을 통해 초고령화 사회 기준인 인구 비율 20% 도달 시기와 함께 다양한 경제 지표에 대해 탐구하여 발표해 보자.

관련학과

수학교육과, 일반사회교육과, 가정교육과

탐구주제

3 영국의 경제학자 맬서스는 '아무런 통제가 없다면 인구는 기하급수적으로 증가하고, 생존에 필요한 자원이 산술급수적으로 증가한다'라고 하며 어느 시점부터는 인구수가 식량의 양을 초과하게 되어 식량이 부족할 것이라고 예측하였다. 통계청의 인구와 식량 생산량을 조사하여, 계산해보고 맬서스의 주장에 대한 자신의 생각을 발표해 보자.

관련학과

수학교육과, 일반사회교육과

4 멘토링 또는 지역아동센터에서 학생들에게 수업을 하고 강사의 태도, 수업 방법에 대한 만족도 등 강의 평가를 받아보자. 평가 결과를 스프레드시트 시스템을 활용하여 그래프로 만들고 분석하여 발표해 보자.

관련학과

전 교육계열

5 최근 주변에서 사회적 배려 대상자를 흔히 볼 수 있지만, 이들을 위한 시설을 찾아보기 힘들다. 또한 장애인 비하 언어를 자주 사용하는 학생들의 모습도 쉽게 볼 수 있다. 학생들의 장애인에 대한 인식을 조사해보고, 그 결과를 분석하여 인포그래픽으로 만들어 발표해 보자.

관련학과

수학교육과, 특수교육학과, 일반사회교육과, 윤리교육과

6 최근 학생들이 많이 사용하고 있는 SNS 또는 유튜브의 사용 실태를 조사하고, 사용시간이 학생의 생활 및 학업 성취도에 어떠한 영향을 미치고 있는지 조사·분석하여 그 결과를 발표해 보자.

관련학과

수학교육과, 일반사회교육과, 초등교육과

활용 자료의 유의점

- (!) 수학 개념, 원리, 법칙을 발견하고 자료와 정보로부터 지식을 도출하거나 지식의 타당성을 확인할 수 있는 탐구 진행
- (!) 문제를 해결할 때에는 문제를 이해하고 해결 전략을 탐색하며 해결 과정을 실행하고 검증 및 반성하는 단계를 수행
- (!) 관찰과 탐구 상황에서 귀납, 유추 등 개연적 추론을 사용하여 수학적 사실을 추측하고 적절한 근거에 기초하여 탐구
- (!) 새롭고 의미 있는 아이디어를 다양하고 풍부하게 산출할 수 있는 수학적 과제를 통해 창의적 사고를 촉진하는 탐구
- (!) 여러 수학적 지식, 기능, 경험을 연결하거나 수학과 타 교과나 실생활의 지식, 기능, 경험을 연결·융합하여 문제를 해결
- (!) 수학적 아이디어 또는 수학 학습 과정과 결과를 말, 글, 그림, 기호, 표, 그래프 등을 사용하여 다른 사람과 소통
- (!) 실생활 및 수학적 문제 상황에서 적절한 자료를 탐색하고, 목적에 맞게 정리, 분석, 평가하며 분석한 정보를 활용

MEMO

수학과

8

경제 수학

핵심키워드

□ 경제 지표 □ 기후 변화 □ 재난 □ 환율 변동 □ 퍼센트와 퍼센트 포인트 □ 측량과 기하학 □ 연말정산
□ 금융상품 □ 예금과 적금 □ 무이자 할부 □ 연금 □ 한계적 변화 □ 합리적 소비 □ 균형가격
□ 마스크 품귀 현상 □ 한계 효용 체감의 법칙 □ 한계수입(MR)

영역 수와 생활경제

성취기준

[12경수01-01]	통계 자료를 활용하여 실업률, 물가지수 등과 같은 경제지표의 의미를 이해한다.
[12경수01-02]	경제지표의 증감을 퍼센트와 퍼센트포인트로 설명할 수 있다.
[12경수01-03]	환율의 뜻을 알고, 환거래로부터 비례식을 활용하여 환율을 계산할 수 있다.
[12경수01-05]	세금의 종류에 따라 세금을 계산할 수 있다.

탐구주제

8.경제 수학 — 수와 생활경제

1 통계청(kostat.go.kr/)이나 통계자료 또는 통계지리정보서비스(sgis.kostat.go.kr/) 등의 자료를 통해 우리 주변의 실업률, 물가지수 등 경제지표의 의미를 이해하고, 이를 인포그래픽 또는 카드뉴스로 만들어 발표해 보자.

관련학과

수학교육과, 일반사회교육과

2 최근 기후 변화 문제는 생태계의 변화뿐만 아니라 인간의 건강 그리고 경제활동까지 많은 영향을 미치고 있다. 기후 변화로 인한 재난이 환율 변동에 어떠한 영향을 미치는지 확인해 보자. 또는 자신의 전공분야와 연계하여 환율에 영향을 미치는 사례를 찾아 발표해 보자.

관련학과

수학교육과, 과학교육과, 일반사회교육과

탐구주제

3 1차 지필 고사의 결과에 따르면 전체학급 중 우리학급에서 90점 이상의 수학점수를 받은 비율은 10%였다. 그러나 2차 지필 고사 결과에 따르면 90점 이상의 수학점수를 받은 비율은 20%로 상승하였다. 증가폭이 10% 증가한 것인지, 50% 증가한 것인지 퍼센트와 퍼센트 포인트의 개념을 활용하여 설명해 보자. 또한 이와 같은 데이터를 활용한 사례를 찾아 함께 설명해 보자.

관련학과

수학교육과, 일반사회교육과

4 자동차와 핸드폰의 한국 가격과 미국의 가격이 서로 다른 경우가 있다. 같은 상품임에도 불구하고 가격이 다른 이유를 경제 지표와 환율의 개념을 활용하여 설명하고, 어떤 방법으로 구입하는 것이 현명한 소비인지 수학적 개념과 현명한 소비의 개념을 활용하여 설명해 보자.

관련학과

수학교육과, 일반사회교육과, 윤리교육과, 환경교육과, 초등교육과

5 고대 이집트에서는 비옥한 땅을 정확히 나누기 위해 측량과 기하학이 발달했다. 그리스의 헤로도투스의 책에서 세소스토레스 왕은 대홍수로 토지가 유실되면 얼마만큼 유실되었는가를 측량하여 유실된 만큼 세금을 뺀 뒤 내게 했다는 말이 있다. 이처럼 넓이를 측량하고 계산해 농민들에게 땅을 나눠주고 공평하게 세금을 걷기 위한 방법에 이차방정식이 활용되었다고 하는데 어떠한 원리가 적용되었는지 설명해 보자.

관련학과

수학교육과, 역사교육과, 지리교육과, 초등교육과

6 흔히 13월의 보너스라고 하는 연말정산은 급여 소득에서 처음 징수한 세액의 과부족을 연말에 징수하거나 그만큼 다시 돌려주는 것을 말한다. 하지만 연말정산을 계산하는 방법은 너무나도 복잡하고 다양하여 일반인들에게 어려움의 대상이 되곤 한다. 연말정산과 관련하여 항목별 내용에 대한 자세한 안내를 하는 인포그래픽을 만들어 설명하고, 가정의 총지출과 세금 계산 방법 및 소비 계산 방법에 대한 내용을 탐구해 보자.

관련학과

수학교육과, 일반사회교육과

영역 수열과 금융

성취기준

[12경수02-01]	단리와 복리를 이용하여 이자와 원리합계를 구할 수 있다.
[12경수02-05]	연속복리를 이용하여 이자와 원리합계를 구하고, 미래에 받을 금액의 현재가치를 계산할 수 있다.
[12경수02-07]	연금의 현재가치를 계산할 수 있다.

탐구주제

1 모둠별로 다양한 은행의 금융상품을 조사하고, 이자와 원리 그리고 미래에 받을 금액의 현재 가치를 판단해 보자. 자신의 현재 자산과 용돈을 고려하여 가장 적합한 금융상품을 찾고, 수학적인 근거에 기반하여 그 이유를 발표해 보자..

관련학과

수학교육과, 일반사회교육과

2 정기 예금과 정기 적금의 차이가 무엇인지 알아보고, 자신의 실제 상황에 맞는 것은 무엇인지 설계하여 발표해 보자. (이때 수학적 근거를 통해 저축 계획 및 대학 입학금 등의 계획을 함께 고려한다.)

관련학과

수학교육과, 일반사회교육과

3 지금 자신이 사용하고 있는 핸드폰을 구매하는 경우, 정확한 할부금 계산과 함께 구매 사유가 타당한지 알아보고, 현재의 가치와 미래의 가치를 고려하여 합리적 소비를 위한 방법을 설명해 보자.

관련학과

수학교육과

4 홈쇼핑이나 인터넷쇼핑에서도 흔히 무이자 할부라는 방식으로 제품을 판매하지만, 동시에 일시불로 구매하면 일정 금액을 할인해 주는 경우가 많다. 일시불로 구매하는 것과 무이자 할부로 구매하는 것 중 어느 것을 이용하는 것이 더 유리한지 하나의 상품을 예로 들어 살펴보고, 이를 정리하여 발표해 보자.

관련학과

수학교육과, 일반사회교육과

5 연금의 뜻과 우리나라의 국민연금제도에 대해 조사해 보자. 또한 기말급 연금과 기시급 연금에 따라 수령액이 달라지는 이유를 설명하고, 연금의 가치를 일정한 시점으로 환산하여 합산한 값을 설명해 보자.

관련학과

수학교육과, 일반사회교육과

영역 함수와 경제

성취기준

[12경수03-03] 효용의 의미를 이해하고, 함수와 그래프를 통하여 효용을 나타낼 수 있다.

[12경수03-04] 수요와 공급의 상호 작용에 의해 균형가격이 결정되는 경제현상을 이해한다.

[12경수03-06] 효용함수를 이용한 의사 결정 문제를 해결할 수 있다.

[12경수03-07] 부등식의 영역의 의미를 이해하고, 이를 활용하여 경제 관련 함수의 최대, 최소 문제를 해결할 수 있다.

탐구주제

1 한계적 변화는 경제학에서 행동이나 현재의 계획을 조금씩 바꾸어 적응하는 것을 의미한다. 또한 합리적인 사람은 '한계적 변화'를 할 때, 현재 진행하는 행동의 이익과 비용을 비교하여 변화를 판단한다. 어떤 사람이 소비를 하면서 얻어지는 만족의 표현이 효용이라면, 소비량을 1단위 증가할 때 변화하는 효용의 증가를 '한계 효용(Marginal Utility)'이라 한다. 효용함수를 활용하여 한계 효용을 구해 보자.

관련학과

수학교육과, 일반사회교육과

2 경제학에서는 소비자가 자기의 효용이 극대화되도록 소비하는 것을 합리적인 소비라고 한다. 자신의 의지와 희망으로 모든 상품을 얼마든지 구입할 수 있는 사람이 있다면, 그 사람은 자산이 무한히 많을 것이다. 하지만 일반적인 사람은 한정된 소득 내에서 자신의 효용을 극대화하는 소비를 해야 한다. 자신의 경제적 상황 및 환경을 고려하여 효용을 극대화하는 합리적 소비량을 결정해 보자.

관련학과

수학교육과, 일반사회교육과

3 시장에서 수요자와 공급자는 각각 수요계획과 공급계획을 갖고 있다. 그리고 시장가격은 수요자와 공급자의 상호 작용을 통해 만들어진다. 이때, 수요곡선과 공급곡선이 만나는 점은 시장의 수요량과 공급량이 일치하는 점이다. 이때의 가격을 '균형가격'이라고 한다. 코로나19로 마스크 대란이 일어났을 때 마스크 가격이 어떻게 결정되었으며 이때 국가의 개입에 대한 자신의 생각을 정리하여 발표해 보자.

관련학과

수학교육과, 일반사회교육과, 윤리교육과

4 신종 코로나바이러스의 확산 사태로 전국적으로 마스크 품귀 현상이 있었던 때 오히려 가격을 기존보다 내려 판매한 마스크 제조업체가 있었다. 이 기업의 결정을 경제적 입장과 경영적 입장에서 판단해 보고, 이러한 결정이 기업 운영에 미치는 영향을 조사하여 발표해 보자..

관련학과

수학교육과, 일반사회교육과, 윤리교육과

5 경제학은 사회가 희소자원을 어떻게 효율적으로 배분하는지에 대해 연구하는 분야이다. 대부분의 사회에서는 자원이 한사람에 의해 배분되는 것이 아니라 정부, 가계, 기업 간의 상호 작용에 따라 배분된다. 제한된 자원을 효율적으로 배분하기 위해 부등식의 영역이 사용되는데 이러한 사례를 찾아 설명해 보자.

관련학과

수학교육과, 일반사회교육과, 환경교육과

MEMO

영역

미분과 경제

성취기준

[12경수04-02] 미분을 이용하여 그래프의 개형을 그릴 수 있다.

[12경수04-03] 한계생산량의 의미를 이해하고, 미분을 이용하여 최적생산량을 구할 수 있다.

탐구주제

8.경제 수학 — 미분과 경제

1 쇼핑은 늘 즐겁다. 하지만 상품을 지속적으로 소비한다면 그 즐거움의 폭은 점점 줄어들게 된다. 이와 같은 현상을 한계 효용 체감의 법칙이라고 하는데 우리 주변에서 한계 효용 체감의 법칙을 느꼈던 사례를 찾아 발표해 보자.

관련학과

수학교육과, 일반사회교육과

2 기업은 이윤을 최대한 많이 남기기 위해서 싸게 생산해서 비싸게 팔아야 한다. 그러기 위해서는 노동자가 필요한데 노동자 수가 늘어나면 생산량도 늘어나지만, 그 생산량에는 어느 정도 한계가 있다. 즉 최적 고용량을 통한 한계생산물 가치(VMOL)의 계산이 필요한데 한계생산물과 임금 그리고 최적 효율 등 여러 가지 변수를 활용하여 계산식을 만들고 이를 증명해 보자.

관련학과

수학교육과, 일반사회교육과

3 한계수입(MR)이란 어느 생산자가 산출량을 한 단위 더 늘릴 때 추가로 벌어들이는 수입을 의미하며, 한계비용(MC)이란 어느 생산자가 산출량 한 단위를 더 늘리기 위해 추가로 들어가는 비용을 말한다. 이윤을 극대화하기 위한 조건을 한계수입(MC) = 한계비용(MR)이라고 하는데 그 이유를 증명해 보자.

관련학과

수학교육과, 일반사회교육과

활용 자료의 유의점

- 수학 용어, 기호, 표, 그래프 등 수학적 표현을 이해하고 정확하게 사용하며, 수학적 표현을 만들거나 변환하는 탐구활동 수행
- 실생활 및 수학적 문제 상황에서 적절한 자료를 탐색하고, 정보를 목적에 맞게 정리, 분석, 평가하여 적용
- 수학의 필요성과 유용성을 생활 주변과 사회 및 자연 현상과 관련 지어 알게 하고, 수학의 역할과 가치를 인식
- 여러 수학적 지식, 기능, 경험을 연결하거나 수학과 타 교과나 실생활의 지식, 기능, 경험을 연결·융합하여 문제를 해결
- 하나의 문제를 여러 가지 방법으로 해결하게 하고, 해결 방법을 비교하여 더 효율적인 방법을 찾는 탐구활동 수행
- 관찰과 탐구 상황에서 개연적 추론을 사용하여 스스로 수학적 사실을 추측하고 적절한 근거에 기초하여 발표
- 생소한 경제학적 용어로 어려움을 겪을 경우, 경제적 용어의 의미를 정확하게 이해

수학과

9

기본 수학

핵심키워드

☐ 주사위 ☐ 사다리게임 ☐ 여론조사 ☐ 투표율 ☐ 파라볼라 안테나 ☐ 측량과 기하학
☐ 현수선과 포물선 ☐ 단어 구름 ☐ 귀류법 ☐ 테셀레이션

영역

경우의 수

성취기준

[12기수01-01] 합의 법칙과 곱의 법칙을 이용하여 경우의 수를 구할 수 있다.

탐구주제

9.기본 수학 — 경우의 수

1 3개의 주사위를 동시에 던질 때 나오는 눈의 수의 합이 9인 경우와 10인 경우는 6가지로 서로 같은데도 불구하고, 실제로는 눈의 수의 합이 10인 경우가 더 많은 이유를 계산하고 발표해 보자.

관련학과

수학교육과

2 사다리 게임의 결과는 정규 분포를 따르므로 가운데가 술래라면 가장자리를 택해야 걸릴 확률이 낮다고 한다. 이를 실험하기 위해 8개의 다리와 12개의 계단이 있는 2차원 사다리를 이용하여 증명하고 발표해 보자.

관련학과

수학교육과

3 대통령 및 국회의원 선거 전 시행하는 여론조사와 투표율에서 사용되는 확률과 통계에 관련된 용어를 정리하고, 이에 대한 개념을 조사하여 발표해 보자.

관련학과

수학교육과, 일반사회교육과

영역

문자와 식

성취기준

[12기수02-06] 이차함수의 뜻을 알고, 이차함수 그래프의 성질을 이해한다.

탐구주제

9.기본 수학 — 문자와 식

1 손흥민의 축구, 류현진과 김광현의 야구 중계를 TV에서 볼 수 있게 해 주는 파라볼라 안테나는 포물선 여러 개가 포개져 있는 모양이다. '접시 안테나'라고도 부르는 이 안테나는 왜 포물선 모양을 하고 있는지 이차함수 그래프를 통해 증명해 보자.

관련학과

수학교육과, 물리교육과

2 고대 이집트에서는 비옥한 땅을 정확히 나누기 위해 측량과 기하학이 발달했다. 그리스의 헤로도투스의 책에서 세소스토레스 왕은 대홍수로 토지가 유실되면 얼마만큼 유실되었는가를 측량하여 유실된 만큼 세금을 뺀 뒤 내게 했다는 말이 있다. 이처럼 넓이를 측량하고 계산해 농민들에게 땅을 나눠주고 공평하게 세금을 걷는 방법에 이차방정식이 활용되었다고 하는데, 어떠한 원리가 적용되었는지 설명해 보자.

관련학과

수학교육과, 역사교육과, 지리교육과, 초등교육과

3 현수선은 포물선과 아주 비슷한 U 모양이지만 포물선은 아니다. 아치 모양의 디자인에서 나타나는 현수면을 자른 단면도 현수선이라 하는데, 현수선과 포물선의 차이가 무엇인지 발표해 보자.

관련학과

수학교육과, 미술교육과

영역

집합과 함수

성취기준

[12기수03-01] 집합의 개념을 이해하고, 집합을 표현할 수 있다.

[12기수03-04] 함수의 개념을 이해하고, 그 그래프를 이해한다.

탐구주제

9.기본 수학 — 집합과 함수

1. 단어 구름(word cloud)은 문서에 사용된 단어의 중요도나 인기도 등을 고려해서 시각적으로 늘어놓아 표시하는 시각화 유형을 말한다. 자신이 알고 있는 혹은 좋아하는 대통령의 취임연설문을 듣고 단어 구름을 만들어 발표해 보자.

관련학과

수학교육과, 일반사회교육과, 초등교육과

2. 그래프를 그릴 수 있는 컴퓨터 프로그램을 찾아 다양한 함수들을 이용하여 간단한 그림들을 나타내는 탐구 활동을 진행해 보자. 탐구 활동을 통해 자신이 선택한 그림의 함수를 발표해 보자.

관련학과

수학교육과

3. 논리학, 수학 등에서 사용되는 증명방법으로 귀류법이라는 것이 있다. 귀류법은 수학이나 자연과학에 많이 사용되며 직접적으로 증명하기 곤란한 문제의 증명에 종종 사용된다. 귀류법이 무엇인지 확인하고 실생활에 어떻게 사용되는지 사례를 찾아 발표해 보자.

관련학과

수학교육과, 일반사회교육과, 과학교육과

영역

도형의 방정식

성취기준

[12기수04-06] 평행이동의 의미를 이해하고, 평행이동한 도형을 좌표평면에 나타낼 수 있다.

탐구주제

9.기본 수학 — 도형의 방정식

1. 테셀레이션(Tessellation)이란 평면이나 공간을 어떠한 틈이나 포개짐 없이 도형으로 완벽하게 덮는 것을 뜻하며, 우리가 매일 걸어다니는 보도 블록이나 화장실 벽면의 타일이 이에 해당한다. 테셀레이션에는 도형의 평행이동과 대칭이동, 회전이동의 수학적 원리가 사용되는데 테셀레이션에서 사용되는 수학적 원리를 탐구하여 발표해 보자.

관련학과

수학교육과, 미술교육과

2. 그림판과 같은 소프트웨어 프로그램을 활용하여 그린 모티브 그림을 통해 좌우 반복, 대칭, 미끄럼, 대칭, 회전 등을 활용하여 수학 디 디자인을 만들어 보자. 그 과정과 결과를 정리하여 발표해 보자.

관련학과

수학교육과, 미술교육과, 컴퓨터교육과

활용 자료의 유의점

- 개념 및 원리는 이전에 학습한 개념과 연계하여 다양한 방법으로 이해
- 중학교에서 학습한 내용을 보충하거나 심화할 수 있는 기회를 제공하여 수학적 개념과 원리를 충분히 익힐 수 있는 탐구 수행
- 수학에 대한 흥미와 자신감을 키우고 수학 학습의 동기화를 위해 진로와 연계하거나 다양한 소재를 활용하여 탐구
- 문제 해결 능력을 함양하기 위한 다양한 탐구활동을 진행

MEMO

수학과

10

인공지능 수학

핵심키워드

☐ 인공지능 수학 ☐ 선형회귀이론 ☐ 딥러닝 ☐ 구글 포터 ☐ 딥페이크 ☐ 예측 분석 알고리즘
☐ 추세선 기능 ☐ 인공지능 상용화 ☐ 로봇의 상용화 ☐ 빅데이터 ☐ AI 챗봇

영역 인공지능 속의 수학

성취기준

[12인수01-01]	인공지능의 발전에 기여한 역사적 사례에서 수학이 어떻게 활용되었는지를 이해한다.
[12인수01-02]	인공지능에 수학이 활용되는 다양한 예를 찾아 설명할 수 있다.

탐구주제

10.인공지능 수학 — 인공지능 속의 수학

1 인공지능을 처음 연구한 사람은 영국의 수학자 애런 튜링이었다. 튜링은 제2차 세계대전 독일군의 암호를 해석하면서 인공지능을 상상하게 되었는데, 인공지능 개발 및 발전에 기여한 수학의 역사에 대해 조사하여 발표해 보자.

관련학과

수학교육과, 컴퓨터교육과

2 인공지능에 많이 사용하는 수학으로 선형회귀이론과 딥러닝이란 기술이 있다. 선형회귀이론이나 딥러닝이 인공지능에 사용되는 구체적인 사례를 찾아 정리하고, 선형회귀이론이나 딥러닝 이외에 인공지능에 수학이 활용되는 예를 찾아 발표해 보자.

관련학과

수학교육과, 컴퓨터교육과

3 인공지능을 발전시킨 수학자들의 연구 결과를 찾아보고 각각의 연구가 인공지능 발전에 어떠한 기여를 했는지 확인해 보자. 또한 앞으로 인공지능의 발전을 예측해 보고 이를 위해 수학이 어떠한 역할을 할 수 있을지 탐구해 보자.

관련학과

수학교육과, 컴퓨터교육과

영역

자료의 표현

성취기준

[12인수02-03] 수와 수학 기호를 이용하여 실생활의 이미지 자료를 목적에 알맞게 표현할 수 있다.

탐구주제

10.인공지능 수학 — 자료의 표현

1. 수많은 이미지 데이터를 기반으로 이미지를 인식하는 대표적인 서비스로 구글의 '구글 포터'가 있다. 이는 인공지능에 기반한 이미지 인식 기술의 결과로, 이미지 인식을 통해 사진을 자동으로 정리해주거나 검색 결과를 사용자에게 제공하는 서비스이다. 이 기술에 사용된 다양한 수학적 원리에 대해 조사하여 발표해 보자.

관련학과

컴퓨터교육과, 수학교육과, 미술교육과, 일반사회교육과

2. 딥페이크(Deepfake)는 딥러닝(Deep Learning)과 가짜를 의미하는 페이크(Fake)의 합성어로 실제 영상처럼 가공된 가짜 영상을 의미한다. 인공지능화된 학습을 통해 실제 영상과 구분하기 어려운 영상을 만들어 내는 기술인데 최근 미국 전직 대통령 버락 오바마를 가상으로 만들어 내는 유튜브 영상이 공개되어 화제가 되기도 하였다. 딥페이크 기술은 유명인들을 대상으로 악의적인 가짜 뉴스를 만드는 문제점도 있지만 원본 이미지의 진위 여부를 가려내는 장점도 있다. 딥페이크 기술의 장단점의 사례를 들어 살펴보고 모둠 토의를 통해 자신의 생각을 정리·발표해 보자.

관련학과

컴퓨터교육과, 수학교육과, 일반사회교육과, 미술교육과, 초등교육과, 언어교육과

영역

분류와 예측

성취기준

[12인수03-03] 자료를 분석하여 사건이 일어날 확률을 구하고 예측에 이용할 수 있다.

[12인수03-04] 자료의 경향성을 추세선으로 나타내고, 예측에 이용할 수 있다.

탐구주제

10.인공지능 수학 — 분류와 예측

1. 인공지능이 이미지를 인식하는 방법으로 엣지 감지, 얼굴 인식, 손 제스쳐 인식, 이미지 분류, 객체 추적과 같은 방법이 사용되고 있다. 각각의 방법에 대해 조사하고 이러한 방법에서 수학이 활용되고 있는 원리를 발표해 보자. 이외에도 인공지능이 이미지를 판별하는 방법을 조사해 보자.

관련학과

수학교육과, 컴퓨터교육과, 과학교육과, 물리교육과

탐구주제

2 예측 분석 알고리즘은 확률과 통계를 근거로 설계된다. 즉 분석한 자료를 토대로 확률과 통계를 이용하여 미래를 예측할 있다. 이러한 알고리즘을 통해 가까운 미래를 예측하는 사례를 찾아보고, 이때 사용되는 수학적 원리를 탐구해 보자.

관련학과

수학교육과, 과학교육과, 일반사회교육과

3 스프레드시트 중 하나인 엑셀 기능에는 추세선 기능이 있다. 추세선이란 기존의 데이터를 기반으로 회귀 분석하는 방법을 통해 예측하여 차트에 표현해 주는 기능인데 매출분석, 용액의 농도 측정과 같은 기본 데이터로 가까운 미래의 데이터를 예측할 수 있다. 자신의 진로 분야와 관련된 자료를 수집 및 측정하여 이를 기반으로 추세선을 만들어 보자. 이를 통해 예측을 해보는 프로젝트를 진행하고 그 결과를 발표해 보자.

관련학과

전 교육계열

영역 최적화

성취기준

[12인수04-03] 합리적 의사결정과 관련된 인공지능 수학 탐구 주제를 선정하여 탐구를 수행하고 발표할 수 있다.

탐구주제

1 2000년대 초반부터 인공지능의 의사결정권 등에 대한 논의가 시작됐고, 최근 들어서는 선진국을 중심으로 인공지능과 로봇의 상용화에 대비한 법·제도를 마련하는 움직임이 늘고 있다. 남아공에서는 갑자기 로봇 방공포가 작동해 수십여 명의 사상자를 발생시키는 등 부작용도 발생하고 있는데, 이러한 부작용과 인공지능의 장점을 함께 조사해 보자. 그리고 인간이 인공지능에게 자율적 의사결정권을 얼마나 부여할 것인가에 대해 토의하여 발표해 보자.

관련학과

수학교육과, 컴퓨터교육과, 일반사회교육과, 언어교육과, 윤리교육과, 초등교육과

2 최근 빅데이터 기반의 인공지능이 사회적 편향이나 편견을 증폭시킬 수 있으며, 인공지능 알고리즘이 인간의 무의식적 편견에 의해 영향을 받을 수 있다는 가능성이 제기되었다. 특히 2016 마이크로소프트사의 AI 챗봇 '테이'는 유대인 학살이 조작됐다는 등 인종차별적 망언과 욕설을 쏟아내 출시 16시간 만에 바로 운영이 중단되었다. 이는 사용자들이 테이에게 인종차별과 성차별 같은 부적절한 메시지를 학습시켰기 때문으로 밝혀졌다. 즉 AI가 합리적인 의사결정을 하기 보다는 또 다른 불공정을 발생시킬 수 있다는 논란이 계속되고 있는 것이다. 이에 대한 자신의 생각과 해결 방안을 정리하여 발표해 보자.

관련학과

수학교육과, 컴퓨터교육과, 일반사회교육과, 윤리교육과, 과학교육과, 초등교육과

탐구주제

3 유럽연합(EU)이나 미국 등 선진국은 이미 몇 년 전부터 전문가 그룹을 만들어 AI 윤리에 대한 논의를 활발히 진행하고 있다. AI의 긍정적인 면과 함께 부정적인 면이 제기되고 있는 현재, 인공지능의 윤리에 대한 자신의 생각을 정리하고 다양한 근거를 제시하며 발표해 보자.

관련학과

수학교육과, 컴퓨터교육과, 일반사회교육과, 윤리교육과, 과학교육과, 초등교육과

활용 자료의 유의점

- ⓘ 추론 능력을 함양하기 위한 다양한 탐구 주제 선정
- ⓘ 실생활 및 수학적 문제 상황에서 적절한 자료를 탐색하고, 정보를 목적에 맞게 정리, 분석, 평가하여 활용
- ⓘ 계산 능력 배양을 목표로 하지 않는 수학의 개념, 원리, 법칙의 이해와 문제 해결에 초점을 두고 탐구 수행
- ⓘ 공학적 도구를 활용하여 인공지능 기술을 직접 시연해 보거나 인공지능에 활용되는 수학을 경험할 수 있는 탐구 수행
- ⓘ 직관적으로 이해할 수 있는 수준으로 작성된 프로그램의 코드를 직접 수정하면서 탐구 활동 수행
- ⓘ 문제 해결력을 높이기 위해 주어진 문제를 변형하거나 새로운 문제를 만들어 해결하고 검증하는 활동을 장려
- ⓘ 관찰과 탐구 상황에서 귀납, 유추 등 개연적 추론을 사용하여 수학적 사실을 추측하고 적절한 근거에 기초하여 탐구
- ⓘ 새롭고 의미 있는 아이디어를 다양하고 풍부하게 산출할 수 있는 수학적 탐구를 진행하여 창의적 사고를 촉진

MEMO

수학과

11

수학과제 탐구

핵심키워드

☐ 수학 과제 탐구 방법 ☐ 절차 ☐ 탐구 계획 ☐ 선행 연구 ☐ 수행 ☐ 산출물 ☐ 결과 및 반성

교육계열

❶ 지금까지의 다양한 수학 탐구 주제 중 자신의 진로 분야 또는 흥미 분야와 연관된 탐구 주제 하나를 선정하여 수학 과제 탐구를 수행해 보자. 이 과정에서 여러 선행 연구를 찾아 분석하고, 이 선행 연구를 자신의 연구 과제에 반영하며, 자신의 아이디어를 더하여 탐구를 수행한 후 결과물을 발표해 보자. 또한 탐구 결과물 발표 후 자신의 탐구 과제에서 보완해야할 점이 무엇인지 확인하고, 추후 다른 탐구를 수행할 때 어떤 방법을 활용할 것인지 반성하고 계획해 보자.

❷ 수학 일지 쓰기 활동이 수학적 사고 수준 변화에 미치는 영향

❸ 고등학교 수학교과와 과학교과의 연계성을 바탕으로 하는 수업 모델링 연구

❹ 수학 불안감소 프로그램이 중학생의 수학 불안, 자아 개념 및 수학 성취도에 미치는 효과

❺ 수학적 모델링 활동이 초등, 중등학생들의 수학적 문제해결력 및 수학적 태도에 미치는 영향

❻ 협동학습, 거꾸로 수업, 문제해결 학습 등이 학생의 수학(관련 교과)적 자기효능감에 미치는 영향

❼ 유아, 아동의 수 감각이 수학기초 학습 능력에 미치는 영향

❽ 교재교구를 활용한 감각적 수학 학습이 정신발달지체아의 수학기초 학습에 미치는 영향

❾ 2015 교육과정에서의 실용 생활 수학(과학)의 현황 : 중학교, 고등학교 단원을 중심으로

❿ 초·중·고등학교 음악, 미술, 체육교과서에 반영된 수학(과학)적 개념 및 내용 분석

활용 자료의 유의점

(!) 탐구 주제는 학생의 흥미와 관심 그리고 학교 실정에 맞게 스스로 선택하고 수정할 수 있으며, 문제를 발견하는 경험을 수행
(!) 탐구 주제와 관련된 선행 연구를 정리
(!) 탐구 주제와 학생의 흥미 및 관심에 따라 문헌조사, 사례 조사, 자료 수집 등 적절한 탐구 방법을 선택
(!) 탐구가 진행되는 과정을 공유하고 이를 보완하고 수정
(!) 탐구 산출물은 인포그래픽 카드뉴스, 포스터, 보고서, 수학 잡지, 수학 동화(만화), 수학 신문 등 탐구 유형에서 학생의 흥미와 관심 그리고 학교의 실정에 맞게 선택
(!) 인터넷 자료나 참고 문헌 등을 인용할 경우에는 정확한 출처를 표시
(!) 결과 발표 후 탐구 과정 및 산출물에 대하여 반성하고 자기 평가 및 동료 평가 실시

교육계열편

과학과 교과과정

과학과
1

통합과학

핵심키워드

☐ 이온결합 ☐ 공유결합 ☐ 신소재 ☐ 자유낙하와 수평 운동 ☐ 에너지 흐름 ☐ 화산 및 지진 지형
☐ 효소 작용 ☐ 단백질 생성 과정 ☐ 유전자 ☐ 광합성 ☐ 중화 반응 ☐ 생물 다양성 ☐ 기후 변화
☐ 핵발전 ☐ 에너지 하베스팅

영역 물질의 규칙성과 결합

성취기준

[10통과01-01] 지구와 생명체를 비롯한 우주의 구성 원소들이 우주 초기부터의 진화 과정을 거쳐서 형성됨을 물질에서 방출되는 빛을 활용하여 추론할 수 있다.

▶ 분광기를 활용하여 수소의 선스펙트럼을 관찰하고, 이를 우주 전역의 선스펙트럼을 관찰한 결과 자료와 비교함으로써 우주 진화 초기에 만들어진 수소와 헬륨이 현재 우주의 주요 구성 원소임을 파악하게 한다.

[10통과01-05] 인류의 생존에 필수적인 산소, 물, 소금 등이 만들어지는 결합의 차이를 알고, 각 화합물의 성질을 비교할 수 있다.

▶ 화학 결합은 금속 원소와 비금속 원소 간의 이온 결합, 비금속 원소간의 공유 결합을 다룬다.

탐구주제

1.통합과학 — 물질의 규칙성과 결합

1 선스펙트럼은 빛의 스펙트럼이 파장의 계열에 따라서 이산적으로 선상에 나타나는 것을 말한다. 폐CD나 DVD로 물질에서 방출되는 빛을 활용하여 선스펙트럼을 관찰할 수 있는 분광기를 만들어 보자. 광원의 종류에 따른 스펙트럼의 종류를 관찰해보고, 분광기로 빛의 스펙트럼을 관찰할 수 있는 이유를 설명해 보자.

관련학과

초등교육과, 과학교육과, 공학관련교육과, 물리교육과, 컴퓨터교육과, 환경교육과

탐구주제

2 겨울에 눈이 오면 염화 칼슘을 뿌리는 제설 작업을 하는데, 제설 작업에 염화 칼슘을 사용하는 이유를 화합물의 성질을 이용하여 설명해 보자. 염화 칼슘을 활용하여 제설 작업을 할 경우 발생하는 문제점과, 이를 해결하기 위한 제설 방법과 원리에 대해 발표해 보자.

관련학과

초등교육과, 과학교육과, 공학관련교육과, 화학교육과, 환경교육과

3 비즈용, 구슬, 끈 등을 사용하여 이온 결합 및 공유 결합을 표현해 보자. 이 결과물을 가지고 금속 원소와 비금속 원소 간의 이온 결합과 비금속 원소간의 공유 결합의 특징을 설명할 수 있는 방법에 대해 고안해 보자.

관련학과

초등교육과, 과학교육과, 공학관련교육과, 화학교육과, 미술교육과

영역 자연의 구성 물질

성취기준

[10통과02-02] 생명체를 구성하는 물질들은 기본적인 단위체의 다양한 조합을 통해 형성됨을 단백질과 핵산의 예를 통해 설명할 수 있다.

▶ 생명체 주요 구성 물질의 구조적 규칙성을 다루되, 일정한 구조를 가진 단위체들이 다양한 배열을 통해 여러 가지 구조와 기능을 획득한다는 개념을 단백질과 핵산의 예를 들어 설명하며, 구체적인 구조식이나 화학식은 다루지 않는다. 단위체 구성 성분에 대한 명칭 암기는 지양한다.

[10통과02-03] 물질의 다양한 물리적 성질을 변화시켜 신소재를 개발한 사례를 찾아 그 장단점을 평가할 수 있다.

▶ 자연의 구성 물질들이 가진 물리적 성질 중 전기적 성질 또는 자기적 성질을 활용하여 새로운 소재를 개발한 사례만 다룬다.

탐구주제

1.통합과학 — 자연의 구성 물질

1 생명체 내에서 다양하고 복잡한 물질이 만들어지는 원리를 단백질과 핵산의 예를 통해 설명해 보자. 그리고, 생명과학적 측면에서 생명의 기원을 설명할 때 현재 세포를 이루고 있는 핵산, 단백질, 당류, 지방 핵산(DNA, RNA) 중 RNA 측면의 가설을 찾아 조사하고, 자신의 생각을 발표해 보자.

관련학과

과학교육과, 생물교육과, 화학교육과

탐구주제

1.통합과학 — 자연의 구성 물질

2 그래핀, 탄소나노튜브, 풀러렌, 초전도체, 형상기억합금, 유기발광 다이오드와 같은 다양한 신소재를 모둠별로 한가지씩 정하고, 신소재의 특성과 개발과정 및 생활 속 활용 방법에 대해 조사하여 발표해 보자. 자신이 찾은 신소재 이외의 내용을 정리하여 보고서를 작성해 보자.

관련학과

초등교육과, 과학교육과, 화학교육과, 공학관련교육과, 가정교육과, 기술교육과, 환경교육과, 미술교육과

3 꿈의 신소재로 불리는 '그래핀'은 디스플레이 등 다양한 분야에 사용되고 있다. 최근 각광받고 있는 신소재 관련 학과 및 대학, 신소재 관련 연구 분야 및 취업 분야, 관련 직업에 대해 발표해 보자. 더불어 신소재 관련 학과 및 진로의 전망을 예측하여 설명해 보자.

관련학과

초등교육과, 과학교육과, 화학교육과, 공학관련교육과, 가정교육과, 기술교육과

영역 역학적 시스템

성취기준

[10통과03-01] 자유낙하와 수평으로 던진 물체의 운동을 이용하여 중력의 작용에 의한 역학적 시스템을 설명할 수 있다.

▶ 물체를 자유낙하시켰을 때와 수평으로 던졌을 때의 운동을 비교하는 활동을 통해 중력에 의한 물체의 운동을 다룬다.

[10통과03-02] 일상생활에서 충돌과 관련된 안전사고를 탐색하고 안전장치의 효과성을 충격량과 운동량을 이용하여 평가할 수 있다.

▶ 일상생활의 역학 시스템에서 물체의 관성 및 충돌에 의한 안전사고 예방을 위한 대비책 및 장치를 고안하는데 관성 법칙과 충격량을 활용하게 한다.

탐구주제

1.통합과학 — 역학적 시스템

1 장총으로부터 매우 빠른 속력으로 수평을 향해 쏜 총알과, 같은 높이 같은 시간에 자유낙하시킨 총알 중 어느 총알이 먼저 땅에 떨어질지 자유낙하와 수평 방향 운동을 통해 과학적으로 설명해 보자.

관련학과

초등교육과, 과학교육과, 물리교육과, 지구과학교육과, 수학교육과

2 야구 글러브, 인라인스케이트 무릎 보호대 또는 자동차의 범퍼와 같이 일상생활에서 관성 및 충돌에 의한 안전 사고 장치를 실험을 통해 확인해 보자. 질량, 속도, 힘, 시간 등과 같은 변수를 활용하여 수학적으로 풀어보고, 그 결과를 공유해 보자.

관련학과

과학교육과, 물리교육과, 수학교육과, 지구과학교육과, 초등교육과, 컴퓨터교육과, 기술교육과

탐구주제

③ 공사장의 안전망을 관찰해 보면 지면으로부터 어느정도 기술어진 각도로 설치되어 있다. 실험을 통해 공사장의 안전망의 설치 각도에 따라 추락한 물체가 받는 충격량의 변화를 측정하고, 지면을 기준으로 어느 정도의 각도가 공사장 안전망 설치에 안전한 각도일지 탐구해 보자.

관련학과

초등교육과, 과학교육과, 물리교육과, 공학관련교육과, 기술교육과, 컴퓨터교육과

영역 지구 시스템

성취기준

[10통과04-02] 다양한 자연 현상이 지구 시스템 내부의 물질의 순환과 에너지의 흐름의 결과임을 기권과 수권의 상호 작용을 사례로 논증할 수 있다.

▶ 지구 시스템에서는 각 권이 상호 작용하는 동안 에너지의 흐름과 물질의 순환으로 인해 지표의 변화, 날씨의 변화 등과 같은 여러 가지 지구과학적 현상이 일어남을 다룬다.

[10통과04-03] 지권의 변화를 판구조론적 관점에서 해석하고, 에너지 흐름의 결과로 발생하는 지권의 변화가 지구 시스템에 미치는 영향을 추론할 수 있다.

▶ 판의 경계에서 나타나는 지진과 화산이 지구 내부 에너지와 물질이 방출되는 과정임을 지구 시스템 상호 작용의 관점에서 다룬다.

탐구주제

1.통합과학 — 지구 시스템

① 지구 시스템은 서로 밀접한 관련성을 가지는 지구 환경을 구성하는 권역들의 집합체를 말한다. 지구 환경 시스템을 보여주는 대표 현상인 물질순환과 에너지의 흐름을 기권, 수권, 지권, 생물권으로 나누어 각각의 사례를 중심으로 설명하고, 에너지 순환이 아닌 에너지 흐름이라고 불리는 이유를 설명해 보자.

관련학과

초등교육과, 과학교육과, 지구과학교육과, 화학교육과, 생물교육과, 환경교육과

② 물질 순환과 에너지 흐름은 지구를 유지하는 데 필요한 현상이다. 지금까지 지구 역사에서 물질 순환과 에너지 흐름이 파괴되었던 사례를 찾아 그 원인과 피해, 문제를 해결하기 위해 노력했던 방법을 조사하고, 인포그래픽을 활용한 결과물을 만들어 발표해 보자.

관련학과

초등교육과, 과학교육과, 지구과학교육과, 화학교육과, 생물교육과, 환경교육과

③ 알프스-히말라야 조산대, 환태평양 조산대 등과 같은 화산 지진 발생지 위치 및 판의 경계 유형을 지도에 표시하고, 화산 및 지진 지형을 활용하는 인간의 모습을 조사하여 발표해 보자.

관련학과

과학교육과, 지구과학교육과, 지리교육과, 생물교육과, 환경교육과, 사회교육과, 일반사회교육과, 가정교육과, 역사교육과

영역 생명 시스템

성취기준

[10통과05-02] 생명 시스템 유지에 필요한 화학 반응에서 생체 촉매의 역할을 이해하고, 일상생활에서 생체 촉매를 이용하는 사례를 조사하여 발표할 수 있다.

▶ 효소가 다양한 생명 활동에 필요한 반응들을 가능하게 해준다는 수준에서 다루고, 효소의 상세 구조나 결합 방식은 언급하지 않는다.

[10통과05-03] 생명 시스템 유지에 필요한 세포 내 정보의 흐름을 유전자와 단백질의 관계로 설명할 수 있다.

▶ 생명 시스템 유지에 필요한 세포 내 정보의 흐름을 다룰 때, 전사와 번역은 용어 수준에서만 언급한다.

탐구주제

1.통합과학 — 생명 시스템

1 생명 시스템을 유지하는데 생체 촉매는 매우 중요한 역할을 한다. 먹다 남은 국을 보관할 때 한 번 더 끓여서 보관하는 이유를 효소 작용을 통해 과학적으로 설명하고 우리 주변에서 생체 촉매를 이용하는 사례를 조사하여 그 원리를 발표해 보자.

관련학과

초등교육과, 과학교육과, 생물교육과, 화학교육과, 가정교육과, 환경교육과

2 세포는 생명 시스템을 이루는 단위로, 생물이 생존하는 데 필요한 생명 현상이 일어나는 곳이다. 세포 내 정보 흐름 관련 역할 놀이를 통해 유전자의 정보로부터 단백질이 만들어지는 과정을 이해하고 이 과정을 통해 지구상의 모든 생명체가 동일한 유전 암호를 사용함으로써 생명의 연속성을 유지하는 원리를 탐구해 보자.

관련학과

과학교육과, 생물교육과, 지구과학교육과, 화학교육과

3 유전자란 무엇이며 생명 시스템을 유지하기 위해 유전자가 어떤 일을 하는지 조사해 보자. 또한 DNA와 유전자의 형질 발현 모형을 학습할 수 있는 DNA 퍼즐키트를 창의적으로 제작하여 핵과 세포질에서 일어나는 유전자 발현 과정을 설명해 보자.

관련학과

과학교육과, 생물교육과, 초등교육과, 화학교육과, 환경교육과

MEMO

영역

화학 변화

성취기준

[10통과06-01] 지구와 생명의 역사에 큰 변화를 가져온 광합성, 화석 연료 사용, 철기 시대를 가져온 철의 제련 등의 공통점을 찾을 수 있다.

▶ 지구와 생명의 역사에 큰 영향을 미친 연소, 철광석의 제련, 호흡, 광합성 등이 산화·환원 반응의 사례임을 다룬다.

[10통과06-04] 산과 염기를 섞었을 때 일어나는 변화를 해석하고, 일상생활에서 중화 반응을 이용하는 사례를 조사하여 토의할 수 있다.

▶ 중화 반응 과정에서의 변화는 용액의 온도 변화와 지시약의 색 변화만을 다룬다.

탐구주제

1.통합과학 — 화학 변화

1. 광합성은 잎의 기공을 통해 흡수한 이산화 탄소와 뿌리에서 흡수한 물을 재료로 포도당과 산소를 만드는 과정이며, 호흡은 산소를 이용하여 포도당을 이산화 탄소와 물로 분해하는 과정이다. 이 내용을 바탕으로 광합성과 호흡의 개념을 산화 환원 반응으로 비교하여 서술해 보자.

관련학과

초등교육과, 과학교육과, 화학교육과, 생물교육과, 환경교육과

2. 중화 반응이란 산성 물질과 염기성 물질이 반응하여 물과 염을 생성하는 반응을 말한다. 우리 선조들이 벌에 쏘이면 된장을 바르는 것과 같이 중화 반응은 우리 주변에서 많이 활용되고 있다. 최근 중화 반응을 이용하여 환경오염 물질을 해결하려고 하는 연구 및 사례 또는 자신의 아이디어를 탐구해 보자.

관련학과

초등교육과, 과학교육과, 화학교육과, 환경교육과, 가정교육과, 사회교육과, 유아교육과, 아동보육학과

3. 우리 주변에서 쉽게 구할 수 있는 2~3가지의 다양한 재료를 통하여 천연지시약을 만들고, 이를 활용하여 우리 주변 용액의 산성과 염기성을 알아보는 실험을 수행한 후 그 과정과 원리를 설명해 보자.

관련학과

초등교육과, 과학교육과, 화학교육과, 생물교육과, 공학관련교육과

MEMO

영역

생물 다양성과 유지

성취기준

[10통과07-02] 변이와 자연선택에 의한 진화의 원리를 이해하고, 항생제나 살충제에 대한 내성 세균의 출현을 추론할 수 있다.

▶ 변이와 다윈의 자연선택설만을 다루며, 그 밖의 진화의 증거(예: 화석상의 증거, 생물지리학적 증거, 분자생물학적 증거 등)는 다루지 않는다.

[10통과07-03] 생물 다양성을 유전적 다양성, 종 다양성, 생태계 다양성으로 이해하고 생물 다양성 보전 방안을 토의할 수 있다.

▶ 생물 다양성을 이루는 세 가지 요소를 설명하고, 생물 다양성이 생태계 평형 유지에 기여하는 사례를 다룬다. 생물 다양성의 이해를 돕기 위해 진화적 관점을 도입하여 설명하되 생물의 분류 개념은 다루지 않는다.

탐구주제

1.통합과학 — 생물 다양성과 유지

1. 최근 이슈가 되었던 살충제 달걀 파동이나 농약에 내성이 생긴 생명체들의 등장 원인을 구체적인 사례를 들어 설명하고, 내성이 악화되는 상황을 어떻게 해결할지 탐구하여 설명해 보자.

관련학과

초등교육과, 과학교육과, 생물교육과, 화학교육과, 환경교육과, 사회교육과, 일반사회교육과

2. 다윈은 생물의 각 개체는 형태나 기능, 습성 면에서 다양한 변이를 갖는다고 보았다. 다윈의 진화론이 발표되기까지의 탐구 과정을 조사하여 발표하고, 만약 자신이 다윈처럼 갈라파고스 군도에 과학자로 탐사여행을 간다면 어떤 생물 종을 선택하여, 어떤 주제의 연구를 하고 싶은지 상상하여 연구계획서를 작성해 보자.

관련학과

초등교육과, 과학교육과, 생물교육과, 환경교육과, 지구과학교육과, 사회교육과, 일반사회교육과

3. 어떤 특정한 지역에서 관찰되는 생물의 다양한 정도를 생물 다양성이라고 한다. 생물 다양성을 유전적 다양성, 종 다양성, 생태계 다양성으로 사례를 들어 설명하고, 생물 다양성을 주제로 모의 국제 환경총회를 실시하여 선진국과 개발 도상국, 저개발국의 모든 입장을 반영하는 생물 다양성 협약을 만들어 보자.

관련학과

초등교육과, 과학교육과, 생물교육과, 환경교육과, 화학교육과, 사회교육과

MEMO

영역

생태계와 환경

성취기준

[10통과08-02] 먹이 관계와 생태 피라미드를 중심으로 생태계 평형이 유지되는 과정을 이해하고, 환경 변화가 생태계에 영향을 미치는 다양한 사례를 조사하고 토의할 수 있다.

[10통과08-03] 엘니뇨, 사막화 등과 같은 현상이 지구 환경과 인간 생활에 미치는 영향을 분석하고, 이와 관련된 문제를 해결하기 위한 다양한 노력을 찾아 토론할 수 있다.

▶ 엘니뇨, 사막화 등은 대기 대순환과 해류의 분포와 관련지어 설명한다. 대기 대순환은 3개의 순환 세포가 생긴다는 수준에서만 다룬다.

[10통과08-04] 에너지가 사용되는 과정에서 열이 발생하며, 특히 화석 연료의 사용 과정에서 버려지는 열에너지로 인해 열에너지 이용의 효율이 낮아진다는 것을 알고, 이 효율을 높이는 것이 사회적으로 어떤 의미가 있는지를 설명할 수 있다.

▶ 에너지가 다양한 형태로 존재하고, 에너지가 다른 형태로 전환되는 과정에서 에너지가 보존됨을 일상생활의 사례 중심으로 설명한다.

탐구주제

1.통합과학 — 생태계와 환경

1 비오톱이란 특정한 식물과 동물이 하나의 생활공동체를 이루어 지표상에서 다른 곳과 명확히 구분되는 생물서식지를 이룬 것을 말한다. 생태 피라미드가 무너져 생태계 평형이 파괴된 사례를 찾아 파괴과정을 발표해 보자. 생태계 평형을 유지하기 위한 노력을 비오톱(Biotope)으로 설명하고, 우리 지역의 비오톱(Biotope) 지도를 만들어보자.

관련학과

초등교육과, 과학교육과, 생물교육과, 환경교육과, 사회교육과, 지리교육과

2 지구환경의 변화가 인간 생활의 환경적, 사회적, 경제적 측면에 미치는 영향에 대해 조사해 보고, 이러한 문제를 해결하기 위한 나만의 방법 1~2가지를 정하여 일정 기간(1달) 동안 실천해 보자. 실천과정을 일기 또는 일지로 작성하면서 실천의 필요성과 어려운 점을 발표해 보자.

관련학과

초등교육과, 유아교육과, 아동보육학과, 과학교육과, 생물교육과, 환경교육과, 사회교육과, 일반사회교육과, 윤리교육과, 지리교육과

3 최근 기후 변화로 인해 전 세계에 다양한 문제가 발생하고 있는데, 기후 변화의 원인과 영향에 대해 알아보자. 그리고 기후 변화의 영향과 해결 방안을 선진국, 개발도상국, 저개발국의 입장에서 이해하고, 환경 정의의 측면에서 올바른 해결방안에 대한 자신의 생각을 발표해 보자.

관련학과

초등교육과, 유아교육과, 아동보육학과, 과학교육과, 환경교육과, 생물교육과, 지구과학교육과, 화학교육과, 사회교육과, 윤리교육과

4 에너지 제로하우스, 패시브 하우스와 같이 열에너지의 효율을 높이기 위한 사례를 통하여 구체적인 방법과 원리를 설명하고, 이러한 노력이 미래 환경에 어떠한 영향을 주는지 논의해 보자.

관련학과

과학교육과, 환경교육과, 물리교육과, 지구과학교육과, 화학교육과, 공학관련교육과, 기술교육과, 가정교육과, 컴퓨터교육과, 사회교육과

영역

발전과 신재생 에너지

성취기준

[10통과09-01] 화석 연료, 핵에너지 등을 가정이나 산업에서 사용하는 전기 에너지로 전환하는 과정을 분석할 수 있다.

> ▶ 기장을 변화시키면서 유도되는 전류를 관찰하여 전자기 유도 현상을 정성적으로 이해하고, 이를 이용한 간이 발전기를 만들어 발전소에서 전기 에너지를 만드는 방법을 설명한다.

[10통과09-04] 핵발전, 태양광 발전, 풍력 발전의 장단점과 개선방안을 기후 변화로 인한 지구 환경 문제 해결의 관점에서 평가할 수 있다.

> ▶ 핵발전, 태양광 발전, 풍력 발전의 기초 원리만 다루고, 환경 문제와 관련지어 각각의 장단점을 이해한다. 태양 전지는 태양빛을 받으면 전류가 형성된다는 수준에서 다룬다.

[10통과09-05] 인류 문명의 지속 가능한 발전을 위한 신재생 에너지 기술 개발의 필요성과 파력 발전, 조력 발전, 연료 전지 등을 정성적으로 이해하고, 에너지 문제를 해결하기 위한 현대 과학의 노력과 산물을 예시할 수 있다.

> ▶ 연료 전지는 화학 에너지를 전기 에너지로 전환하는 장치임을 알고, 이로 인해 에너지 효율이 높음을 이해하게 한다. 화석 연료를 대체할 수 있는 미래 에너지로 파력, 조력 등과 같은 신재생 에너지 개발 현황을 파악하게 한다.

탐구주제

1.통합과학 — 발전과 신재생 에너지

1 코일 근처에서 자석을 움직일 때 전류가 흐르는 현상을 전기를 유도한다는 의미로 전자기 유도 현상이라고 하며, 이 때 코일에 흐르는 전류를 유도 전류라고 한다. 자전거, 놀이 기구, 운동 기구 등을 이용하여 간이 발전기를 만들고, 발전기의 효율성을 높이기 위한 다양한 방법을 고안해 보자. 또한 이 과정에서 운동 에너지가 전기로 변환되는 과정을 토의해 보자.

관련학과

초등교육과, 과학교육과, 환경교육과, 물리교육과, 공학관련교육과, 기술교육과, 컴퓨터교육과, 사회교육과

2 최근 신재생 에너지 중 풍력 발전에 대한 관심이 높아지고 있다. 풍력 발전의 원리를 설명하고, 풍력 발전의 대표적인 방법 두 가지인 프로펠러형과 토네이토형의 장단점을 비교해 보자. 두 력 발전기의 효율성을 확인할 수 있는 실험 방법을 고안하여 발표해 보자.

관련학과

과학교육과, 환경교육과, 물리교육과, 공학관련교육과, 기술교육과, 초등교육과

3 최근 화석 연료를 대체할 신재생 에너지에 대한 관심이 높아지고 있다. 이 중 핵발전의 원리를 설명하고, 모의법정이나 역할놀이와 같이 다양한 방법을 활용하여 핵발전의 긍정적인 부분과 부정적인 부분에 대해 생각해 보자. 그리고 여러 관점의 내용을 정리하여 자신의 생각을 발표해 보자.

관련학과

과학교육과, 환경교육과, 물리교육과, 화학교육과, 공학관련교육과, 기술교육과, 초등교육과, 사회교육과, 일반사회교육과

탐구주제

4 핵발전, 태양광 발전, 풍력 발전 이외의 신재생 에너지 종류와 장단점에 대해 논의하고, 지역의 신재생 에너지 현황 지도 또는 커뮤니티 맵핑을 만들어 보자. 이 과정을 통해 지역에 적용가능한 신재생 에너지의 종류에 대해 발표해 보자.

관련학과

과학교육과, 환경교육과, 물리교육과, 화학교육과, 공학관련교육과, 기술교육과, 사회교육과, 일반사회교육과

5 에에너지 하베스팅의 정의와 설치 사례에 대해 조사해 보자. 압전, 소음, 파력을 활용한 하베스팅 중 자신이 생각하는 하베스팅의 주제를 정하고, 효율성을 높이기 위한 다양한 방법을 탐구하여 발표해 보자.

관련학과

과학교육과, 환경교육과, 물리교육과, 화학교육과, 생물교육과, 공학관련교육과, 기술교육과

활용 자료의 유의점

- 과학적 원리가 무엇인지 확인하고 이러한 원리, 현상이 실생활에 어떻게 활용되고 있는지 조사
- 과학 교과 내용과 관련된 기술, 공학, 예술, 수학 등 다른 교과와 통합
- 과학의 잠정성, 다양성, 윤리, 과학·기술·사회의 상호 관련성 등 과학의 본성과 관련된 내용을 소재로 활용하여 탐구
- 탐구 주제와 학생의 흥미와 관심에 따라 문헌조사, 사례 조사, 자료 수집 등 적절한 탐구 방법을 선택
- 탐구가 진행되는 과정을 공유하고 이를 보완하고 수정

MEMO

과학과

2

과학탐구실험

핵심키워드

□ 귀납적·연역적 탐구 □ 생체모방 기술 □ 현수교 □ 황금비 □ 적정기술 □ 플레이 펌프

영역 역사속의 과학 탐구

성취기준

[10과탐01-03] 직접적인 관찰을 통한 탐구를 수행하고, 귀납적 탐구 방법을 설명할 수 있다.

▶ 관찰을 통한 데이터 수집을 비롯한 귀납적 탐구는 수집한 다양한 사실들을 토대로 일반화된 이론을 완성하는 과정이다. 대표적 사례로 지질 시대에 걸친 생물 대멸종에 대한 가설 도출 등이 있다.

[10과탐01-04] 가설 설정을 포함한 과학사의 대표적인 탐구 실험을 수행하고, 연역적 탐구 방법의 특징을 설명할 수 있다.

▶ 연역적 탐구 실험은 주로 기존에 알려진 과학 지식이 완전하지 않기 때문에 이를 극복하기 위해 새로운 가설을 설정하면서 시작된다. 대표적 사례 중 하나는 자연발생설의 오류를 밝힌 파스퇴르의 실험으로, '통합과학'에서 다룬 탐구 주제와 관련지어 실험을 진행할 수 있다.

탐구주제

2.과학탐구실험 — 역사속의 과학 탐구

① 과학적 탐구에는 귀납적, 연역적 방법이 있다. 다윈의 진화론, 파스퇴르의 탄저병 백신, 플레이밍의 페니실린, 왓슨과 크릭의 DNA 구조 발견 등과 같은 중요한 역사적 탐구 방법을 조사하고, 이 연구가 귀납적, 연역적 탐구 중 어디에 해당되는지 구체적인 과정을 통해 설명해 보자.

관련학과

초등교육과, 과학교육과, 물리교육과, 화학교육과, 생물교육과, 지구과학교육과, 환경교육과, 사회교육과, 일반사회교육과, 수학교육과, 윤리교육과, 지리교육과, 컴퓨터교육과

영역

생활속의 과학 탐구

성취기준

[10과탐02-01] 생활 제품 속에 담긴 과학 원리를 파악할 수 있는 실험을 통해 실생활에 적용되는 과학 원리를 설명할 수 있다.

[10과탐02-02] 영화, 건축, 요리, 스포츠, 미디어 등 생활과 관련된 다양한 분야에 적용된 과학 원리를 알아보는 실험을 통해 과학의 유용성을 설명할 수 있다.

▶ 과학이 적용된 생활 제품, 영화, 건축, 요리, 스포츠, 미디어, 놀이 체험 등 다양한 분야에서 몇 가지 사례를 중심으로 과학적 원리, 유용성, 즐거움 등을 깨달을 수 있는 실험 활동을 진행할 수 있다. 생활 주변에서 탐구 가능한 주제를 중심으로 한 실험과 탐구 활동을 추가로 진행할 수 있다.

[10과탐02-09] 과학의 핵심 개념을 적용하여 실생활 문제를 해결하거나, 탐구에 필요한 도구를 창의적으로 설계하고 제작할 수 있다.

▶ 협업을 통해 과학 문제 발견부터 해결책 제시까지의 과학 탐구의 전 과정을 경험할 수 있는 실험 활동을 진행할 수 있다. 특히 '운동 관련 안전사고 예방 장치 고안하기' 탐구 활동을 통해 협업의 가치를 알게 하고, 과학 탐구 전체 과정을 경험하는 공학적 설계 과정을 거쳐 창의적인 산출물을 고안하게 할 수 있다.

탐구주제

2.과학탐구실험 — 생활속의 과학 탐구

1 생체모방이란 자연계에 존재하는 생물을 흉내내어 사람에게 유용한 기술을 개발하는 과정을 의미한다. 우리 주변에서 활용되고 있는 생체모방 기술의 사례를 살펴보고, 이 기술에 적용된 자연 물질과 과학원리를 설명해 보자. 또한 더 나아가 생체모방 기술을 활용한 아이디어 및 발명품을 설계하고 탐구해 보자.

관련학과

초등교육과, 과학교육과, 물리교육과, 화학교육과, 생물교육과, 지구과학교육과, 환경교육과, 공학관련교육과, 기술교육과

2 우리 주변의 건축물에는 많은 과학적 원리가 적용되고 있다. 현수교와 같은 다리 구조나 전통 한옥, 패시브 하우스와 같은 건축물에 적용된 과학적 원리를 조사하고, 여러 과학기술을 접목하여 미래 자신이 살고 싶은 집을 설계, 제작하여 발표해 보자.

관련학과

과학교육과, 물리교육과, 지구과학교육과, 공학관련교육과, 기술교육과, 지리교육과

3 건축물이나 미술 작품, 또는 눈에 보이지 않는 음악에도 황금비율이 적용된다. 해당 분야에서 황금비율이 적용된 사례나 음악, 미술, 스포츠에 숨어 있는 수학적·과학적 원리를 구체적인 사례를 통해 알아보고, 발표해 보자.

관련학과

과학교육과, 물리교육과, 화학교육과, 생물교육과, 공학관련교육과, 기술교육과, 음악교육과, 미술교육과, 체육교육과, 초등교육과

탐구주제

2.과학탐구실험 — 생활속의 과학 탐구

4 최근 'CSI', '싸인', '시그널' 등 과학적 소재를 활용한 영화나 드라마가 많이 방송되고 있다. 영화 및 드라마에 숨겨진 과학적 오류를 찾아 조사하고, 그 오류를 해결하기 위한 방법에 대해 토의해 보자.

관련학과

과학교육과, 물리교육과, 화학교육과, 생물교육과, 공학관련교육과, 기술교육과, 초등교육과, 사회교육과

5 과학의 핵심 개념을 적용하여 실생활 문제를 해결하는 프로젝트를 수행해 보자. 모둠활동을 통해 우리 학교 및 지역에서 불편하거나 개선해야 할 부분을 토의하고, 이를 해결하기 위한 프로젝트를 진행해 보자. 이 과정에서 적용된 과학 원리 및 기술을 설명해 보자.

관련학과

초등교육과, 과학교육과, 물리교육과, 화학교육과, 생물교육과, 지구과학교육과, 환경교육과, 사회교육과, 일반사회교육과, 수학교육과, 윤리교육과, 지리교육과, 컴퓨터교육과

영역 첨단 과학 탐구

성취기준

[10과탐03-01] 첨단 과학기술 속의 과학 원리를 찾아내는 탐구활동을 통해 과학 지식이 활용된 사례를 추론할 수 있다.

▶ 첨단 과학기술에 포함된 기초 과학 원리를 파악하거나 첨단 과학기술을 이용해 산출물을 생성하는 탐구 활동을 진행할 수 있다. 특히 '태양광 발전을 이용한 장치 고안하기'와 '적정기술을 적용한 장치 고안하기' 등의 활동을 통해 첨단 과학기술에 대한 이해를 바탕으로 과학 지식의 활용 방안을 파악한다.

[10과탐03-02] 첨단 과학기술 및 과학 원리가 적용된 과학 탐구 활동의 산출물을 공유하고 확산하기 위해 발표 및 홍보할 수 있다.

▶ '신소재 개발 사례 조사하기'와 '지속 가능한 친환경 에너지 도시 설계하기' 등의 활동을 통해 첨단 과학기술을 활용하는 과학 탐구를 실행한다.

탐구주제

2.과학탐구실험 — 첨단 과학 탐구

1 적정기술이란 한 공동체의 문화·정치·환경적인 면들을 고려하여 만들어진 기술을 말한다. 라이프스토로우(Life Straw), 히포워터롤러 프로젝트(Hipporoller project)와 같은 적정기술이 만들어지기까지의 과정과 의미, 과학적 원리에 대해 알아보고, 우리 학교 및 지역 문제를 해결하기 위한 장치를 탐구해 보자.

관련학과

초등교육과, 기술교육과, 공학관련교육과, 과학교육과, 물리교육과, 환경교육과

2 과거 적정기술의 대표 사례였던 플레이 펌프(Play Pump)가 현재는 적정기술의 실패 사례라 불리는 이유에 대해 알아보자. 이를 통해 적정기술의 조건 또는 과학자의 윤리에 대해 토의해 보자.

관련학과

기술교육과, 공학관련교육과, 과학교육과, 물리교육과, 환경교육과, 사회교육과

3 국립중앙과학관 및 교육청에서 주관한 과학전람회나 다양한 과학 탐구대회에 출품된 학생 결과물을 공유하고 자신의 진로 분야에 해당되는 탐구 결과물을 조사해 보자. 출품 결과물의 탐구과정과 결과를 살펴본 후, 이를 참고하여 자신의 과학 딤구 실험 계획서를 만들어 보자.

관련학과

초등교육과, 과학교육과, 물리교육과, 화학교육과, 생물교육과, 지구과학교육과, 기술교육과, 공학관련교육과

활용 자료의 유의점

- (!) 탐구 주제의 과학적 원리가 무엇인지 확인하고 이러한 원리, 현상이 실생활에 어떻게 활용되고 있는지 조사
- (!) 실험 진행 시 안전사고에 주의하고, 직접 실험이 어려운 경우 동영상이나 교재를 활용하여 간접 실험을 진행
- (!) 실험 내용 및 원리를 과학 교과 내용과 관련하여 확인하고, 기술, 공학, 예술, 수학 등 다른 교과와 통합하여 사고
- (!) 국가 또는 지역에서 진행한 학생 과학 탐구 전시 또는 발표대회 등의 출품 내용을 확인하고, 최근 연구주제의 흐름을 파악
- (!) 탐구 주제와 학생의 흥미와 관심에 따라 문헌조사, 사례 조사, 자료 수집 등 적절한 탐구 방법을 선택
- (!) 인터넷 자료나 참고 문헌 등을 인용할 경우에는 정확한 출처를 표시

MEMO

과학과

3

물리학 I

핵심키워드

☐ 작용과 반작용의 원리 ☐ 에어쿠션 ☐ 충격량 ☐ 질량-에너지 등가성원리 ☐ 자기공명영상(MRI)
☐ 전자기 유도 현상 ☐ 맥스웰 방정식 ☐ 파동 ☐ 푸리에 변환 ☐ 굴절현상

영역 역학과 에너지

성취기준

[12물리 I 01-03] 뉴턴의 제3법칙의 적용 사례를 찾아 힘이 상호 작용임을 설명할 수 있다.

[12물리 I 01-05] 충격량과 운동량의 관계를 이해하고, 일상생활에서 충격을 감소시키는 예를 찾아 설명할 수 있다.

[12물리 I 01-10] 질량이 에너지로 변환됨을 사례를 들어 설명할 수 있다.

▶ 특수 상대성 이론의 $E=mc^2$을 이용한 계산보다는 그 증거에 해당하는 사례를 통한 의미 파악에 중점을 둔다.

탐구주제

3.물리학 I — 역학과 에너지

① 작용과 반작용의 법칙은 일상생활에서 가장 많이 볼 수 있는 법칙 중 하나이다. 뉴턴의 제3법칙인 작용과 반작용의 원리와 힘에 대해 알아볼 수 있는 간단한 실험을 고안해 작용과 반작용의 법칙의 원리와 실생활에서 적용된 사례를 발표해 보자.

관련학과

초등교육과, 과학교육과, 물리교육과, 기술교육과, 공학관련교육과

② 친구들과 함께 달걀을 높은 곳에서 떨어뜨려도 깨지지 않게 보호할 수 있는 안전한 구조물을 만들어 달걀 낙하 대회를 진행하고, 이 중 안전한 구조물을 대상으로 충격량, 운동량, 충격력과의 관계를 설명해 보자.

관련학과

초등교육과, 과학교육과, 물리교육과, 기술교육과, 공학관련교육과

탐구주제

3 최근 신발 바닥에 들어가는 중창을 없애고 바닥 전체를 에어쿠션으로 만들어 신체에 가해지는 충격을 최소화하는 신발이 개발되었다. 이 신발에 적용된 운동량과 충격량을 알아보고, 보다 효과적인 신발을 만들기 위해서는 어떠한 조건이 필요한지 토의해 보자.

관련학과

과학교육과, 물리교육과, 기술교육과, 공학관련교육과

4 최근 화석연료의 고갈로 인해 신재생 에너지에 대한 관심이 높아지고 있다. 질량이 에너지로 변환됨을 예를 들어 질량-에너지 등가성 원리를 설명해 보자. 특수 상대성 원리가 에너지 생산에 활용되는 사례를 조사하고, 다른 신재생 에너지와 비교하여 장단점을 발표해 보자.

관련학과

초등교육과, 과학교육과, 물리교육과, 화학교육과, 기술교육과, 공학관련교육과, 환경교육과

영역 물질과 전자기장

성취기준

[12물리 I 02-05] 전류에 의한 자기 작용이 일상생활에서 적용되는 다양한 예를 찾아 그 원리를 설명할 수 있다.

[12물리 I 02-07] 일상생활에서 전자기 유도 현상이 적용되는 다양한 예를 찾아 그 원리를 설명할 수 있다.

탐구주제

1 자기공명영상(MRI)은 자석으로 구성된 장치에서 인체에 고주파를 쏘아 신체부위에 있는 수소 원자핵을 공명시킴으로써 각 조직에서 나오는 신호의 차이를 디지털 정보로 변환하는 장치이다. 초전도 현상을 이용한 MRI의 원리를 설명하고, 초전도체를 활용한 다른 사례를 찾아 토의해 보자.

관련학과

초등교육과, 과학교육과, 물리교육과, 기술교육과, 공학관련교육과

2 자기장이 변하는 곳에 있는 도체에 전위차(전압)가 발생하는 현상인 전자기 유도 현상이 교통카드 또는 스마트폰 무선 충전기에 활용되는 원리를 과학적으로 설명하고, 전자기 유도현상을 활용한 미래 기술을 탐구해 보자.

관련학과

초등교육과, 과학교육과, 물리교육과, 기술교육과, 공학관련교육과

3 전기와 자기의 발생, 전기장과 자기장, 전하 밀도와 전류 밀도의 형성을 나타내는 맥스웰 방정식을 유도해 보고, 맥스웰 방정식이 실제 생활에서 사용되고 있는 사례를 찾아 설명해 보자.

관련학과

과학교육과, 물리교육과, 수학교육과, 기술교육과, 공학관련교육과

영역

파동과 정보통신

성취기준

[12물리 I 03-03] 다양한 전자기파를 스펙트럼의 종류에 따라 구분하고, 그 사용 예를 찾아 설명할 수 있다.

▶ 파동의 속력 변화로 파동의 굴절을 다루고, 렌즈, 신기루 등 다양한 현상을 설명하게 한다.

[12물리 I 03-04] 파동의 간섭이 활용되는 예를 찾아 설명할 수 있다.

▶ 파동의 간섭을 활용한 예로 빛이나 소리와 관련된 다양한 현상을 정성적으로 다룬다.

[12물리 I 03-05] 빛의 이중성을 알고, 영상정보가 기록되는 원리를 설명할 수 있다.

▶ 영상 정보 기록 장치 예로 전하 결합 소자(CCD)를 이용한다.

탐구주제

3.물리학 I — 파동과 정보통신

1 우리나라 속담 중 '낮말은 새가 듣고 밤말은 쥐가 듣는다'는 속담을 파동을 통해 과학적으로 설명해 보자. 더 나아가 신호처리, 음성 통신 분야에서 활용되고 있는 푸리에 변환에 대해 조사하고, 실생활에서 사용되고 있는 사례를 찾아 발표해 보자.

관련학과

초등교육과, 과학교육과, 물리교육과, 음악교육과, 기술교육과, 공학관련교육과

2 뜨거운 여름 아스팔트 위에 보이는 신기루 또는 땅거울 현상과 같이 굴절로 인해 발생하는 자연 현상에 대해 조사하여 과학적으로 설명하고, 굴절현상으로 인해 발생한 역사적 에피소드를 찾아 발표해 보자.

관련학과

초등교육과, 과학교육과, 물리교육과, 기술교육과, 미술교육과, 공학관련교육과

3 최근 이어폰 기능 중 노이즈 캔슬링 기능이 등장하고 있다. 사람들이 일상 속 소음을 벗어나 미디어 사운드에 온전히 집중할 수 있도록 도와주는 '노이즈 캔슬링(Noise Canceling)'의 원리를 설명하고, 이러한 노이즈 캔슬링이 응용되고 있는 사례를 찾아 함께 토의해 보자.

관련학과

초등교육과, 과학교육과, 물리교육과, 음악교육과, 기술교육과, 공학관련교육과

4 홀로그래피(Holography)란 두 개의 레이저광이 서로 만나 일으키는 빛의 간섭 현상을 이용하여 입체 정보를 기록하고 재생하는 기술로, 이러한 원리를 이용한 것이 홀로그램이다. 스마트폰과 OHP필름을 활용하여 3D 홀로그램 프로젝터를 만들어 보자. 이를 통해 홀로그램의 원리를 설명하고 자신의 진로 분야에서 홀로그램이 활용되고 있는 사례를 찾아 발표해 보자.

관련학과

초등교육과, 유아교육과, 과학교육과, 물리교육과, 미술교육과, 기술교육과, 공학관련교육과

활용 자료의 유의점

- (!) 탐구 주제에 과학적 원리가 무엇인지 확인하고 이러한 원리, 현상이 실생활에 어떻게 활용되고 있는지 조사
- (!) 실험 진행 시 안전사고에 주의하고, 직접 실험이 어려운 경우 동영상이나 교재를 활용하여 간접 실험을 진행
- (!) 물리학 관련 과학 상식과 사회적 쟁점에 대한 자료를 읽고, 이를 통해 물리적 호기심을 해결하기 위한 탐구 주제 진행
- (!) 실험 내용 및 원리를 물리 교과 내용과 관련하여 확인하고, 기술, 공학, 예술, 수학 등 다른 교과와 통합하여 사고
- (!) 탐구 주제와 학생의 흥미와 관심에 따라 문헌조사, 사례 조사, 자료 수집 등 적절한 탐구 방법을 선택
- (!) 인터넷 자료나 참고 문헌 등을 인용할 경우에는 정확한 출처를 표시

MEMO

과학과

4

물리학Ⅱ

핵심키워드

☐ 케플러 제3법칙 ☐ 뉴턴의 중력 법칙 ☐ 단진자 주기 ☐ 정전기 유도 분극 현상 ☐ 자체유도 ☐ 상호유도
☐ 금속 탐지기 ☐ 전자기파 ☐ 라이파이 ☐ 파원의 진동수 ☐ 도플러 효과

영역

역학적 상호 작용

성취기준

[12물리Ⅱ01-03] 평면상의 등가속도 운동에서 물체의 속도와 위치를 정량적으로 예측할 수 있다.

[12물리Ⅱ01-04] 뉴턴 운동 법칙을 이용하여 물체의 포물선 운동을 정량적으로 설명할 수 있다.

[12물리Ⅱ01-10] 포물선 운동과 단진자 운동에서 역학적 에너지가 보존됨을 설명할 수 있다.

탐구주제

4.물리학Ⅱ — 역학적 상호 작용

1 등가속도 운동이란 가속도가 일정한 운동을 의미한다. 간단한 실험을 통해 등가속도 운동과 포물선 운동을 실제로 수행해 보자. 이를 통해 수학적 예상값이 결괏값과 일치하거나 다르게 나오는 이유를 추론해 보고, 그 근거를 제시하여 발표해 보자.

관련학과

과학교육과, 수학교육과, 물리교육과

2 행성이 타원궤도로 돌고 있는 이유를 중력이나 관성과 같은 과학적 법칙을 통해 설명하고, 행성의 운동에 대한 케플러 제3법칙이 뉴턴의 중력 법칙으로 증명되는 과정을 탐구하여 발표해 보자.

관련학과

과학교육과, 물리교육과, 지구과학교육과

3 단진자는 실의 맨 끝에 추를 달아서 연직면 내에서 진동하게 만든 것이며, 중력에 의해 평형점을 중심으로 진동운동을 반복한다. 단진자의 주기를 측정하는 실험에서 질량과 실의 길이를 다르게 하여 실험하고, 이를 스마트폰 동영상으로 촬영하거나 MBL로 실험하여 진자의 등시성에 대해 탐구해 보자.

관련학과

과학교육과, 물리교육과, 기술교육과, 공학관련교육과

영역 전자기장

성취기준

[12물리 II 02-02] 정전기 유도와 유전 분극을 이해하고, 이 현상이 적용되는 예를 찾아 설명할 수 있다.

[12물리 II 02-05] 평행판 축전기를 이용하여 에너지를 저장하는 원리를 전위차와 전하량으로 설명하고, 그 사용 예를 설명할 수 있다.

[12물리 II 02-08] 상호유도를 이해하고, 활용되는 예를 찾아 설명할 수 있다.

▶ 상호유도가 활용되는 예로 변압기를 다룬다.

탐구주제

4. 물리학 II — 역학적 상호 작용

1 정전기 유도는 대전체를 도체 가까이 가져갔을 때 도체에 전하가 유도되는 현상이다. 정전기 유도와 유전 분극을 이해 하고 정전기 유도 분극 현상을 활용한 청소기를 제작해 보자. 또한 이 청소기의 효율성과 지속성, 실용성을 높이기 위한 다양한 방법을 탐구해 보자.

관련학과

초등교육과, 과학교육과, 물리교육과, 미술교육과, 기술교육과, 공학관련교육과

2 우리 주변에는 주유소의 정전기 패드, 식품 포장 랩 등과 같이 정전기 유도와 유도분극 현상을 활용하는 사례를 많이 볼 수 있다. 자신의 진로 분야에서 정전기 유도와 유도분극 현상을 활용한 사례를 찾아보고 그 원리와 함께 정리하여 발표해 보자.

관련학과

초등교육과, 과학교육과, 물리교육과, 기술교육과, 공학관련교육과

3 자체유도와 상호유도 현상을 이해하고 이를 활용하여 금속이 가까워지면 소리를 내는 간이 금속 탐지기를 제작해 보자. 이외에도 자체유도와 상호유도 현상이 실생활에 활용된 사례를 찾아 설명해 보자.

관련학과

과학교육과, 물리교육과, 기술교육과, 공학관련교육과

4 우리는 하루에도 여러 번 작고 얇은 교통 카드 한 장을 지하철, 버스, 택시, 편의점 등에 다양한 방법으로 사용하고 있다. 이 버스카드에는 건전지가 없지만 단말기에 카드를 접촉하면 인식이 된다. 건전지가 없는 버스카드에 전기를 만드는 방법에 대해 조사하고, 이와 비슷한 원리가 우리 주변에 적용된 사례를 찾아 설명해 보자.

관련학과

과학교육과, 물리교육과, 기술교육과, 공학관련교육과, 초등교육과

영역 파동과 물질의 성질

성취기준

[12물리 II 03-01] 전자기파의 간섭과 회절을 이해하고 이와 관련된 다양한 예를 조사하여 설명할 수 있다.

[12물리 II 03-02] 파원의 속도에 따라 파장이 달라짐을 이해하고, 활용되는 예를 찾아 설명할 수 있다.

탐구주제

4. 물리학 II — 파동과 물질의 성질

1 전자기파의 회절현상은 이동 통신의 기초라고 할 수 있으며, 회절이 없으면 이동 통신이 불가능했을 지도 모른다. 이렇듯 전자기파의 회절, 간섭은 우리 생활에 밀접하게 활용되고 있다. 전자기파의 회절과 간섭, 굴절 현상을 실험할 수 있는 실험 장치를 고안, 제작해 보고 실험 장치의 원리와 방법에 대해 발표해 보자. 또한 실험을 통해 나온 결괏값으로 전자기파의 간섭과 회절을 설명해 보자.

관련학과

과학교육과, 물리교육과, 기술교육과, 공학관련교육과

2 빛으로도 무선통신을 할 수 있는 라이파이(Li-Fi)가 대두되고 있다. 기존의 와이파이가 가진 통신거리와 속도의 한계를 극복하고 차세대 무선통신 기술로 주목받고 있는 '라이파이(Li-Fi)'에 대해 알아보고, 라이파이(Li-Fi) 기술을 효과적으로 사용할 수 있는 방법을 탐구해 보자.

관련학과

과학교육과, 물리교육과, 기술교육과, 공학관련교육과, 초등교육과

3 파원에서 나온 파동의 진동수와 실제 진동수가 다르게 관측되는 현상인 도플러 효과의 원리가 무엇이며, 우주 연구에 활용되고 있는 도플러 효과를 통해 우주가 팽창하고 있음을 설명해 보자.

관련학과

과학교육과, 물리교육과, 지구과학교육과, 기술교육과, 공학관련교육과, 초등교육과, 음악교육과

4 물질에 전기 에너지를 가하여 전자의 이동이 일어나게 하는 과정을 전기분해라고 한다. 물을 수소와 산소로 분해해서 그린 수소를 만드는 이 기술은 청정하고 이산화 탄소를 배출하지 않는다는 장점이 있다. 이와 같이 화합물의 전기분해가 우리 생활이나 산업에 활용되고 있는 사례를 조사하여 발표해 보자.

관련학과

과학교육과, 물리교육과, 공학관련교육과

활용 자료의 유의점

- 탐구 활동을 수행할 때 탐구 문제 설정, 가설 설정, 실험 설계, 증거에 기초한 결론 도출 등과 같은 탐구 기능 수행
- 물리학 관련 과학 상식과 사회적 쟁점에 대한 자료를 읽고, 이를 통해 물리적 호기심을 해결하기 위한 탐구 주제 진행
- 실험 진행 시 안전사고에 주의하고, 직접 실험이 어려운 경우 동영상이나 교재를 활용하여 간접 실험을 진행
- 물리적 원리가 첨단과학의 나노기술에 활용되고 있음을 조사하고, 생활에서 이러한 원리가 활용되고 있는 사례를 탐구
- 탐구 주제와 학생의 흥미및 관심에 따라 문헌조사, 사례 조사, 자료 수집 등 적절한 탐구 방법을 선택
- 인터넷 자료나 참고 문헌 등을 인용할 경우에는 정확한 출처를 표시

MEMO

과학과

5

화학 I

핵심키워드

☐ 신소재 섬유 ☐ MSG ☐ 화학물질 ☐ 신재생 에너지 ☐ 주기율표 ☐ 멘델레예프와 모즐리
☐ 전기분해 ☐ 화학결합론 ☐ 전기전도성 ☐ 열전도성 ☐ 수질오염 처리방법

영역 화학의 첫걸음

성취기준

[12화학 I 01-01] 화학이 식량 문제, 의류 문제, 주거 문제 해결에 기여한 사례를 조사하여 발표할 수 있다.

▶ 화학이 문제 해결에 기여한 사례를 중심으로 다루며, 화학 반응식을 강조하지 않는다.

[12화학 I 01-02] 탄소 화합물이 일상생활에 유용하게 활용되는 사례를 조사하여 발표할 수 있다.

▶ 일상생활에서 사용하고 있는 메테인, 에탄올, 아세트산 등과 같은 대표적인 탄소 화합물의 구조와 특징을 다루되, 결합각은 다루지 않는다. 또한 탄소 화합물의 체계적 분류, 유도체의 특성, 관련 반응, 방향족 탄화수소, 단백질, DNA 등은 다루지 않는다.

[12화학 I 01-04] 여러 가지 반응을 화학 반응식으로 나타내고 이를 이용해서 화학 반응에서의 양적 관계를 설명할 수 있다.

탐구주제

5.화학 I — 화학의 첫걸음

① 스파이더맨, 배트맨, 슈퍼맨 등 영화에서 영웅이 입고 나오는 옷은 총을 맞아도 구멍이 나지 않고, 화염 속에서도 타지 않는다. 이러한 옷은 실제 세계에서도 만들 수 있는데 이때 사용하는 것이 신소재 섬유 중 하나인 아리미드 섬유이다. 아리미드 섬유의 특징을 조사하고, 현재 아리미드 섬유가 사용되고 있는 사례와 앞으로 어떤 곳에 쓰일 수 있을지에 대해 발표해 보자.

관련학과

과학교육과, 초등교육과, 화학교육과, 공학관련교육과, 가정교육과

2 최근 감칠맛을 내는 MSG(Monosodium L-Glutamate, 글루탐산 수소 나트륨)와 단맛을 내는 아스파탐 등은 우리 주변에서 쉽게 접할 수 있는 합성 조미료이다. 이러한 MSG와 아스파탐이 우리 사회에 미친 영향과 이외에도 어떠한 화학 조미료와 감미료가 있는지 찾아 발표해 보자.

관련학과
과학교육과, 초등교육과, 화학교육과, 공학관련교육과, 가정교육과

3 최근 농작물의 해충이나 곰팡이로부터 보호하기 위한 농약을 사용하여 식량 생산을 증대하고 있다. 이처럼 우리 식량 문제를 해결하기 위해 화학을 활용하는 사례를 찾아 발표하고, 이러한 노력이 가진 긍정적인 면과 문제점에 대해 발표해 보자.

관련학과
과학교육과, 초등교육과, 화학교육과, 환경교육과, 가정교육과, 사회교육과, 윤리교육과

4 최근 「노 임팩트 맨(No Impact Man)」이라는 제목의 영화와 책이 출간되었다. 이 내용은 주인공이 환경에 부정적인 영향을 미치는 행동을 최소화하며 살아가는 내용으로 생활 속 화학물질 사용을 최소화하기 위한 노력이 담겨 있다. 화학 물질이 인간 생활에 주는 긍정적·부정적인 영향에 대해 발표하고, 화학 물질 없이 일주일을 살아보면서 관찰일지를 작성한 후 이를 발표해 보자.

관련학과
초등교육과, 과학교육과, 화학교육과, 환경교육과, 윤리교육과

5 최근 화석연료의 고갈을 대비하여 신재생 에너지 자원을 개발하기 위한 연구가 활발히 진행 중이다. 이 중 미세 조류를 활용하여 바이오매스를 만드는 연구가 진행 중에 있는데, 그 과정을 설명해 보자. 그리고 바이오매스와 같은 연료가 환경 및 경제·사회에 어떠한 영향을 미치는지 발표해 보자.

관련학과
과학교육과, 환경교육과, 초등교육과

영역 원자의 세계

성취기준

[12화학 I 02-02] 양자수와 오비탈을 이용하여 원자의 현대적 모형을 설명할 수 있다.

▶ 양자수 n, l, m, s 사이의 관계와 규칙을 s, p 오비탈 모양과 관련지어 설명하되, 각 양자수의 물리적 의미를 강조하지는 않는다. 현대적 원자 모형에서 파동 함수, 확률 밀도 함수, 확률 분포 함수는 다루지 않는다.

[12화학 I 02-04] 현재 사용하고 있는 주기율표가 만들어지기까지의 과정을 조사하고, 발표할 수 있다.

[12화학 I 02-05] 주기율표에서 유효 핵전하, 원자 반지름, 이온화 에너지의 주기성을 설명할 수 있다.

▶ 전자 친화도와 전기 음성도의 주기성은 다루지 않는다. 전기 음성도의 주기성은 고등학교 '화학 I'의 '화학 결합과 분자의 세계'에서 학습한다.

탐구주제

1 원자의 모형은 질량보존의 법칙과 일정 성분비의 법칙을 근거로 돌턴의 모형이 등장한 이후 현대 원자 모형에 이르기까지 과학 이론의 변화에 따라 변형되었다. 이러한 변화의 역사를 조사하여 발표하고, 그중 보어 원자 보형이 현대 원자 모형으로 바뀌는 역사적 과정을 설명해 보자. 또한 어떤 경우에 기존의 과학 이론이 새로운 과학 이론으로 교체되는지 설명해 보자.

관련학과
과학교육과, 화학교육과

2 멘델레예프가 틀을 마련한 주기율표 이후 인위적으로 원소를 만들어 주기율표를 늘려왔다. 멘델레예프 주기율표 이후의 원소가 무엇인지 알아보고, 118번이 7주기의 마지막이 되는 까닭을 설명해 보자. 또한 조사 내용을 근거로 8주기의 마지막 원자 번호를 예측해 보고, 실제 몇 번까지 8주기로 분류되는지 찾아 설명해 보자.

관련학과
과학교육과, 화학교육과, 공학관련교육과

3 주기율표는 화학적 원소를 원자 번호와 전자 배열 그리고 화학적 특성에 따라 배열한 것이다. 다양한 방법으로 주기율표를 만들어 본 사례를 찾아보고 주기율표를 이해하기 쉽도록 다른 형태로 제작해 보자. 제작한 주기율표에서 족과 주기를 어떻게 구성하였는지 현대 주기율표와 비교하여 설명해 보자.

관련학과
과학교육과, 화학교육과

4 현대 화학의 초석이 된 원소 주기율표는 1869년 러시아의 화학자 멘델레예프에 의해서 발표되었다. 그로부터 무려 150년이라는 시간이 흐른 현재 멘델레예프의 주기율표에서 발생한 문제점이 무엇인지 탐구해 보자. 그리고 멘델레예프 이후 영국의 물리학자인 모즐리에 의해 만들어진 주기율표와 비교해보고, 현대의 주기율표가 만들어지는 과정을 조사하여 설명해 보자.

관련학과
과학교육과, 화학교육과

영역

화학 결합과 분자의 세계

성취기준

[12화학 I 03-01] 실험을 통해 화학 결합의 전기적 성질을 설명할 수 있다.

▶ 물의 전기 분해 실험은 전기 분해의 원리에 초점을 두기보다는 물이 전기 에너지로 쉽게 분해될 수 있음을 강조하여 수소와 산소 사이의 화학 결합이 전기적 인력에 의한 것임을 다룬다.

[12화학 I 03-02] 이온 결합의 특성과 이온 화합물의 성질을 설명하고 예를 찾을 수 있다.

▶ 이온 결합의 형성 과정을 이온의 거리 변화로 다루며, 이온 결정이 물에 녹아 이온이 생기는 것이 아니라 이온 결정 자체가 이온으로 구성되어 있음을 다룬다.

[12화학 I 03-03] 공유 결합, 금속 결합의 특성을 이해하고 몇 가지 물질의 성질을 결합의 종류와 관련지어 설명할 수 있다.

▶ 금속 결합의 특성은 자유 전자에 의한 전자 바다와 전도성, 연성, 전성으로 제한하며, 에너지 밴드 이론과는 연계하지 않는다. 이온 결합, 공유 결합, 금속 결합의 상대적 세기 비교는 이온 결정, 공유 결정, 금속 결정의 녹는점을 비교하는 수준으로 다룬다.

[12화학 I 03-04] 전기 음성도의 주기적 변화를 이해하고 결합한 원소들의 전기 음성도 차이와 쌍극자 모멘트를 활용하여 결합의 극성을 설명할 수 있다.

▶ 수소, 물, 암모니아, 이산화 탄소 등과 같은 2, 3주기 전형 원소를 예로 든다. 쌍극자 모멘트는 정량적으로 다루지 않는다. 확장된 옥텟 규칙이 적용되는 화합물은 다루지 않는다.

탐구주제

5.화학 I — 화학 결합과 분자의 세계

1 물질에 전기 에너지를 가하여 전자의 이동이 일어나게 하는 과정을 전기 분해라고 한다. 소금물을 전기 분해하여 염소(Cl_2) 기체를 얻는 것처럼 전기 분해가 우리 생활이나 산업에 활용되고 있는 사례를 조사하여 발표해 보자.

관련학과

과학교육과, 화학교육과, 공학관련교육과

2 화학 결합론의 기초를 완성한 업적을 인정받아 노벨 화학상을 받은 폴링의 연구 내용을 정리하여 발표해 보자. 노벨상 이후 폴링이 평화주의자로서의 삶을 살아가는 과정에 대해 조사하고, 그 이유와 함께 자신의 생각을 정리하여 설명해 보자.

관련학과

과학교육과, 초등교육과, 윤리교육과

3 최근 전기 전자 분야에 경량화, 소형화, 다기능화되면서 전자 소자가 고집적화 되어가고 있다. 이에 더 많은 열이 발생하여 전기전도성과 열전도성에 대한 관심이 높아지고 있다. 금속의 전기전도성과 열전도성을 이용한 사례와, 이를 줄이기 위한 방법에는 무엇이 있는지 각각 찾아 발표해 보자.

관련학과

과학교육과, 화학교육과, 공학관련교육과

4 계면활성제 분자는 물에 녹기 쉬운 친수성 부분과 기름에 녹기 쉬운 소수성 부분을 동시에 가지고 있다. 이런 성질 때문에 비누나 세제 등에 많이 활용되고 있는데 이러한 계면활성제의 특성을 조사하고, 세제 이외에 계면활성제가 활용되고 있는 사례를 찾아 발표해 보자.

관련학과

초등교육과, 과학교육과, 화학교육과

5 우리 주변에서 가장 많은 탄수화물인 포도당($C_6H_{12}O_6$)은 사슬모양이나 고리 모양으로 존재한다. 특히 고리 모양에 따라 녹말과 셀룰로오스가 있는데 흔히 녹말보다 셀룰로오스가 다이어트에 더 도움이 된다고 한다. 녹말보다 셀룰로오스가 다이어트에 도움이 되는 이유를 화학결합과 연관하여 설명해 보자. 또한 초식동물인 소나 토끼가 셀룰로오스를 소화할 수 있는 이유도 조사하여 발표해 보자.

관련학과

과학교육과, 화학교육과, 가정교육과

탐구주제

5.화학 I — 화학 결합과 분자의 세계

6 전자레인지는 음식물을 빨리 데우는데 사용되어 음식을 간편하게 요리할 수 있다. 이렇게 빨리 음식물을 데울 수 있는 이유는 전자레인지에서 발생하는 마이크로파때문이다. 마이크로파로 음식을 데울 수 있는 원리를 조사하여 발표하고, 전자레인지에 사용할 수 있는 그릇의 재질도 함께 설명해 보자.

관련학과

과학교육과, 화학교육과, 공학관련교육과

영역 역동적인 화학 반응

성취기준

[12화학 I 04-03] 산·염기 중화 반응을 이해하고, 산·염기 중화 반응에서의 양적 관계를 설명할 수 있다.

▶ 브뢴스테드 산과 염기의 정의를 다룬다. 산·염기 중화 반응은 수용액 반응으로 제한하고, 그 양적 관계는 알짜 이온 반응식을 중심으로 다룬다. 부피 변화, 온도 변화, 전기전도성 변화로 중화점을 다루지 않는다.

[12화학 I 04-04] 중화 적정 실험을 계획하고 수행할 수 있다.

▶ 중화 적정은 식초 속의 아세트산 함량을 확인하는 것으로 제한하며 적정 곡선과 완충 용액은 다루지 않는다.

[12화학 I 04-06] 화학 반응에서 열의 출입을 측정하는 실험을 수행할 수 있다.

▶ 화학 반응의 열 출입에서 열화학 반응식, 엔탈피, 반응열을 다루지 않는다.

탐구주제

5.화학 I — 역동적인 화학 반응

1 대기가 오염되지 않은 곳에서 내리는 빗물의 pH는 5.6이다. 따라서 pH가 5.6 미만인 비를 산성비라고 한다. 산성비는 토양을 산성화하여 인적·물적 피해를 주고 있다. 산성비의 기준이 왜 pH 5.6인지 탐구하여 설명하고, 산성비의 원인에 대해 발표해 보자.

관련학과

과학교육과, 환경교육과, 화학교육과

2 자신에게 맞는 화장품을 고르기 위해서는 자신에게 맞는 pH를 찾는 것이 중요하다. 피부에 영향을 미치는 기온, 나이, 시간 및 피부 타입 등 다양한 변수를 활용하여, 자신에게 적합한 화장품 pH를 구하는 공식을 완성해 보자.

관련학과

과학교육과, 화학교육과, 수학교육과, 공학관련교육과

3 수질오염을 처리하는 방법으로는 침전, 부상을 활용한 물리적 방법과 미생물을 활용한 생물학적 방법 그리고 화학적 처리 방법이 있다. 화학적 처리 방법 중 최신의 중화 처리 방법에 대해 조사하고, 폐수처리 시스템과 처리 방법에 대해 발표해 보자.

관련학과

과학교육과, 화학교육과, 환경교육과

4 압바의 항아리 냉장고 등과 같이 일상생활에서 열의 출입을 이용한 장치의 원리를 알아보고, 열의 출입을 이용한 예를 찾아 발표해 보자. 또한 일상생활의 불편함을 해결하는데 열의 출입을 활용하는 창의적인 제품을 고안하기 위한 상품 개발 계획서를 만들어 발표해 보자.

관련학과

과학교육과, 화학교육과, 초등교육과, 공학관련교육과, 기술교육과

5 우리 몸의 위에서 분비되는 위산은 매우 강한 산성이므로, 위벽은 위산에 잘 견딜 수 있도록 되어 있다. 하지만 과식이나 스트레스 등으로 위산이 평소보다 많이 분비될 때는 신물이 올라오는데 이때 복용하는 약품이 바로 제산제이다. 제산제가 위에서 위산과 어떻게 반응하는지 조사하여 발표해 보자.

관련학과

과학교육과, 화학교육과, 공학관련교육과

활용 자료의 유의점

- ! 탐구 활동을 수행할 때 탐구 문제 설정, 가설 설정, 실험 설계, 증거에 기초한 결론 도출 등과 같은 탐구 수행
- ! 화학과 관련된 과학 상식과 사회적 쟁점에 대한 자료를 읽고, 이를 통해 화학적 호기심을 해결하기 위한 탐구 주제 진행
- ! 실험 진행 시 안전사고에 주의하고, 직접 실험이 어려운 경우 동영상이나 교재를 활용하여 간접 실험을 진행
- ! 화학교과 내용과 관련된 기술, 공학, 예술, 수학 등 다른 교과와 통합
- ! 탐구 주제와 학생의 흥미 및 관심에 따라 문헌조사, 사례 조사, 자료 수집 등 적절한 탐구 방법을 선택
- ! 인터넷 자료나 참고 문헌 등을 인용할 경우에는 정확한 출처를 표시
- ! 결과 발표 후 탐구 과정 및 산출물에 대하여 반성하고 자기 평가 및 동료 평가 실시

MEMO

과학과
6

화학Ⅱ

핵심키워드

☐ 신재생 에너지 ☐ 삼투압 측정 장치 ☐ 열량계 사용법 ☐ 탄소순환 ☐ 르 샤틀리에 원리
☐ 탄소연대 측정법 ☐ 반감기 공식 ☐ 촉매와 효소 ☐ 수소 연료 전지 ☐ 태양 전지

영역 물질의 세 가지 상태와 용액

성취기준

[12화학Ⅱ01-05] 물의 밀도, 열용량, 표면 장력 등의 성질을 수소 결합으로 설명할 수 있다.

[12화학Ⅱ01-08] 퍼센트 농도, ppm, 농도, 몰랄 농도의 의미를 이해하고, 여러 가지 농도의 용액을 만들 수 있다.

[12화학Ⅱ01-09] 묽은 용액의 증기압 내림, 끓는점 오름, 어는점 내림을 이해하고, 일상생활의 예를 들 수 있다.

[12화학Ⅱ01-10] 삼투 현상을 관찰하고, 삼투압을 설명할 수 있다.

탐구주제

6.화학Ⅱ — 물질의 세 가지 상태와 용액

1 최근 바닷물의 염분의 차이를 이용한 신재생 에너지가 연구 중에 있다. 이는 바닷물과 강물의 염분 차이를 이용하는 것으로 다른 부산물이 생성되지 않아 친환경적이라는 평가를 받고 있다. 염분 차이를 이용한 신재생 에너지의 원리에 대해 조사하여 발표해 보자.

관련학과
과학교육과, 화학교육과, 환경교육과, 기술교육과, 공학관련교육과

2 수영장이나 바다 같은 물속에서 힘을 빼고 가만히 누워있으면 물에 뜨는 현상을 물의 밀도와 관련지어 설명하고, 조금 더 쉽게 물에 뜰 수 있는 방법에 대해 탐구해 보자. 또한 수영에서 빠르게 나아가기 위한 방법을 과학적 원리를 들어 설명해 보자.

관련학과
과학교육과, 화학교육과, 물리교육과

3 수질 오염 키트를 활용하여 내 주변 하천의 수소이온 농도(pH), 용존산소(DO), 생물학적 산소 요구량(BOD)을 측정한다. 이때 하천의 어느 지점을 측정하면 되는지 정확한 채취방법을 조사해 보자. 또한 pH, DO, BOD의 값의 의미와 이를 종합한 하천의 수질 오염도를 확인하고, 이러한 결과가 나온 이유를 주변 환경과 연계하여 발표해 보자.

관련학과

과학교육과, 화학교육과, 생물교육과, 환경교육과, 초등교육과

4 라면을 끓일 때 면을 먼저 넣을지, 스프를 먼저 넣을지 고민하는 경우가 종종 있다. 끓는 물에 면을 먼저 넣을 때와 스프를 먼저 넣을 때에 맛의 차이가 있는지 알아보자. 그리고 맛있는 라면을 끓이기 위한 방법을 탐구해보고, 그 이유에 대한 과학적 근거를 발표해 보자.

관련학과

과학교육과, 초등교육과, 화학교육과, 가정교육과

5 부동액이란 자동차 기관용 냉각수의 동결을 방지하고자 어는점을 낮추기 위해 첨가하는 액체이다. 겨울철에 자동차에 부동액을 넣어야 하는 이유에 대해 알아보고, 위급 시 냉각수가 없을 때 대신 사용 가능한 것 또는 부동액의 역할을 대체할 수 있는 방법에 대해 발표해 보자.

관련학과

과학교육과, 화학교육과, 공학관련교육과, 기술교육과

6 교과서에 나온 삼투압 측정 장치는 삼투 현상이 일어남에 따라 용액이 묽어져 삼투압이 낮게 측정된다는 문제점이 있다. 이에 간편하게 삼투압을 측정할 수 있도록 삼투압 측정기를 개량하여 측정해 보고, 이를 묽어진 농도만큼 보정할 수 있는 방안에 대해 탐구해 보자.

관련학과

과학교육과, 화학교육과, 물리교육과, 공학관련교육과

영역 반응 엔탈피와 화학 평형

성취기준

[12화학 II 02-02] 엔탈피와 결합 에너지의 관계를 이해하고, 헤스 법칙을 설명할 수 있다.

[12화학 II 02-04] 농도, 압력, 온도 변화에 따른 화학 평형의 이동을 관찰하고 르샤틀리에 원리로 설명할 수 있다.

[12화학 II 02-07] 완충 용액이 생체 내 화학 반응에서 중요함을 설명할 수 있다.

▶ 완충 용액의 작용을 설명할 때, 복잡한 pH 계산보다 생체 내 화학 반응에서 완충 용액의 중요성을 정성적으로 다룬다.

탐구주제

1 일정한 기압(대기압) 조건에서 진행된 화학반응의 에너지 변화를 열량계를 이용하여 측정하는 과정에서 열량계의 사용법을 배우고, 수산화 나트륨과 염산의 중화반응에서 발생되는 열량을 측정하여 총열량 일정의 법칙(헤스의 법칙)을 탐구해 보자.

관련학과

과학교육과, 화학교육과, 공학관련교육과

2 탄소순환이란 탄소가 형태를 바꾸면서 지구권의 지권, 기권, 수권, 생물권 사이를 이동하며 순환하는 것을 말한다. 탄소순환은 지구의 삶에 있어서 매우 중요하며 먹이 사슬에 있어서도 절대적으로 필요하다. 생태계에서 일어나는 탄소의 순환 과정을 화학 평형의 이동으로 설명해 보자.

관련학과

과학교육과, 화학교육과, 지구과학교육과, 생물교육과, 환경교육과

3 외부 변화에 의해 평형이 깨지면 그 변화를 감소시키는 방향으로 평형이 이동하여 새로운 평형에 도달한다는 르 샤틀리에의 원리를 실험을 통해 설명하고, 실생활 및 화학 공정에서 사용되는 화학 평형 이동의 원리를 설명해 보자.

관련학과

과학교육과, 화학교육과, 공학관련교육과

4 이론적으로는 걷기나 달리기를 오랫동안 하면 몸속에 젖산이 많이 생겨 혈액 속으로 녹아 들어가기 때문에 pH가 낮아지게(산성화) 된다. pH가 낮아지면 세포 내 수소 이온이 증가함에 따라 항상성이 깨지면서 세포가 죽음에 이르게 된다. 따라서 우리의 몸은 혈액 속의 pH를 일정하게 유지하기 위해 노력하는데, 이러한 매커니즘을 생화학적 측면과 의약분야와 관련지어 발표해 보자.

관련학과

과학교육과, 화학교육과, 생물교육과

영역 반응 속도와 촉매

성취기준

[12화학 II 03-03] 1차 반응의 반감기를 구할 수 있다.

▶ 반응 속도 및 반감기를 구하는 활동은 복잡한 계산보다 원리의 이해를 중심으로 다룬다.

[12화학 II 03-08] 촉매가 생명 현상이나 산업 현장에서 중요한 역할을 하는 예를 찾을 수 있다.

1 반응물의 농도가 처음 농도의 반으로 되는 데 걸리는 시간을 반감기라고 한다. 반감기는 원래 방사성 붕괴에서 기인한 것이지만 현재는 실생활에서도 사용되고 있다. 그 사례를 찾아보고, 그중 탄소연대 측정법에 대해 조사하여 발표해 보자.

관련학과

과학교육과, 화학교육과, 지구과학교육과

2 n년 후 k배가 되는 물질의 t년 후 양을 반감기 공식으로 유도해 보고 이를 설명해 보자. 또한 미분방정식 등 다양한 수학 공식을 활용하여 반감기 유도공식을 증명해 보고 과정을 정리하여 발표해 보자.

관련학과

과학교육과, 화학교육과, 수학교육과, 지구과학교육과

3 살아있는 생명체 안에서는 수많은 화학 반응이 일어나고 있는데, 이는 정교하게 조절되고 있는 하나의 거대한 시스템과 같다. 생명체 내 조절 현상에서 생체 촉매의 역할도 매우 중요한데, 생체 촉매의 작용 원리에 대해 조사하여 발표해 보자.

관련학과

과학교육과, 화학교육과, 생물교육과

4 인간의 생활을 풍요롭게 했던 발명품 중에 하나가 바로 플라스틱이다. 하지만 이 플라스틱은 최근 토양 및 바다 생태계의 오염 물질로 심각한 문제를 일으키고 있다. 최근 유기 촉매를 이용하여 플라스틱을 분해하는 연구가 진행 중에 있는데, 촉매를 활용한 폐플라스틱 분해 과정에 대해 조사하여 발표해 보자.

관련학과

과학교육과, 화학교육과, 공학관련교육과, 환경교육과

5 화학 반응에서 반응물질 외에 미량의 촉매는 반응속도를 증가시키는 역할을 한다. 촉매와 효소는 현대 산업에서 일상용품, 의료 산업, 화학 공업, 에너지 산업, 환경 분야에서 널리 사용되고 있다. 자신의 진로와 관련된 분야에서 촉매와 효소의 활용 사례를 찾아 발표해 보자.

관련학과

과학교육과, 화학교육과, 공학관련교육과, 기술교육과

영역

전기 화학과 이용

성취기준

[12화학 II 04-01] 화학 전지의 작동 원리를 산화·환원 반응으로 설명할 수 있다.

[12화학 II 04-03] 수소 연료 전지가 활용되는 예를 조사하여 설명할 수 있다.

탐구주제

1 화학 전지의 원리와 구조, 종류, 특성에 대한 이해를 바탕으로 간단한 화학 전지를 만들어 보자. 작은 플라스틱 병에 구리와 아연판을 활용한 다니엘 전지를 만들어 전류가 흐르게 되는 원리와 전지의 원리에 대해 알아보는 실험을 해 보고, 이를 발표해보자.

관련학과

과학교육과, 화학교육과, 공학관련교육과

2 염다리는 전지에서 산화반응이 일어나는 반쪽전지와 환원반응이 일어나는 반쪽전지를 연결시키는 장치로 다니엘 전지라 말한다. 염다리를 이용한 실험을 통해 염다리의 역할을 규명하고 이를 정리하여 발표해 보자.

관련학과

과학교육과, 화학교육과, 공학관련교육과

3 수소 연료 전지는 수소를 연료로 이용해 전기 에너지를 생성하는 발전장치를 말한다. 우리 주변에서 사용되고 있는 수소 연료 전지의 활용 사례를 찾아보고, 우리나라 또는 우리 지역에서 활용하기 가장 적합하다고 생각되는 연료 전지의 종류가 무엇인지 토의하여 발표해 보자.

관련학과

과학교육과, 화학교육과, 공학관련교육과

4 태양 전지는 태양 에너지를 전기 에너지로 전환하는 장치로 최근 환경문제가 대두되면서 많은 관심을 받고 있다. 현재 유리창에 붙이는 태양전지 및 색을 가진 태양전지가 개발되고 있는데, 최근 개발되는 태양 전지의 다른 사례들을 찾아 보자. 그리고 태양 전지의 효율성을 높이기 위한 연구로 무엇이 있는지 발표해 보자.

관련학과

과학교육과, 화학교육과, 공학관련교육과, 기술교육과, 환경교육과

활용 자료의 유의점

- 탐구 활동을 수행할 때 탐구 문제 설정, 가설 설정, 실험 설계, 증거에 기초한 결론 도출 등과 같은 탐구 수행
- 실험 진행 시 안전사고에 주의하고, 직접 실험이 어려운 경우 동영상이나 교재를 활용하여 간접 실험을 진행
- 화학교과 내용과 관련된 기술, 공학, 예술, 수학 등 다른 교과와 통합
- 탐구한 화학적 원리가 첨단 과학이나 기술에 활용되고 있음을 조사하고, 생활에서 활용되고 있는 사례를 탐구
- 교육과정을 중심으로 고등학생 수준에서 호기심을 해결할 수 있는 적합한 주제를 선정
- 인터넷 자료나 참고 문헌 등을 인용할 경우에는 정확한 출처를 표시

MEMO

과학과

7

생명과학 I

핵심키워드

☐ 생체모방 기술 ☐ 유전자 조작 ☐ 칼레이도사이클 ☐ 유산소와 무산소 ☐ 근수축 운동
☐ 내분비계 교란 물질 ☐ 백신 ☐ 염색체 돌연변이 ☐ 유전공학기법 ☐ 종간 경쟁

영역

생명과학의 이해

성취기준

[12생과 I 01-02] 생명과학의 통합적 특성을 이해하고, 다른 학문 분야와의 연계성을 예를 들어 설명할 수 있다.

▶ 생명과학이 살아있는 생명체의 특성을 다루고 있어 타 학문 분야와 차이가 있지만 현대 생명과학 분야의 성과는 여러 학문 분야의 성과와 결합되어 나타난다는 것을 이해하도록 한다.

탐구주제

7.생명과학 I — 생명과학의 이해

1 생명과학의 가장 기본이 되는 연구 대상이 무엇인지 자신의 생각을 정리하여 발표해 보자. 생명과학의 성과가 인류 복지에 미치는 긍정적인 영향을 다양한 사례를 제시하며 설명해 보자.

관련학과

초등교육과, 과학교육과, 생물교육과, 사회교육과

2 연꽃잎을 활용한 태양광 발전의 효율 증대 또는 배를 만들 때 상어 피부에 나 있는 미세 돌기의 특성을 이용하여 배 아래에 적용하는 사례와 같이 생체모방 기술이 다른 기술과 연계된 사례나 연구 성과를 찾고 토의해 보자.

관련학과

초등교육과, 과학교육과, 생물교육과, 물리교육과, 화학교육과, 지구과학교육과, 환경교육과, 기술교육과, 공학관련교육과

3 연구자들은 왓슨과 크릭의 발견을 토대로 유전자를 조작하고 옮길 수 있는 기술을 개발해 왔으며, 이중 유전자 조작 기술은 새로운 산업과 연구 분야를 만들었다. 유전자 조작기술로 인하여 새롭게 생겨난 산업과 연구 분야에는 어떤 것이 있는지 조사하여 발표해 보자.

관련학과

과학교육과, 생물교육과, 물리교육과, 화학교육과, 지구과학교육과, 환경교육과, 기술교육과, 공학관련교육과

영역 사람의 물질대사

성취기준

[12생과 I 02-01] 물질대사 과정에서 생성된 에너지가 생명 활동에 필요한 ATP로 저장되고 사용됨을 이해하고, 소화, 호흡, 순환 과정과 관련되어 있음을 설명할 수 있다.

▶ 물질대사에서 에너지가 ATP로 저장되고 사용된다는 수준에서 다룬다.

[12생과 I 02-02] 세포 호흡 결과 발생한 노폐물의 배설 과정을 물질대사와 관련하여 설명할 수 있다.

▶ 세포 호흡 과정에서 발생한 노폐물이 배출되는 과정을 호흡, 순환, 배설과 연계하여 통합적으로 다룬다.

탐구주제

7.생명과학 I — 사람의 물질대사

1 수영, 조깅과 같은 유산소 운동은 100m 달리기와 같은 무산소 운동에 비해 제한 없이 에너지를 생산할 수 있다. 운동 생리학적 관점에서 유산소와 무산소를 구분하는 기준은 에너지원인 ATP를 생산하는데 있어 산소를 활용하는지 여부이다. ATP 합성의 차이를 통하여 유산소 운동과 무산소 운동이 어떻게 다른지 발표해 보자.

관련학과

과학교육과, 생물교육과, 체육교육과

2 우리 주변에서 쉽게 접할 수 있는 에너지 음료는 피곤함을 줄여 주거나 체내로 빠르게 흡수되는 성분이 있어 에너지를 보충하기 위해 사용된다. 이러한 에너지 음료를 마시는 것에 대한 긍정적인 영향과 부정적인 영향을 조사하여 발표해 보자.

관련학과

초등교육과, 생물교육과, 과학교육과

3 포유류 중 곰이나 다람쥐 등은 먹이가 부족하고 체온 유지를 위해 많은 에너지가 필요한 겨울철에는 겨울잠을 잔다. 최근 사람도 겨울잠을 잘 수 있다면 장거리 우주여행이 가능하고, 저체온 수술이나 장기이식, 다이어트, 수명 연장 등 다양한 분야에 활용될 수 있을 것이라 기대하며 해당 기술을 개발 중에 있다. 만약 사람이 겨울잠을 자게 된다면 몸에 어떠한 변화가 일어날지 토의하여 정리해 보자.

관련학과

생물교육과, 과학교육과, 지구과학교육과

4 우리가 음식물을 통해 섭취한 영양소가 체내에서 세포호흡에 의해 분해되면 에너지와 함께 노폐물이 생성된다. 생명 활동에 필요한 에너지를 얻는 과정에서 소화계, 순환계, 호흡계, 배설계는 각각 어떤 역할을 하는지 알아보고, 소화계, 순환계, 배설계 중 어느 하나에 문제가 생길 경우 우리 몸에 어떤 일이 일어날지 토의해 보자.

관련학과

과학교육과, 생물교육과, 가정교육과

영역

항상성과 몸의 조절

성취기준

[12생과 I 03-01] 활동 전위에 의한 흥분의 전도와 시냅스를 통한 흥분의 전달을 이해하고, 약물이 시냅스 전달에 영향을 미치는 사례를 조사하여 발표할 수 있다.

▶ 자극과 반응 사이에 정보를 전달하는 신경계의 구조와 종류는 중학교 1~3학년군의 '자극과 반응' 단원에서 다루었으므로 흥분의 전도와 전달 과정을 중심으로 다룬다. 사례 조사 시 각성제, 환각제, 진정제 등이 신경계의 기능에 심각한 영향을 미칠 수 있다는 수준에서 다룬다.

[12생과 I 03-02] 근섬유의 구조를 이해하고, 근수축의 원리를 활주설로 설명할 수 있다.

[12생과 I 03-03] 중추 신경계와 말초 신경계의 구조와 기능을 이해하고, 신경계와 관련된 질환을 조사하여 토의할 수 있다.

▶ 중추 신경계의 핵심인 대뇌 중심으로 뇌의 구조와 기능을 설명하고 중뇌, 소뇌, 연수, 간뇌는 간략하게 설명한다.

[12생과 I 03-04] 내분비계와 호르몬의 특성을 이해하고, 사람의 주요 호르몬의 과잉·결핍에 따른 질환에 대해 설명할 수 있다.

▶ 신경계와 호르몬의 통합적 작용에 의한 항상성 조절에 초점을 두어 다루도록 한다.

[12생과 I 03-06] 다양한 질병의 원인과 우리 몸의 특이적 방어 작용과 비특이적 방어 작용을 이해하고, 관련 질환에 대한 예방과 치료 사례를 조사하여 발표할 수 있다.

탐구주제

7.생명과학 I — 항상성과 몸의 조절

1 우리 주변에서 쉽게 접할 수 있는 에너지 음료는 피곤함을 줄여 주거나 체내로 빠르게 흡수되는 성분이 있어 에너지를 보충하기 위해 사용된다. 이러한 에너지 음료를 마시는 것에 대한 긍정적인 영향과 부정적인 영향을 조사하여 발표해 보자.

관련학과

초등교육과, 과학교육과, 생물교육과, 가정교육과

2 각성제, 진정제, 환각제 중 하나의 약물을 선택하여 이러한 약물이 시냅스에서의 흥분 전달과 인체에 미치는 영향을 알아보자. 약물 오남용으로 인한 피해를 줄일 수 있는 방법에 대해 토의하고, 이를 카드뉴스나 인포그래픽과 같은 다양한 방법을 통해 정리하여 발표해 보자.

관련학과

과학교육과, 생물교육과, 가정교육과

3 흔히 100m를 달리는 단거리 달리기 선수와 42.195Km를 2시간 정도 달리는 마라톤 선수를 보면 근육이 발달한 형태가 조금은 다름을 볼 수 있다. 단거리 달리기 선수와 마라톤 선수의 근육 발달 형태에 차이가 나타나는 이유를 근수축 운동 및 ATP와 관련지어 설명해 보자.

관련학과

과학교육과, 생물교육과, 체육교육과

4 알츠하이머병은 신경계의 이상으로 기억력을 포함한 인지기능이 점진적으로 악화되는 질환이다. 신경계 질환은 신경계의 어느 부위에 이상이 발생하는 것인지, 어떤 증상이 나타나는지 알아보고 신경계 질환을 치료하기 위한 방법을 찾아 발표해 보자.

관련학과

과학교육과, 생물교육과, 가정교육과

5 현재 비엠아이(BMI) 기술이라 불리는 뇌공학 기술은 신경 세포의 활동을 전극으로 측정해 인공적으로 만든 팔다리를 움직일 수 있는 발상으로 시작된 기술이다. 우리 주변에서 비엠아이(BMI) 기술이 사용되고 있는 사례를 조사하고, 이러한 기술이 우리 삶에 어떠한 영향을 미칠지 예측하여 발표해 보자.

관련학과

과학교육과, 생물교육과, 가정교육과, 사회교육과

6 사람의 내분비계와 호르몬, 대표적인 표적기관과 그 주요 기능에 대해 조사하여 주변 친구들이 쉽게 이해할 수 있도록 인포그래픽을 제작해 보자. 사람의 호르몬 결핍과 과잉에 따른 질환도 조사하여 함께 발표해 보자.

관련학과

과학교육과, 생물교육과, 가정교육과

7 우리 주변에서 호르몬과 비슷하게 작용하여 내분비계를 교란하는 물질을 통틀어 내분비계 교란 물질 또는 환경호르몬이라고 한다. 내분비계 교란 물질로 인해 발생한 문제의 사례를 알아보고, 이러한 문제를 해결하기 위한 방법을 찾아 발표해 보자.

관련학과

과학교육과, 생물교육과, 환경교육과, 초등교육과, 가정교육과

8 최근 말라리아 치료제인 아르테미시닌과 같이 감염병을 치료하기 위해 다양한 백신이 개발되어 사용되고 있다. 현재 감염성 질병을 치료하기 위해 개발된 치료제와 백신의 대표적인 사례를 찾아보고, 개발 과정과 원리를 조사하여 발표해 보자.

관련학과

과학교육과, 생물교육과

영역 유전

성취기준

[12생과 I 04-04] 염색체 이상과 유전자 이상에 의해 일어나는 유전병의 종류와 특징을 알고, 사례를 조사하여 발표할 수 있다.

탐구주제

7.생명과학 I — 유전

1. 터너 증후군은 두 개의 X염색체 중 하나의 전체 또는 부분 결손으로 인해 발생한다. 염색체 돌연변이에 의한 유전병인 터너 증후군과 클라인펠터 증후군을 통해 유전병의 원인이 무엇인지 알아보고, 유전되는 질병의 대부분이 정상 형질에 대해 열성으로 유전되는 이유를 토의해 보자.

관련학과

과학교육과, 생물교육과

2. 유전학에서는 확률의 법칙 중 곱셈의 법칙이 종종 사용된다. 곱셈의 법칙을 활용하여 유전자형이 AaBbDd인 부모 사이에서 아이가 태어날 때, 이 아이의 유전자형이 aaBbDD일 확률을 구해 보자.

관련학과

과학교육과, 생물교육과, 수학교육과

3. 유전공학기법을 활용하여 만들어진 호르몬에 대해 조사해 보자. 다음으로 영화 '가타카(Gattaca,1998)'나 도서 「그리스퍼 베이비(전방욱)」를 통해 인간의 유전정보를 변형하여 활용하고 있는 사례를 윤리적인 측면에서 친구들과 토의해 보고, 이를 정리하여 발표해 보자.

관련학과

과학교육과, 생물교육과, 화학교육과, 환경교육과, 사회교육과, 윤리교육과

영역 생태계와 상호 작용

성취기준

[12생과 I 05-04] 군집의 천이를 이해하고 천이 과정에 영향을 미치는 환경 요인을 설명할 수 있다.

[12생과 I 05-06] 생물다양성의 의미와 중요성을 이해하고 생물다양성 보전 방안을 토의할 수 있다.

▶ 생물다양성을 유전적 다양성, 종 다양성, 생태계(서식지) 다양성을 포괄하는 개념으로 이해시키되, '통합과학'에서 기본 개념은 다루었으므로 여기에서는 각 개념을 보다 심화하여 상세히 다루도록 한다. 생태계 평형 유지에 생물다양성이 어떻게 기여하는지를 사례 중심으로 이해하도록 하며, 생물자원의 가치를 인식할 수 있도록 한다.

탐구주제

7.생명과학 I — 생태계와 상호 작용

1. 삼림을 살펴보면 식물 군집의이 높이에 따른 빛의 세기가 달라 층상 구조를 이루고 있음을 확인할 수 있다. 각 층을 구성하는 식물의 종류가 다른 이유를 토의해 보고, 식물 군집의 층상 구조가 동물 군집에 어떠한 영향을 미치는지 구체적인 사례를 찾아 발표해 보자.

관련학과

초등교육과, 과학교육과, 생물교육과, 환경교육과

2 주변에서 생태적 지위가 비슷한 두 개체군이 같은 장소에서 서식하면서 한정된 먹이와 서식 공간을 차지하기 위해 종간 경쟁을 펼치는 사례를 찾아 보자. 그리고 이들이 어떻게 살아가고 있는지, 그 방법으로는 어떤 것들이 있는지 함께 토의해 보자.

관련학과

과학교육과, 생물교육과, 지리교육과, 환경교육과

3 우리 주변의 식물을 관찰하고 관찰한 꽃의 이름과 특징을 정리하여 친구들과 함께 우리 지역의 식물 분포도 또는 식물 커뮤니티 맵핑(네이처링 www.naturing.net/landing)을 만들어 보자. 이 지도를 통해 우리 주변 식생의 특징을 발표해 보자.

관련학과

과학교육과, 생물교육과, 환경교육과, 지리교육과, 초등교육과, 유아교육과

4 모둠원들과 함께 자신이 원하는 동식물 하나를 고르고, 동식물들이 주인공이 되는 모의 총회를 진행해 보자. 인간을 포함한 동식물이 함께 살아가기 위한 방법을 토의해 보고, 이를 통해 결의안을 만들어 보자.

관련학과

초등교육과, 과학교육과, 생물교육과, 환경교육과, 국어교육과, 사회교육과

활용 자료의 유의점

- (!) 탐구 주제의 과학적 원리가 무엇인지 확인하고 이러한 원리, 현상이 실생활에 어떻게 활용되고 있는지 탐구
- (!) 생물교과 내용과 관련된 기술, 공학, 예술, 수학 등 다른 교과와 통합하여 탐구
- (!) 과학의 잠정성, 다양성, 윤리, 과학·기술·사회의 상호 관련성 등 과학의 본성과 관련된 내용을 소재를 활용하여 탐구
- (!) 탐구 주제와 학생의 흥미 및 관심에 따라 문헌조사, 사례 조사, 자료 수집 등 적절한 탐구 방법을 선택
- (!) 탐구가 진행되는 과정을 공유하고 이를 보완하고 수정하며 탐구 수행
- (!) 인터넷 자료나 참고 문헌 등을 인용할 경우에는 정확한 출처를 표시
- (!) 결과 발표 후 탐구 과정 및 산출물에 대하여 반성하고 자기 평가 및 동료 평가 실시

MEMO

과학과

8

생명과학Ⅱ

핵심키워드

☐ 자기방사법 ☐ 리포솜 ☐ 삼투 ☐ 바이오 에탄올 ☐ DNA 복제 ☐ 유전자 발현 조절
☐ 노화 방지 ☐ 생태계 교란 생물 ☐ 유전자 치료 ☐ LMO ☐ 생명 윤리와 연구 윤리

영역

생명과학의 역사

성취기준

[12생과 II 01-02] 생명과학 발달에 기여한 주요 발견들에 사용된 연구 방법들을 조사하여 발표할 수 있다.

탐구주제

8.생명과학 II — 생명과학의 역사

1. 지금까지의 생명과학의 주요 발견들을 시간의 흐름도에 따라 파악해 보고, 각각의 연구에서 사용된 연구 방법과 이러한 연구가 사회 및 다른 학문에 미친 영향을 발표해 보자. 더 나아가 과학자가 가져야 할 윤리 자세와 태도에 대해 발표해 보자.

관련학과

과학교육과, 물리교육과, 화학교육과, 생물교육과, 지구과학교육과, 공학관련교육과

2. 최근 생명과학 분야의 연구가 활발히 진행 중에 있다. 자신이 관심을 가지고 있는 생명과학 분야의 최신 연구 방향이 이후 인류의 복지에 어떠한 영향을 줄 수 있을지 조사하고, 이러한 연구가 과학·기술·사회에 어떤 영향을 미칠 것인지 예상하여 설명해 보자.

관련학과

과학교육과, 물리교육과, 화학교육과, 생물교육과, 지구과학교육과

영역 세포의 특성

성취기준

[12생과Ⅱ02-03] 원핵세포와 진핵세포의 차이점을 비교할 수 있다.

▶ 원핵세포와 진핵세포의 차이를 DNA, 세포 내 막 구조, 리보솜, 세포벽을 중심으로 다룬다.

[12생과Ⅱ02-05] 세포막을 통한 물질 출입 현상을 이해하고, 확산, 삼투, 능동 수송을 실험이나 모형을 통해 설명할 수 있다.

탐구주제

8.생명과학Ⅱ — 세포의 특성

1. 최근 질병 진단 및 연구 등에서 세포 내 물질의 위치와 이동 경로를 확인하기 위한 자기방사법이 유용하게 사용되고 있다. 자기방사법의 원리는 무엇인지 구체적으로 조사하여 발표하고, 이를 활용하고 있는 사례를 찾아 설명해 보자.

관련학과

과학교육과, 생물교육과, 화학교육과, 공학관련교육과

2. 리포솜은 인지질을 수용액에 넣었을 때 생성되는 인지질 이중층이 속이 빈 방울같은 구조를 이룬 것을 말한다. 즉 리포솜은 인지질 이중층으로 이루어진 구형 또는 타원형의 인공 구조물로 속이 비어 있다는 특징을 지닌다. 이러한 리포솜 막과 세포막의 차이를 설명하고, 생활 속에서 활용되고 있는 사례를 찾아 발표해 보자.

관련학과

과학교육과, 생물교육과, 공학관련교육과

3. 삼투 현상이 일어나는 원인은 액체 간 압력 차이에 있다. 세포에 삼투가 일어나면 세포의 부피가 변화한다. 양파 표피세포를 다양한 농도의 용액에 넣었을 때 막을 통한 물질의 이동 결과를 탐구하고, 동물 세포와의 차이를 정리하여 발표해 보자.

관련학과

과학교육과, 생물교육과

영역 세포 호흡과 광합성

성취기준

[12생과Ⅱ03-03] 산소 호흡과 발효의 차이를 이해하고 실생활 속에서 발효를 이용한 사례를 조사하여 발표할 수 있다.

[12생과Ⅱ03-05] 세포 호흡과 광합성의 전자 전달계를 비교하여 공통점과 차이점을 설명할 수 있다.

탐구주제

1 화석연료의 고갈과 가격 상승에 따라 신재생 에너지에 대한 관심이 증가하고 있으며, 이 중 바이오 에탄올에 대한 연구가 활발히 진행 중에 있다. 바이오 에탄올을 만드는 과정과 원리를 구체적으로 설명하고, 바이오 에탄올의 장점과 문제점을 발표해 보자.

관련학과

과학교육과, 초등교육과, 생물교육과, 화학교육과, 공학관련교육과, 환경교육과, 기술교육과

2 크로마토그래피는 물질의 이동 속도 차이를 이용하여 다양한 분자들이 섞여 있는 혼합체로부터 혼합물을 분리하는 방법이다. 이러한 크로마토그래피를 이용하여 식물의 잎에 포함된 광합성 색소의 종류를 구별하고, 색소마다 전개되는 정도가 다른 이유를 찾아 발표해 보자.

관련학과

과학교육과, 생물교육과

3 식물의 다양한 색소 중 은행나무를 노란색으로 변화시키는 카로티노이드와 자색 고구마에 많이 들어있는 안토시아닌에 대해 알아보고, 이들의 색소가 생활에서 어떻게 활용되고 있는지 조사하여 발표해 보자.

관련학과

과학교육과, 생물교육과

4 과거 다이어트약으로 미량의 디니트롤페놀(DNP·dinitrophenol)이 사용되었다. DNP가 무엇이며, DNP를 사용하면 몸무게가 줄어드는 이유와 현재 DNP의 사용이 법적으로 금지된 이유를 조사하여 발표해 보자.

관련학과

과학교육과, 생물교육과, 가정교육과

5 엽록체의 광인산화와 미토콘드리아의 산화적 인산화에서 일어나는 ATP 생성 과정을 카드뉴스 또는 인포그래픽과 같은 그림으로 표현해 보자. 그리고 엽록체의 틸라코이드 막과 미토콘드리아 내막의 전자 전달계를 통한 전자의 이동은 어떻게 일어나는지 발표해 보자.

관련학과

과학교육과, 생물교육과

영역 유전자의 발현과 조절

성취기준

[12생과 II 04-02] 반보존적 DNA 복제 과정을 이해하고, 모형을 이용하여 DNA 복제 과정을 모의실험할 수 있다.

▶ DNA의 반보존적 복제를 다룰 때, RNA 프라이머나 관여하는 효소의 기능 등을 상세히 다루지 않으며, 필요한 경우 용어 수준에서 언급한다. 반보존적 복제의 구체적인 분자생물학적 매커니즘이 아닌 반보존적 복제가 갖는 의미를 중심으로 다루도록 한다.

[12생과 II 04-04] 유전 암호를 이해하고, 유전 암호 표를 사용하여 유전 정보를 해독할 수 있다.

[12생과 II 04-05] 원핵생물과 진핵생물의 전사 조절 과정을 비교하여 설명할 수 있다.

▶ 원핵생물의 전사 조절 과정을 주로 다루고, 진핵생물의 경우는 원핵생물의 전사 조절과의 다른 점만을 간략하게 다룬다.

탐구주제

8.생명과학 II — 유전자의 발현과 조절

① DNA 복제 모형지를 활용하여 DNA 복제과정 실험을 진행하고 DNA 이중가닥의 염기 서열을 적어보자. 또한 모의실험과 실제 DNA의 반보존적 복제의 차이점이 무엇인지 발표해 보자.

관련학과

과학교육과, 생물교육과

② 우리 주변에서 흔히 볼 수 있는 바나나나 브로콜리와 같은 식물 재료들을 적절하게 사용하여 학교에서 진행할 수 있는 DNA 추출 실험을 해 보자. 이를 통하여 생물체 내에 존재하는 DNA의 물리적·화학적 상태를 설명해 보자.

관련학과

과학교육과, 초등교육과, 생물교육과

③ 진핵생물이란 진핵세포로 구성된 생물체를 말하며, 진핵세포는 세포 내에 유전물질을 포함하는 핵을 가진 세포를 의미한다. 진핵생물에서 각기 다른 기능을 수행하는 세포는 서로 다른 유전자가 전사되어야 한다. 이처럼 전사가 조절될 수 있는 까닭을 설명해 보자.

관련학과

과학교육과, 생물교육과

④ 유전자 발현 조절을 이용하면 생물의 특성을 바꾸어 여러 분야에서 유용하게 활용할 수 있다. 유전자 발현 조절에 관한 최신 연구 사례로는 어떤 것이 있으며, 이러한 연구가 앞으로 우리 생활에 어떠한 영향을 줄지 발표해 보자.

관련학과

과학교육과, 초등교육과, 생물교육과, 환경교육과, 윤리교육과

⑤ 최근 건강 및 미용에 대한 관심이 증가되면서 노화 방지를 위한 다양한 방법들에 대한 연구가 활발하게 진행되고 있다. 그중 텔로머레이스를 이용한 노화 방지 및 질병 치료에 대해 조사하고, 어떠한 원리가 적용되는지 사례를 조사하여 토의·발표해 보자.

관련학과

과학교육과, 생물교육과

영역

생물의 진화와 다양성

성취기준

[12생과 II 05-02] 원핵생물에서 진핵생물로, 단세포에서 다세포로 생물이 진화하는 과정을 모형으로 설명할 수 있다.

[12생과 II 05-05] 진화의 증거 사례를 조사하여 변이와 자연선택에 의한 진화의 원리를 설명할 수 있다.

▶ 하디-바인베르크 법칙을 이해하고, 유전자 풀의 변화로 진화를 설명할 수 있도록 한다.

[12생과 II 05-06] 지리적 격리에 의한 종 분화 과정을 이해하고, 종 분화의 사례를 조사하고, 발표할 수 있다.

▶ 동소적 종 분화는 다루지 않으며, 사례 중심으로 지리적 격리에 의한 종 분화에 대해 이해하도록 한다.

탐구주제

8.생명과학 II — 생물의 진화와 다양성

1 원핵생물에서 진핵생물로 진화하는 과정, 단세포 진핵생물에서 다세포 진핵생물로 진화하는 과정에서 나타난 생물의 변화를 조사해 보자. 생물의 주요 진화 과정을 지구의 산소 농도 변화와 함께 보여주는 인포그래픽을 제작하여 발표해 보자.

관련학과

과학교육과, 생물교육과

2 유전자풀이 변화된 사례를 찾아보고 유전자풀이 변한 원인은 무엇이며, 개체군 크기에 따라 유전적 특성이 어떻게 변화되었는지 발표해 보자. 또한 유전적 다양성이 감소하면 생태계 및 인간생활에 어떤 일이 발생할지 예상하여 설명해 보자.

관련학과

과학교육과, 생물교육과, 환경교육과

3 오늘날 진보된 기술로 다양한 생물의 품종 개량이 이루어지고 있다. 자손에게 전달될 형질을 인위적으로 결정하는 품종 개량의 사례를 찾아보고, 이러한 품종 개량이 우리 생활에 어떠한 영향을 미치고 있는지 발표해 보자.

관련학과

과학교육과, 초등교육과, 생물교육과

4 자연관찰 활동을 기록하고 공유할 수 있는 앱인 네이처링(www.naturing.net/landing) 또는 썸 맵을 활용하여 우리 지역의 생태계 교란 생물 지도를 만들어 보자. 이를 바탕으로 생태계 교란 생물이 우리 지역과 생물다양성에 미친 영향을 발표해 보자.

관련학과

과학교육과, 초등교육과, 생물교육과, 환경교육과, 사회교육과

영역 생명공학 기술과 인간생활

성취기준

[12생과II06-02] 핵치환, 조직 배양, 세포 융합의 원리를 이해하고, 활용 사례를 조사하여 발표할 수 있다.

[12생과II06-03] 단일클론항체, 유전자 치료, 줄기세포를 난치병 치료에 적용한 사례를 이해하고, 이러한 치료법의 전망에 대해 토의할 수 있다.

▶ 우리 생활과 밀접한 사례를 중심으로 하여 학생들의 흥미를 유도하도록 하고, 상세 실험 과정이나 원리를 과도하게 기술하거나 설명하는 것을 지양한다.

[12생과II06-04] LMO가 인간의 생활과 생태계에 미치는 긍정적인 영향과 부정적인 영향을 조사하고, 토론할 수 있다.

[12생과II06-05] 생명공학의 발달 과정에서 나타나는 생태학적, 윤리적, 법적, 사회적 문제점을 이해하고, 미래 사회에 미칠 영향을 예측하여 발표할 수 있다.

탐구주제

8.생명과학 II — 생명공학 기술과 인간생활

1 핵치환은 어떤 세포에서 핵을 꺼낸 후 핵을 제거한 다른 세포에 이식하는 기술이다. 핵치환 기술로 만들어진 동물이 핵을 제공한 동물과 유전 정보가 같은 복제 동물인지를 확인하는 방법을 제안해 보고, 핵치환 기술에 대한 자신의 생각을 발표해 보자.

관련학과

과학교육과, 생물교육과

2 유전자 치료는 DNA를 환자에게 직접 넣거나 운반체를 이용하는 방법을 통해 유전 질환을 치료하거나 완화시키는 것이다. 단일클론항체, 유전자 치료, 줄기세포 치료가 난치병 치료에 적용되는 원리를 소개하고, 난치병 치료에 어떻게 적용될 수 있는지 발표해 보자.

관련학과

과학교육과, 생물교육과, 윤리교육과, 사회교육과

3 LMO(Living Modified Organisms)와 GMO(Genetically Modified Organism)용어의 차이점을 이해하고 우리 생활 속에서 이용되고 있는 LMO의 종류를 알아본다. LMO가 인간의 생활과 생태계에 미치는 영향을 조사하고, LMO 기술의 긍정적인 면과 부정적인 면을 중립적으로 발표해 보자.

관련학과

과학교육과, 생물교육과, 윤리교육과, 환경교육과, 가정교육과

4 최근 생명공학에 대한 연구가 활발하게 진행되면서 생명 윤리와 연구 윤리적 측면에서 생명 공학 기술이 쟁점이 되고 있다. 이와 관련된 쟁점 사례를 조사한 후 생명 윤리에 대한 다양한 입장을 조사하여 토의하고, 자신의 의견을 정리하여 발표해 보자.

관련학과

과학교육과, 초등교육과, 생물교육과, 윤리교육과, 사회교육과

탐구주제

5 2008년 5월 20일 영국의 의료윤리 감독기구인 HFEA는 불치병에 걸린 형제나 자매를 치료하기 위해 동일한 유전 형질을 지닌 이른바 '맞춤형 아기'의 출생을 공식 허용했다. 맞춤형 아기는 시험관 수정 기술을 통해 질환 자녀의 세포 조직과 완전히 일치하는 특정 배아를 가려내 이 가운데 질병 유전자가 없는 정상적인 배아를 골라 탄생시킨 아기로, 이와 관련된 생명 윤리 논쟁이 지속되고 있다. 치료용 맞춤형 아기에 대한 자신의 생각을 정리하여 발표해 보자.

관련학과

과학교육과, 초등교육과, 생물교육과, 윤리교육과, 사회교육과

활용 자료의 유의점

- ⓘ 탐구 주제의 과학적 원리가 무엇인지 확인하고 이러한 원리, 현상이 실생활에 어떻게 활용되고 있는지 탐구
- ⓘ 생물교과 내용과 관련된 기술, 공학, 수학, 환경, 윤리 등 다른 교과와 통합하여 탐구
- ⓘ 과학의 잠정성, 다양성, 윤리, 과학·기술·사회의 상호 관련성 등 과학의 본성과 관련된 내용을 소재를 활용하여 탐구
- ⓘ 인체, 생태계에 나타난 사례를 중심으로 탐구 활동을 진행하고, 역사적 사례와 함께 최신 연구 사례를 중심으로 탐구
- ⓘ 생명 윤리와 관련된 주제에 대해서는 다양한 입장의 자료를 조사하고 이해한 다음 자신의 입장을 발표
- ⓘ 탐구 주제와 학생의 흥미와 관심에 따라 문헌조사, 사례 조사, 자료 수집 등 적절한 탐구 방법을 선택
- ⓘ 인터넷 자료나 참고 문헌 등을 인용할 경우에는 정확한 출처를 표시

MEMO

과학과

9

지구과학 I

핵심키워드

☐ 지구의 판 ☐ 대규모 생물 멸종 ☐ 반감기 ☐ 기상 예보 ☐ 마스크 ☐ 물 부족 문제
☐ 극한 자연현상 ☐ 지구온난화 ☐ SETI ☐ 외계 행성 탐색 시스템

영역 지권의 변동

성취기준

[12지과 I 01-02] 지질 시대 전체에 걸친 대륙 분포의 변화와 현재 대륙 이동 속도 자료를 통해 미래의 변화를 추정할 수 있다.

▶ 고지자기(복각) 자료 등을 활용하여 지질 시대 동안의 대륙 분포 변화를 살펴보고, 현재의 판 이동 속도를 기준으로 미래의 대륙과 해양의 분포를 그려 보도록 한다.

탐구주제

9.지구과학 I — 지권의 변동

1. 지구의 판은 분열과 충돌을 거듭해 지금과 같은 대륙과 해양의 분포를 이루었고 앞으로도 변화할 것이다. 대륙 이동 속도의 자료를 찾아 현재 우리나라 주변 판의 분포와 움직임을 살펴보고, 이를 통해 미래 우리나라 주변 판의 분포는 어떻게 될지 발표해 보자.

관련학과

과학교육과, 지구과학교육과, 지리교육과

2. 대륙 지각의 최대 연령은 약 39억 6천만 년인데 비해 해양 지각의 최대 연령은 약 1억 8천만 년 정도이다. 대륙 지각에 비해 해양 지각의 나이가 젊은 이유는 무엇인지 설명해 보자.

관련학과

과학교육과, 지구과학교육과

영역 지구의 역사

성취기준

[12지과 Ⅰ 02-03] 지층의 선후 관계 해석에 사용되는 다양한 법칙을 통해 지구의 역사를 추론할 수 있다.

▶ 지층 형성의 선후 관계를 결정짓는 법칙들(수평퇴적의 법칙, 지층누중의 법칙, 동물군 천이의 법칙, 관입의 법칙, 부정합의 법칙 등)을 이해하고, 시간과 암석에 따라 층의 순서를 결정하고 지구의 역사에 대해 설명한다.

[12지과 Ⅰ 02-04] 암석의 절대 연령을 구하는 원리를 이해하고, 방사성 동위원소 자료를 이용해 절대 연령을 구할 수 있다.

▶ 지층의 나이를 결정하는 데 상대 연령과 절대 연령이 있음을 이해하고, 절대 연령의 경우 방사성 동위원소를 이용하는 원리를 설명하고 간단한 계산을 통해 적용해 본다.

[12지과 Ⅰ 02-05] 지질 시대를 기(紀) 수준에서 구분하고, 화석 자료를 통해 지질 시대의 생물 환경과 기후 변화를 해석할 수 있다.

▶ 지질 시대의 환경을 다루면서, 표준 화석으로 살펴본 고생물, 지질 시대를 결정하는 생물의 변천, 지구 환경의 변화 등을 다룬다. 대(代) 수준의 지질 시대 구분이 세부적으로 기(紀) 수준으로 구분됨을 이해하고, 구분된 지질 시대의 특징을 화석 자료 및 지각 변동의 역사를 통해 확인함으로써 지구 환경의 변화를 설명한다. 지구의 역사를 통하여 기후가 어떻게 변해왔는지를 고기후 연구 방법을 조사하여 설명하되, 고기후 연구 방법만 소개하고 자세한 매커니즘은 다루지 않는다.

탐구주제

9.지구과학 Ⅰ — 지권의 변동

① 지층의 선후관계를 밝히는 데는 동일 과정의 법칙, 누중의 법칙, 부정합의 법칙, 관입의 법칙, 동물군 천이의 법칙 등이 적용되어 결정된다. 각각의 법칙이 무엇인지 설명하고, 주변 지역 지층이나 온라인 상에 존재하는 지층 사진을 가지고 지층의 선후 관계를 설명해 보자.

관련학과

과학교육과, 지구과학교육과, 지리교육과

② 대표적인 지질 명소를 찾아 이곳에서 관찰되는 지질 구조들이 과거 어떻게 만들어졌는지 답사하여 보고서를 만들려고 한다. 답사 전 지역에 대한 사전 정보, 연구를 진행하는데 필요한 내용과 주의해야 할 내용을 담은 탐구 계획서를 작성하여 발표해 보자.

관련학과

과학교육과, 지구과학교육과, 지리교육과

③ 화석의 연구를 통해 지질 시대 동안 공룡과 같은 생물이 대규모로 멸종한 사실이 밝혀졌다. 지질 시대 동안 대규모의 생물의 멸종이 일어난 경우는 언제이며, 그 원인은 무엇인지 조사하여 발표해 보자.

관련학과

과학교육과, 지구과학교육과

탐구주제

4. 기후 변화의 원인을 찾고자 남극 싸이플돔(Siple Dome)의 빙하 코어를 이용하여 과거 대기 중의 이산화 탄소 농도를 복원하고, 기후 변화와의 상관관계를 분석하였다. 남극의 빙하 코어를 이용한 연구의 원리와 결과를 정리하여 발표해 보자.

관련학과

과학교육과, 지구과학교육과, 환경교육과

5. 반응물의 농도가 처음 농도의 반으로 되는 데 걸리는 시간을 반감기라 한다. 이러한 반감기가 실생활에 사용되는 사례를 찾아보고 그 원리에 대해 조사하여 발표해 보자. 또한 반감기를 활용하고 있는 대표적 사례인 탄소연대 측정 법에 대해 조사하여 발표해 보자.

관련학과

과학교육과, 화학교육과, 지구과학교육과

영역 대기와 해양의 변화

성취기준

[12지과 I 03-01] 저기압과 고기압이 통과할 때 날씨의 변화를 일기도와 위성 영상 해석을 통해 설명할 수 있다.

▶ 온대 저기압이 편서풍대에 속하는 중위도 지역을 통과하면서 나타나는 날씨의 변화를 실제 우리나라 주변의 일기도와 관련지어 설명한다.

[12지과 I 03-02] 태풍의 발생, 이동, 소멸 과정을 이해하고 태풍이 통과할 때의 날씨 변화를 일기도와 위성 영상 해석을 통해 설명할 수 있다.

▶ 최근에 발생한 사례를 중심으로 태풍이 우리나라에 준 피해와 영향 및 위력을 간략하게 다루면서 태풍의 발생 시기, 진로, 대기와 해수의 상호 작용, 대기와 육지의 상호 작용 등을 설명한다.

[12지과 I 03-03] 뇌우, 국지성 호우, 폭설, 황사 등 우리나라의 주요 악기상의 생성 매커니즘을 이해하고, 피해를 최소화할 수 있는 방법에 대해 토의할 수 있다.

▶ 뇌우, 국지성 호우(집중호우), 강풍, 폭설, 우박 등과 같은 우리나라의 주요 악기상을 소개하고 이들의 생성 매커니즘을 간단히 다룬다.

[12지과 I 03-04] 해수의 물리적, 화학적 성질을 이해하고, 실측 자료를 활용하여 해수의 온도, 염분, 밀도, 용존 산소량 등의 분포를 설명할 수 있다.

탐구주제

1 한국의 기상청 예보와 다른 나라의 예보를 보면, 같은 태풍일지라도 태풍의 경로가 조금씩 다를 때가 있다. 이러한 차이가 발생하는 이유와, 이와 같은 문제를 해결하는 방법에 대해 조사하여 발표해 보자.

관련학과

과학교육과, 지구과학교육과

2 기상 예보와 실제 날씨가 일치하지 않는 경우가 종종 있다. 기상 예보는 그 예보에 따라 취해야 하는 행동이 다르기에 매우 중요한 역할을 하는데, 기상 예보와 실제 날씨가 다른 이유를 분석하여 발표해 보자. 이때, 기존 기상 예보의 사례를 일기도와 위성 영상, 그 외에 필요한 자료를 찾아 분석과 발표에 활용해 보자.

관련학과

과학교육과, 지구과학교육과

3 기상청 누리집(www.weather.go.kr/w/index.do)에서 각 태풍의 1일 강수량, 영향 및 위력, 재산 피해액 등의 데이터를 조사해 보자. 과거의 태풍과 비교했을 때, 최근 기후 변화로 인한 태풍의 강도가 어떻게 달라지고 있는지 탐구하여 발표해 보자.

관련학과

과학교육과, 지구과학교육과

4 최근 태풍을 동반한 기록적인 폭우가 이어지면서 개인 및 국가 차원에서 많은 피해가 발생하고 있다. 이러한 기록적인 폭우를 인공강우 기술을 활용하여 해결할 수 있다는 의견이 있는데, 인공강우 기술의 원리는 무엇이며 인공강우로 그 피해를 어떻게 해결할 수 있는지 조사해 보자. 그리고 인공강우의 장단점을 조사하여 발표해 보자.

관련학과

과학교육과, 지구과학교육과, 물리교육과

5 최근 황사와 코로나19로 인하여 마스크의 필요성이 대두되었다. 특히 마스크를 착용할 경우, 코로나19의 감염 위험이 85%가량 감소되는 등 마스크가 개인 방역의 필수품으로 자리잡았다. 하지만 착용감, 필터링 등 여러 가지 문제점이 존재한다. 기존의 마스크가 가진 여러 가지 문제점과 한계에 대해 토의해 보고, 이러한 문제를 해결할 수 있는 효과 좋은 마스크를 만들어 발표해 보자.

관련학과

과학교육과, 지구과학교육과, 물리교육과, 화학교육과, 기술교육과

6 최근 물 부족 문제를 해결하기 위하여 해수의 담수화에 대한 연구가 활발히 진행 중이다. 그러한 연구 중 하나를 선택하여 사례를 발표하고 과학적 원리는 무엇인지 발표해 보자. 또한 자신만의 해수 담수화를 위한 연구 계획서를 작성하여 발표해 보자.

관련학과

과학교육과, 지구과학교육과, 물리교육과, 화학교육과, 공학관련교육과

7 최근 마이삭에 이어 하이선 태풍이 올라오는 현상을 후지와라 효과라고 하는데 후지와라 효과가 무엇인지 알아보고, 원의 방정식을 이용하여 후지와라 효과와 물리적 의미에 대해 설명해 보자.

관련학과

과학교육과, 지구과학교육과, 물리교육과, 수학교육과

영역 대기와 해양의 상호 작용

성취기준

[12지과 I 04-04] 기후 변화의 원인을 자연적 요인과 인위적 요인으로 구분하여 설명하고, 인간 활동에 의한 기후 변화의 환경적, 사회적 및 경제적 영향과 기후 변화 문제를 과학적으로 해결하는 방법에 대해 토의할 수 있다.

▶ 기후 변화의 원인을 인위적 요인과 자연적 요인으로 구분하고 자연적 요인을 지구 외적 요인과 지구 내적 요인으로 구분하여 다룬다. 인간 활동에 의한 기후 변화를 지구온난화를 중심으로 다룬다.

탐구주제

9.지구과학 I — 대기와 해양의 상호 작용

1. 바다는 지구의 열을 흡수하고 온실가스를 조절하는 등 기후 변화의 완충역할을 하고 있다. 하지만 최근 바다가 따뜻해지면서 폭풍도 점차 거세지고 있다. 바다의 온도가 태풍 및 허리케인에 미치는 영향에 대해 발표해 보자.

관련학과

과학교육과, 지구과학교육과

2. 극한 자연현상은 기후 요소에 관측된 변동 범위가 기준값보다 높거나 낮은 상태를 의미한다. 1950년 이후 수집된 관측결과로부터 극한 기후 변화에 대한 증거를 찾아 정리하고, 기후 변화에 의한 극한 기후 및 기상 현상이 자연재해에 미치는 영향에 대해 조사하여 발표해 보자.

관련학과

과학교육과, 지구과학교육과

3. 미국은 최근 지구온난화에 대한 과학적 근거가 불확실하다는 이유로 파리기후변화협정에서 탈퇴하였다. 이처럼 지구온난화 및 기후 변화가 허구 또는 과장이라고 주장하는 사람의 의견을 찾아보고, 자신의 생각을 기후 변화의 원인과 비교하여 정리·발표해 보자.

관련학과

과학교육과, 지구과학교육과, 환경교육과

영역 별과 외계 행성계

성취기준

[12지과 I 05-05] 외계 행성계의 탐사 방법을 이해하고, 지금까지 발견된 외계 행성계의 특징을 설명할 수 있다.

▶ 태양 이외의 항성도 행성계를 거느릴 수 있음을 설명하고, 지금까지 발견된 외계 행성계에 대한 통계적 특징을 다룬다. 외계 행성계를 탐사하는 다양한 방법들을 설명하고 각 방법의 특징과 한계를 다룬다.

[12지과 I 05-06] 외계 생명체가 존재할 가능성이 있는 행성의 일반적인 조건을 파악할 수 있으며 탐사의 의의를 토의할 수 있다.

▶ 외계 행성계의 생명체 존재 여부에 대한 판단은 중심별의 온도에 따른 생명 가능 지대(habitable zone)와 관련이 있으며, 항성이 행성을 거느린다는 것이 일반적인 것임을 인식시킨다.

탐구주제

9.지구과학 I — 별과 외계 행성계

1 SETI(Search for Extra-Terrestrial Intelligence)는 외계 지적생명체를 찾기 위한 일련의 활동을 통칭하는 말로, 최근 우리은하 내의 다른 지적 생명체의 존재를 찾기 위한 SETI@home 프로젝트가 진행 중에 있다. SETI@home 홈페이지에 접속하여 프로젝트에 참여해보고 그 경험을 발표해 보자. (setiathome.ssl.berkeley.edu/)

관련학과

과학교육과, 지구과학교육과, 초등교육과

2 최근 우주에 대한 관심이 증가하면서 우주의 다른 생명체를 찾기 위한 다양한 연구가 지속적으로 진행되고 있다. 지구 밖 행성에 생명체가 존재하는지 확인할 수 있는 관측 분석 방법을 조사하여 각각의 방법에 대해 정리하고, 그 원리에 대해 발표해 보자.

관련학과

과학교육과, 지구과학교육과, 초등교육과

3 우리나라의 외계 행성 탐색 시스템(KMTNet)과 케플러 우주 망원경을 이용한 미국의 케플러 계획(Kepler Mission)을 조사하고, 각 프로젝트의 외계 행성계 탐사 방법의 원리와 한계를 발표해 보자.

관련학과

과학교육과, 지구과학교육과, 물리교육과

4 태양계 밖 외계 행성계의 생명체 존재 여부는 다양한 조건에 따라 결정되지만, 무엇보다 중심별의 표면 온도나 광도와 밀접한 관련이 있다. 중심별의 표면 온도나 광도에 따라 액체 상태의 물이 존재할 수 있는 범위가 달라지기 때문이다. 생명체가 존재하는 데 꼭 필요한 요소 중 하나인 액체 상태의 물은 다양한 종류의 화학 물질을 녹일 수 있으므로 물에서 복잡한 유기물 분자가 탄생하는 것이 가능하다. 생명 가능 지대는 중심별의 표면 온도 및 광도와 어떤 관련이 있는지 조사하여 발표해 보자.

관련학과

과학교육과, 지구과학교육과

활용 자료의 유의점

- (!) 탐구 주제의 과학적 원리가 무엇인지 확인하고 이러한 원리, 현상이 실생활에 어떻게 활용되고 있는지 탐구
- (!) 고등학교 수준에서의 탐구 활동을 진행하고 사례를 찾을 때는 최신의 자료를 찾아 분석하여 탐구
- (!) 지구과학교과 내용과 관련된 공학, 수학, 환경, 윤리 등 다른 교과와 통합하여 탐구
- (!) 지구 및 우주에 대한 학생의 이해를 돕기 위한 모형이나 시청각 자료, 컴퓨터나 스마트 기기, 인터넷 등을 활용
- (!) 야외 탐구 활동 및 현장 학습 시에는 사전 답사를 실시하거나 관련 자료를 조사하여 안전한 활동이 되도록 주의
- (!) 탐구 주제와 학생의 흥미 및 관심에 따라 문헌조사, 사례 조사, 자료 수집 등 적절한 탐구 방법을 선택
- (!) 인터넷 자료나 참고 문헌 등을 인용할 경우에는 정확한 출처를 표시

과학과

10

지구과학Ⅱ

핵심키워드

☐ 지진파 ☐ 자기 자기장 ☐ 만유인력 ☐ 중력 ☐ 광물 자원 ☐ 해양 자원 ☐ 한국지질자원연구원 ☐ 한반도 지체 구조 ☐ 파고 저감효과 ☐ 등압선 ☐ 겉보기 운동 ☐ 회합 주기 ☐ 공전 주기 ☐ 나선 구조

영역

지구의 형성과 역장

성취기준

[12지과Ⅱ01-03] 지진파를 이용하여 지구의 내부 구조를 알아내는 과정과 지각의 두께 차이를 지각평형설로 설명할 수 있다.

▶ 지진파(종파 및 횡파)의 특성으로부터 지구 내부 구조를 알아낼 수 있음을 이해하고, 지각의 분포와 두께 차이로부터 지각평형설을 설명한다.

[12지과Ⅱ01-05] 지구 자기장의 발생 과정과 특성 및 자기장의 변화를 이해한다.

▶ 지구 내부의 외핵의 성질로부터 지구에 자기장이 발생함을 이해하고, 자기장의 세 가지 요소를 설명하며 극성이 주기적 변화해 왔음을 파악한다.

탐구주제

10.지구과학Ⅱ — 지구의 형성과 역장

① 지구 내부를 연구하는 방법에는 지구 내부의 물질을 직접 시추하거나 화산 분출물을 조사하는 방법이 있다. 하지만 이런 방법은 비용이 많이 들어가므로 지진파를 이용한다. 지진 발생 시 지진파의 특성을 이용하여 진원과 진앙의 위치를 찾는 법을 조사하고, 지진파를 통해 지구 내부의 층상구조를 밝히는 과정에 대해 발표해 보자.

관련학과

과학교육과, 지구과학교육과

② 지구가 형성하는 자기력이 미치는 공간을 지구 자기장이라고 한다. 지구 자기 3요소인 편각, 복각, 수평 자기력의 특징을 살펴보고, 지구 내부에서 자기장이 만들어지는 과정을 다이나모 이론을 통해 설명해 보자.

관련학과

과학교육과, 물리교육과, 지구과학교육과

탐구주제

3 중력은 만유인력과 원심력의 합력으로 질량을 가진 두 물체 사이에서 작용한다. 이러한 중력의 방향과 크기를 탐구하고, 실측 중력과 표준 중력의 차이인 중력 이상을 이용하여 지하 물질의 분포 및 지하자원을 탐사할 수 있는 방법에 대해 발표해 보자.

관련학과

과학교육과, 물리교육과

영역 지구의 구성과 물질과 자원

성취기준

[12지과II02-02] 편광 현미경을 이용하여 주요 광물을 식별하고 광물의 조직과 생성의 선후 관계 등을 해석하여 암석의 형성 환경을 유추할 수 있다.

▶ 암석에서 관찰할 수 있는 조직의 종류를 알아보고, 조직적 특징을 이용하여 암석을 구분하고 암석의 형성 환경을 설명한다.

[12지과II02-03] 화성, 변성, 퇴적 작용을 통해 광상이 형성되는 과정을 예를 들어 설명할 수 있다.

▶ 화성, 변성, 퇴적 작용을 통해 광상이 형성되는 과정을 이해하고, 대표적인 광상에 수반되는 자원의 종류를 조사하여 설명한다.

[12지과II02-04] 광물과 암석이 우리 생활의 여러 분야에 다양하게 이용되는 예를 조사하여 발표할 수 있다.

▶ 우리 생활에서 활용되는 암석과 광물의 사례를 조사하여 발표함으로써 지구의 구성 물질이 실생활에 유용하게 쓰일 수 있음을 이해한다.

[12지과II02-05] 해양에서 얻을 수 있는 에너지와 물질 자원의 종류와 분포를 알고, 이를 활용하는 사례와 자원 개발의 중요성을 조사하여 발표할 수 있다.

▶ 해양에서 얻을 수 있는 에너지의 종류와 그 활용 가능성에 대해 이해하고, 해저 자원의 종류, 분포 및 개발 현황에 대해 설명한다. 세계적인 자원의 추이를 조사하여 발표하며, 해양과 지질 자원의 현황과 개발의 중요성에 대해 이해한다.

탐구주제

1 편광 현미경을 이용하면 암석을 구성하는 광물의 모습과 여러 가지 광학적 특성을 관찰할 수 있다. 편광 현미경의 구조를 조사하고 조작 방법을 설명해 보자. 또한 편광 현미경을 통해 광물을 관찰하여 특성에 따라 분류하고 발표해 보자.

관련학과

과학교육과, 지구과학교육과, 물리교육과

② 화성암, 변성암, 퇴적암의 생성 환경을 살펴보고 생성 과정에서 나타날 수 있는 구조에 대해 탐구해 보자. 또한 화성, 변성, 퇴적 작용 시 형성되는 광상에 대해 살펴보고 광상에 수반되는 자원의 종류를 발표해 보자.

관련학과

과학교육과, 지구과학교육과, 물리교육과

③ 오늘날 우리 생활에는 다양한 자원이 활용되고 있는데 특히 광물 자원은 자동차, 핸드폰, 운동선수의 유니폼 및 항공우주 산업분야까지 널리 사용되고 있다. 우리 생활에서 활용되는 암석과 광물의 사례를 자신의 진로 분야에 맞춰 조사하고 이를 발표해 보자.

관련학과

과학교육과, 지구과학교육과, 물리교육과, 지리교육학과, 화학교육과

④ 해양에는 해수와 수산 자원, 광물자원, 에너지 자원과 같은 자원이 존재한다. 이중 차세대 에너지원으로 대두되고 있는 가스 수화물과 망가니즈단괴가 무엇이며 어떻게 활용되고 있는지 조사하고, 이러한 자원이 분포하는 장소의 지질학적 특성을 발표해 보자.

관련학과

과학교육과, 지구과학교육과, 물리교육과, 지리교육학과, 화학교육과

⑤ 해양에서 에너지를 생산하는 방식으로 조력 발전, 조류 발전, 파력 발전 등이 있다. 이러한 발전을 위해서는 터빈이 필요한데 이 터빈이 해양 생태계에 문제가 되고 있다는 보고가 있다. 해양 에너지 생산에 필요한 터빈의 문제점이 무엇인지 조사하고, 이를 해결하기 위한 방법을 탐구하여 발표해 보자.

관련학과

과학교육과, 지구과학교육과, 물리교육과

⑥ 최근 인구의 증가와 과학기술의 발전으로 육상 자원이 빠르게 고갈됨에 따라 해양 자원에 대한 관심이 증가하였고, 해양 자원을 둘러싼 분쟁도 늘어나고 있다. 해양 자원으로 발생하는 국제 분쟁에 대해 조사하여 발표하고 이를 해결하기 위한 방법을 탐구해 보자.

관련학과

과학교육과, 지구과학교육과, 초등교육과, 사회교육과, 지리교육과, 환경교육과, 윤리교육과

영역 한반도의 지질

성취기준

[12지과II03-02] 한반도의 지질 자료를 통해 한반도의 지사를 설명할 수 있다.

▶ 한반도의 지체 구조(경기육괴, 옥천대, 영남육괴, 경상분지)를 살펴보고, 지질 분포를 시대별(선캄브리아 변성암복합체, 조선누층군, 평안누층군, 경상누층군, 중생대~신생대 화성 활동)로 구분해 보며, 대표적인 지각 변동의 특징을 파악한다.

[12지과 II 03-03] 한반도 지질의 구조적인 특징 자료 분석을 통해 한반도 주변의 판구조 환경에 대해 조사하여 발표할 수 있다.

▶ 한반도 주변의 판구조 환경을 이해하고, 현재의 모습으로 한반도가 형성된 과정을 시기별로 알아본다.

탐구주제

10.지구과학 II — 한반도의 지질

1 한국지질자원연구원 홈페이지에서 우리 고장의 지질도를 찾아보고 암석의 지층명, 대표 암석의 종류, 생성된 시대 등에 대해 조사해 보자. 이를 바탕으로 우리 고장의 지질도를 탐구하기 위해 기존의 연구 자료, 준비물, 조사 방법, 안전 수칙 등을 포함한 지질 조사 탐구 계획서를 작성하여 발표해 보자.

관련학과

과학교육과, 지구과학교육과, 지리교육과

2 한반도의 지체 구조의 특징을 살펴보고 형성 과정에 대해 조사해 보자. 또한 한반도의 지체 구조, 층서 및 지질 시대를 연결하여 살펴보고, 각 시대별 환경 및 지각 변동과 연결하여 각 시대에 형성된 암석의 특징을 살펴본다.

관련학과

과학교육과, 지구과학교육과, 지리교육과

3 한반도 주변의 판구조 환경과 관련하여 육괴, 분지, 분대에 대해 탐구하고, 현재 한반도의 모습에 이르기까지의 과정을 시기별로 구분지어 발표해 보자. 특히 신생대 제3기 이후 경동성 요곡 운동과 풍화와 침식의 과정을 통한 산지 지형의 특징을 발표해 보자.

관련학과

과학교육과, 지구과학교육과, 지리교육과

영역 해수의 운동과 순환

성취기준

[12지과 II 04-04] 해일이 발생하는 여러 가지 원인을 이해하고, 피해 사례와 대처 방안을 조사하여 발표할 수 있다.

▶ 해일 발생 당시의 기압, 만조 시기, 해안 및 해저 지형에 따라서도 해일의 피해가 달라질 수 있음을 이해한다.

탐구주제

10.지구과학 II — 해수의 운동과 순환

1 쓰나미(지진 해일)로 인한 인간 및 물질적 피해의 정도와 심각성이 날로 증가하고 있다. 최근 발생한 쓰나미의 전파 경로와 파고에 대한 자료를 찾아 분석해 보자. 또한 이러한 쓰나미로 인한 피해가 컸던 이유를 살펴보고, 대처방안에 대해 토의하여 발표해 보자.

관련학과

과학교육과, 지구과학교육과, 물리교육과

탐구주제

10.지구과학 II — 해수의 운동과 순환

2 해양 잠재 구조물의 파고 저감효과를 직접 실험하여 확인해 볼 수 있는 환경을 조성함으로써 잠재 구조물의 배치에 따른 파고 저감효과의 변화에 대해 알아보자. 그 결과에 대한 분석을 토대로 지진 해일의 피해를 효과적으로 줄일 수 있는 잠재 구조물의 배치를 제안해 보자.

관련학과

과학교육과, 지구과학교육과, 물리교육과

영역 대기의 운동과 순환

성취기준

[12지과II05-03] 정역학 평형을 이용하여 대기압의 연직 분포 및 대기를 움직이는 힘을 정량적으로 설명할 수 있다.

▶ 대기를 움직이게 하는 힘인 기압 경도력을 이해하고, 이를 계산할 수 있는 수식을 정역학 평형으로부터 유도하게 한다.

[12지과II05-05] 편서풍 파동의 발생 과정을 이해하고, 이와 관련지어 지상 고·저기압의 발생 과정을 설명할 수 있다.

▶ 편서풍 파동과 제트류가 발생하는 과정을 대기 대순환과 관련지어 설명하고, 편서풍 파동을 지상 고·저기압의 발생 및 지구의 열수지 유지와 관련지어 이해하게 한다.

탐구주제

10.지구과학 II — 대기의 운동과 순환

1 대기를 움직이게 하는 힘인 기압 경도력 이외에 바람에 작용하는 힘인 전향력, 구심력, 마찰력에 대해 탐구해 보자. 특히 직접 회전 원판을 이용해 물체가 휘어짐을 확인하는 실험이나 전향력 실험을 다룬 영상자료를 통해 이러한 현상이 지구 환경에 어떠한 영향을 미치는지 발표해 보자.

관련학과

과학교육과, 지구과학교육과, 물리교육과

2 등압선이 직선일 때와 곡선일 경우 바람의 차이가 발생하는데 이 차이가 발생하는 이유를 설명해 보자. 특히 중위도 상공의 편서풍 파동과 제트류가 발생하는 과정을 대기 대순환과 관련지어 발표하고, 편서풍 파동이 지상의 기압 배치에 미치는 영향에 대해 발표해 보자.

관련학과

과학교육과, 지구과학교육과, 물리교육과

영역

행성의 운동

성취기준

[12지과II06-02] 내행성과 외행성의 겉보기 운동을 비교하고 지구중심설과 태양중심설로 행성의 겉보기 운동을 설명할 수 있다.

▶ 내행성과 외행성의 겉보기 운동의 특징을 관측적 측면에서 설명하고, 지구중심설과 태양중심설 각각의 설명 모형에서 행성의 겉보기 운동을 어떻게 설명하는지를 비교한다.

[12지과II06-03] 지구중심설과 태양중심설 중 금성의 위상과 크기 변화 관측 사실에 부합하는 태양계 모형을 찾을 수 있다.

▶ 망원경 발명 이후로 관측이 가능해진 금성의 위상 변화가 지구 중심 모형과 태양 중심 모형에서 각각 어떻게 예측되는지를 기술하고 관측한 사실에 부합하는 모형을 판별한다. 우주관의 변천사를 과학사적 접근을 통해 다루는 것이 바람직하다.

[12지과II06-04] 회합 주기를 이용하여 공전 주기를 구하는 원리를 이해하고, 겉보기 운동 자료로부터 행성의 궤도 반경을 구할 수 있다.

▶ 회합 주기와 지구의 공전 주기를 이용하여 행성의 공전 주기를 구할 수 있음을 다룬다. 또한 행성의 겉보기 운동에서 내행성과 외행성의 공전 궤도 반경을 구하는 과정을 구체적인 자료를 도입하여 설명한다.

탐구주제

10.지구과학II — 행성의 운동

1. 내행성과 외행성의 겉보기 운동의 특징을 살펴보고, 그와 같은 겉보기 운동을 설명하기 위한 우주관의 변천을 조사한다. 특히 갈릴레이가 망원경으로 관측한 금성의 위상 및 크기 변화를 천동설, 지동설, 절충설에서 어떻게 설명하는지 발표해 보자.

관련학과

과학교육과, 지구과학교육과, 물리교육과

2. 2세기 프롤레마이오스부터 코페르니쿠스, 티코 브라헤, 케플러, 갈릴레이, 19세기 베셀에 이르기까지 각 학자들의 업적을 조사해 보자. 그리고 오늘날의 우주관이 정립되기까지 태양계 모형의 발달에 공헌한 과학자들의 우주관에 대한 내용을 조사하여 발표해 보자.

관련학과

과학교육과, 지구과학교육과, 물리교육과

3. 회합 주기의 의미를 알고 회합 주기와 지구의 공전 주기를 이용하여 행성의 공전 주기를 구하는 법을 설명한다. 또한 지구의 공전 주기와 화성의 회합 주기를 이용하여 화성의 공전 궤도를 알아내는 방법에 대해서 발표해 보자.

관련학과

과학교육과, 지구과학교육과, 물리교육과

영역 우리은하와 우주의 구조

성취기준

[12지과Ⅱ07-04] 21cm 수소선 관측 결과로부터 은하의 나선팔 구조를 알아낸 과정을 설명할 수 있다.

▶ 전파 관측이 우리은하의 구조를 밝히는데 중요하게 사용되는 이유와 그 성과를 간략히 다룬다. 나선 구조와 관련된 별의 시선 속도와 접선 속도를 포함한 공간 운동을 간략히 다룬다.

[12지과Ⅱ07-07] 은하 장성과 보이드 등 대규모 구조를 통해 우주의 전반적인 모습을 설명할 수 있다.

▶ 우주에서 볼 수 있는 최대 규모의 구조를 회피역(void), 은하 장성(Great Wall) 등과 같은 3차원적 공간 분포를 도입하여 설명한다. 우주의 대규모 구조가 우주론 연구와 어떻게 관련되는지와 은하가 우주를 구성하는 기본 천체임을 다룬다.

탐구주제

10.지구과학Ⅱ — 우리은하와 우주의 구조

1 우리은하의 모양이 나선 구조임을 밝히는데 21cm 수소선 관측 결과가 어떻게 이용되었는지 조사해 보자. 21cm 수소선 관측 결과로부터 은하의 나선팔 구조를 알아낸 과정과 은하를 구성하고 있는 물질의 분포에 대해 발표해 보자.

관련학과

과학교육과, 지구과학교육과, 물리교육과

2 초은하단보다 더 큰 우주 거대 구조에 대해 조사하여 발표해 보자. 이와 같은 우주 거대 구조의 은하 장성과 거대 공동에 대한 연구는 암흑 물질과 암흑 에너지의 실체를 밝히는 과정이며 우주 탄생과 진화에 대한 연구의 발전 과정임을 탐구하여 발표해 보자.

관련학과

과학교육과, 지구과학교육과, 물리교육과

활용 자료의 유의점

- (!) 탐구 주제의 과학적 원리가 무엇인지 확인하고 이러한 원리, 현상이 실생활에 어떻게 활용되고 있는지 탐구
- (!) 고등학교 수준에서의 탐구 활동을 진행하고 사례를 찾을 때는 최신의 자료를 찾아 분석하여 탐구
- (!) 지구 및 우주에 대한 학생의 이해를 돕기 위한 모형이나 시청각 자료, 컴퓨터나 스마트 기기, 인터넷 등을 활용
- (!) 지구과학의 학습 내용과 관련된 첨단 과학기술을 다양한 형태의 자료를 조사
- (!) 과학적 원리와 함께 기술, 공학, 예술, 수학 등 다른 주제와 입장에 대해 통합적으로 탐구
- (!) 야외 탐구 활동 및 현장 학습 시에는 사전 답사를 실시하거나 관련 자료를 조사하여 안전한 활동이 되도록 주의
- (!) 탐구 주제와 학생의 흥미와 관심에 따라 문헌조사, 사례 조사, 자료 수집 등 적절한 탐구 방법을 선택
- (!) 인터넷 자료나 참고 문헌 등을 인용할 경우에는 정확한 출처를 표시

과학과

11

과학사

핵심키워드

□ 과학과 자연의 관계 □ 연역 추론 □ 귀납 추론 □ 과학혁명 □ 한국 과학 □ 과학의 역할
□ 최근 과학기술 □ 과학과 기술 □ 과학과 사회

영역 과학이란 무엇인가?

성취기준

[12과사01-01]	과학과 자연의 관계에 대한 다양한 인식론적 주장을 알아보고, 과학이 지향하는 목표와 방향을 이해할 수 있다.
[12과사01-02]	연역 추론과 귀납 추론의 차이점을 이해하고, 베이컨의 귀납주의와 그 한계를 설명할 수 있다.

탐구주제

11.과학사 — 과학이란 무엇인가?

1 최근까지 인간이 원하는 방식으로 자연을 이용할 수 있다는 믿음을 가지고 있었으나 오늘날 환경위기로 인하여 자연을 바라보는 다양한 인식론이 대두되고 있다. 이러한 흐름을 과학적 사례를 들어 설명해 보고, 앞으로 과학이 지향해야 하는 목표에 대해 발표해 보자.

관련학과

초등교육과, 과학교육과, 물리교육과, 화학교육과, 생물교육과, 지구과학교육과, 환경교육과, 윤리교육과, 사회교육과, 공학관련교육과

2 반증주의자들은 반증 방법이 없다는 이유로 사회과학을 과학으로 인정하지 않는다. 귀납주의를 비판하며, 반증을 과학 이론의 수용 또는 거부의 기준으로 삼아야 한다고 주장했던 칼 포퍼의 반증주의에 대해 조사하고, 이들이 지향하는 목표와 방향에 대해 발표해 보자.

관련학과

과학교육과, 사회교육과, 윤리교육과

탐구주제

3 "자연은 과학을 결정하고, 과학은 기술을 결정하며, 기술은 정치와 경제적 전지구화의 형식을 결정한다"는 의미를 과학의 역사적 측면에서 사례를 들어 설명해 보자. 그리고 이러한 과학관에 대한 자신의 입장을 발표해 보자.

관련학과

과학교육과, 사회교육과, 윤리교육과

4 흔히 과학은 객관성이 안정적으로 확보된 분야로 과학이 객관적인 점을 매우 강조한다. 즉, 과학은 확고부동한 실험적 사실이나 논리적으로 잘 짜인 수학적 계산이 제시된 다음에 누구나 동의할 수밖에 없는 필연성이 있다는 것이다. 하지만 일부 과학연구 결과는 관련 전문가 집단의 공동체적 승인을 얻는 상호주관적 의미의 객관성 확보를 통해 결정되고 있다. 이런 상황에서 자신이 생각하는 과학적 객관성은 무엇인지 정리하여 발표해 보자.

관련학과

과학교육과, 사회교육과, 윤리교육과

영역 서양 과학사

성취기준

[12과사02-04]	르네상스에 의한 사회적인 변화 이후에 16~17세기에 일어난 과학 혁명을 이해하고 근대 과학의 특징을 설명할 수 있다.
[12과사02-14]	여러 과학 혁명이 끼친 사회적 영향에 대해서 설명할 수 있다.
[12과사02-15]	신약 개발, 신소재 개발 및 나노 화학, 우주 개발 등과 같은 현대 과학의 발전과 그 의의를 설명할 수 있다.

탐구주제

1 15세기 활자 인쇄술의 발달로 인해 16세기 생산 현장에 있던 직인의 기술이 서적으로 대중화되면서 새로운 문화가 만들어졌다. 이러한 문화가 17세기 프란시스 베이컨의 경험주의와 귀납이라는 방법론을 통한 과학혁명에 어떻게 영향을 주었는지 발표해 보자.

관련학과

과학교육과, 윤리교육과, 역사교육과

2 과학기술은 사회에 많은 영향을 미치고 있다. 코페르니쿠스가 목성이 지구처럼 위성을 가지고 있다는 사실을 관측하고, 금성이 태양의 주위를 공전함을 증명한 과정과 이러한 결과가 중세의 인간의 삶 및 우주관에 끼친 영향을 조사하여 발표해 보자.

관련학과

과학교육과, 지구과학교육과

탐구주제

③ 비옥한 티그리스강, 유프라테스강 유역의 메소포타미아를 중심으로 강의 범람을 막기 위한 치수와 관개 사업을 위해 발달된 수학과 과학의 특징과 구체적인 사례를 조사해 보자. 이러한 과학이 인간의 생활 및 사회, 문화에 미친 영향을 조사하여 발표해 보자.

관련학과

과학교육과, 수학교육과, 역사교육과, 지리교육과

영역 동양 및 한국 과학사

성취기준

[12과사03-06] 한국 현대 과학의 발전 과정을 이해하고, 최근 세계 과학계에서의 한국 과학이 갖는 위상을 소개할 수 있다.

탐구주제

① 한국에서 과학사의 연구가 어떻게 변화하였는지 홍이섭의 「조선 과학사」, 전상운의 「한국과학기술사」에 대해 조사하여 발표하고, 세계적인 과학사와 비교하여 어떠한 특징을 가지고 있는지 설명해 보자.

관련학과

과학교육과, 초등교육과

② 다른 나라와 비교하여 한국 과학이 가지고 있는 장점 또는 위상에 대한 사례를 찾아 구체적으로 살펴보자. 미래 사회를 맞이하여 한국 과학이 나아가야 할 모습에 대한 자신의 생각을 정리하여 발표해 보자.

관련학과

초등교육과, 과학교육과, 공학관련교육과, 기술교육과

영역 과학과 현대 사회

성취기준

[12과사04-01] 과학의 역사에서 찾을 수 있는 과학과 종교, 정치, 문화 등 연관성을 통해 사회 속에서의 과학이 갖는 역할을 토의할 수 있다.

[12과사04-02] 최근의 과학기술의 발전에 따른 윤리적인 쟁점 사례를 이용하여 과학자로서 갖추어야 할 연구 윤리, 생명 윤리 등에 대하여 토의할 수 있다.

[12과사04-03] 현대 사회에서 과학과 기술, 사회와의 관련성에 대해서 토의할 수 있다.

탐구주제

1 삶의 질 향상에 대한 인간의 욕구가 증가함에 따라 건강한 삶에 대한 관심이 증대되었다. 인간은 과학기술의 발달로 풍요로운 식품을 원하면서도 깨끗하고 안전한 환경을 추구하고자 한다. 이러한 상황에서 과학과 기술이 가지는 지속가능성에 대한 의미와 이를 성취하기 위한 방법에 대해 탐구해 보자.

관련학과

초등교육과, 과학교육과, 환경교육과, 윤리교육과, 사회교육과

2 동물원은 종의 보전 또는 인간의 자연 관찰을 위한 긍정적인 모습도 있지만, 동물을 우리에 가둬 사육함으로써 동물들의 비정상적인 정형행동을 야기하기도 한다. 구체적 사례를 들어 동물원의 장단점에 대해 조사하고, 동물원에 대한 자신의 생각과 이러한 문제를 해결하기 위해 현재 동물원이 기울이고 있는 노력에 대해 발표해 보자.

관련학과

초등교육과, 과학교육과, 환경교육과, 윤리교육과, 사회교육과

3 과학기술은 인간에게 물질적 풍요와 편리한 삶을 선물했지만, 반대로 자원 고갈이나 생태계 파괴 등 환경문제와 같은 문제점도 야기하고 있다. 이처럼 과학기술의 양면성에 대한 사례를 찾아 발표하고, 앞으로의 과학이 나아가야 할 방향에 대한 자신의 생각을 발표해 보자.

관련학과

초등교육과, 과학교육과, 윤리교육과, 사회교육과

4 식량문제를 해결하기 위해 유전자 조작 식품에 대한 다양한 기술이 개발, 적용되고 있다. 하지만 이로 인해 다양한 문제도 발생하고 있다. 유전자 조작 식품으로 발생한 쟁점을 조사하고, 과학자로서 가져야할 윤리적 가치에 대해 발표해 보자.

관련학과

초등교육과, 과학교육과, 윤리교육과

활용 자료의 유의점

- (!) 각각의 과학사의 역사 흐름을 이해하고 과학의 원리를 발견한 과학자의 마음으로 과학의 현상을 접근하며 탐구
- (!) 과학적 원리, 현상이 실생활에 어떻게 활용되고 있는지 조사
- (!) 과학적 원리가 어떻게 발전하였으며 미래에는 어떻게 적용될 수 있는지 예측, 적용할 수 있는 기술에 대한 탐구
- (!) 과학의 잠정성, 과학적 방법의 다양성, 과학 윤리, 과학·기술·사회의 상호 관련성 등과 관련된 내용을 활용
- (!) 고등학생의 수준에 적합한 탐구 과제를 선정하고 교과 내용을 심화할 수 있는 사례나 주제를 선정하여 탐구 진행
- (!) 탐구 주제와 학생의 흥미와 관심에 따라 문헌조사, 사례 조사, 자료 수집 등 적절한 탐구 방법을 선택
- (!) 인터넷 자료나 참고 문헌 등을 인용할 경우에는 정확한 출처를 표시
- (!) 결과 발표 후 탐구 과정 및 산출물에 대하여 반성하고 자기 평가 및 동료 평가 실시

과학과

12

생활과 과학

핵심키워드

☐ 영상 촬영 원리 ☐ 감염성 질병 ☐ 식량 생산문제 ☐ 항생제 ☐ 나노 기술 ☐ 우주복 ☐ 열에너지 효율
☐ 친환경 자동차 ☐ 공명 현상 ☐ 소리 파형 분석 ☐ 미술품 감정

영역 건강한 생활

성취기준

[12생활01-01] 질병, 의약품, 위생, 예방 접종, 진단, 치료 등과 관련된 과학 원리를 조사하고 설명할 수 있다.

[12생활01-02] 인류 문명사에 있어서 과학이 인류 건강 및 수명 연장에 영향을 준 대표적인 몇몇 사례를 조사하고 토론할 수 있다.

[12생활01-04] 약물 오남용의 폐해에 대해 경각심을 높이고, 약물의 올바른 이해와 사용을 권장하는 캠페인을 기획하고 발표할 수 있다.

[12생활01-05] 식품 재료, 첨가제, 보존 방법, 영양소 등에 포함된 과학적 원리를 조사하고 설명할 수 있다.

[12생활01-06] 과학이 인류 식생활에 미친 긍정적 영향과 부정적 영향에 대해 조사하고 토론할 수 있다.

[12생활01-07] 식품 소비자로서 주변 식료품의 구성 성분을 조사하여, 권장 식료품 목록을 작성할 수 있다.

[12생활01-08] 방사능 물질, 수은, 중금속 등 환경 오염원에 노출된 먹거리에 대한 위험성을 조사하고 토론할 수 있다.

탐구주제

12.생활과 과학 — 건강한 생활

① 원통형 장치에 환자가 출입하면서 영상 촬영을 하는 CT(컴퓨터 단층 촬영), MRI(자기공명영상), PET 장비의 모양은 비슷하다. CT(컴퓨터 단층 촬영), MRI(자기공명영상), PET의 각각의 영상 촬영 방식과 과학적 원리를 알아보고, CT, MRI, PET의 차이가 무엇인지 설명해 보자.

관련학과

과학교육과, 물리교육과

2 감염성 질병이란 인체에 미생물이 들어와 병을 일으키는 것으로 감염성 질병의 사망자는 전 세계 연간 사망자의 30%를 차지한다. 감염성 질병의 예방과 치료를 위해 개인, 사회, 국가 수준에서 사용하는 위생 방법과 대책에 대해 조사하고, 이를 알리는 다양한 캠페인을 진행해 보자.

관련학과
과학교육과, 생물교육과

3 콜레라는 1817년 인도를 휩쓸고 180년 동안 7차 대유행을 거치며 수백만 명을 사망하게 만든 병으로, 현대에도 가장 위험한 질병 중 하나로 꼽힌다. 콜레라의 발병 역사에 대해 조사하고 콜레라가 발생하는 이유를 설명해 보자. 또한 콜레라의 예방과 치료방법에 대해 발표해 보자.

관련학과
과학교육과, 생물교육과, 사회교육과

4 우리 주변에서 접할 수 있는 진통제, 각성제, 신경안정제, 진해제 등의 종류에 대해 알아보자. 각각의 약물이 올바른 목적에 맞게 사용될 수 있도록 알리는 내용과 남용 결과, 폐의약품을 처리하는 방법 등에 대한 카드뉴스 또는 인포그래픽을 만들어 발표해 보자.

관련학과
과학교육과, 화학교육과, 생물교육과

5 자신이 좋아하는 식품의 식품 포장지에 표시된 영양 성분표를 확인하고, 영양 성분표에 나타난 영양성분, 1회 제공량, 총 제공량, 1회 제공량 당 함량 및 영양소 기준치 등의 내용이 무엇을 의미하는지 조사하여 발표해 보자.

관련학과
과학교육과, 화학교육과, 가정교육과, 초등교육과

6 식품은 자연 상태로 두면 수분, 온도, 햇빛, 산소의 작용과 미생물의 번식으로 그 성분이 변질되거나, 식품 자체가 지니고 있는 고유의 성분이 소실된다. 식품의 장기 보관 방법에 대해 조사하여 발표해 보자.

관련학과
과학교육과, 화학교육과, 가정교육과, 초등교육과

7 세계 인구가 증가하면서 식량 생산문제가 큰 사회적 문제로 대두되고 있다. 이에 최근 유전공학의 발달로 유전자를 조작하여 만든 식품이 연구되고 있는데 유전자 조작 식품의 종류를 알아 보자. 유전자 조작 식품에 대한 긍정적, 부정적 입장을 조사하여 정리하고, 이를 종합하여 자신의 입장을 발표해 보자.

관련학과
과학교육과, 화학교육과, 생물교육과, 초등교육과, 환경교육과

8 일본 대지진으로 후쿠시마 원전이 폭발되면서 방사능 물질이 바다와 대기로 퍼졌다. 바다에 유입된 방사능 물질이 인체에 축적되는 과정을 사례를 찾아 설명해 보자. 방사능 오염에 노출된 먹거리를 섭취하였을 경우 인체에 어떤 위험성이 있는지 조사하고 대책을 발표해 보자.

관련학과
과학교육과, 화학교육과, 생물교육과, 초등교육과, 환경교육과

9 인류는 항생제의 발명으로 여러 질병으로부터 생명을 지킬 수 있게 되었다. 하지만 항생제의 개발 및 남용으로 인해 항생제 내성 세균이 생겨나면서 슈퍼 박테리아에 대한 우려가 높아지고 있다. 항생제에 내성이 생기는 이유와 이에 대한 대안을 발표해 보자.

관련학과
과학교육과, 화학교육과, 생물교육과

영역 아름다운 생활

성취기준

[12생활02-01]	샴푸와 세안제, 화장품, 염색, 파마 등에 포함된 과학적 원리를 조사하고 설명할 수 있다.
[12생활02-02]	아름다움은 건강한 신체와 정신에 기반한다는 것을 이해하고, 미용의 올바른 가치를 담은 광고, 동영상 등 홍보물을 제작할 수 있다.
[12생활02-04]	화장품 개발의 윤리와 동물 보호 등과 관련된 내용을 조사하고 토론할 수 있다.
[12생활02-05]	의복의 소재, 기능 등에 관련된 과학적 원리 및 개념을 설명할 수 있다.
[12생활02-08]	등산복, 운동복, 방화복, 방수복, 방탄복 등 안전과 관련된 의복의 소재 및 기능 등을 조사하고 비교함으로써 안전 의복들의 장점과 개선점에 대해 토론할 수 있다.

탐구주제

12. 생활과 과학 — 아름다운 생활

1 비누는 세수를 하거나 빨래를 할 때 사용하는 계면활성제이다. 비누의 세척 원리와 비누 및 클렌징폼의 주요 성분을 찾아 조사해 보자. 그리고 이를 통해 공통점과 차이점을 알아보기 위한 실험을 설계하고 발표해 보자.

관련학과

과학교육과, 화학교육과, 초등교육과

2 자신이 사용하고 있는 화장품의 성분 표시를 살펴보고 발암성, 환경 호르몬, 알레르기를 유발할 수 있는 성분들을 찾아 보자. 또한 이러한 문제를 해결하기 위한 방법에는 무엇이 있을지 조사하여 발표해 보자.

관련학과

과학교육과, 화학교육과, 가정교육과

3 자외선 차단제와, 로션, 그리고 아무것도 바르지 않은 OHP를 자외선을 받으면 색이 변하는 종이에 올려놓고 자외선을 쬐어주면 어떤 차이가 나타나는지 실험해 보자. 실험에서 이러한 차이가 발생하는 이유를 과학적 원리를 통해 발표해 보자.

관련학과

과학교육과, 화학교육과

4 마스카라를 개발하기 위해 토끼에게 마스카라를 발라 제품의 유해성을 실험하거나 토끼의 눈에 화학물질을 주입하는 트레이즈 테스트 같은 동물 실험이 실행되고 있다. 이렇듯 화장품 개발을 위해 동물 실험을 하는 것에 대한 자신의 생각을 정리하고 근거를 제시하며 발표해 보자.

관련학과

초등교육과, 과학교육과, 생물교육과, 화학교육과, 환경교육과

5 최근 가장 각광 받고 있는 기술 중 1~100nm의 크기의 물질을 다루는 나노 기술의 발달은 우리 생활뿐 아니라 의복에도 많은 영향을 주고 있다. 나노 기술이 의복에 어떠한 변화를 줄 수 있을지 발표해 보자.

관련학과

과학교육과, 화학교육과, 가정교육과

탐구주제

12. 생활과 과학 — 아름다운 생활

6 과학의 기술은 고어텍스, 발열 내의, 쿨맥스와 같은 의복에도 많은 영향을 주고 있다. 과학기술이 의생활에 영향을 미친 사례를 찾아 과학적 원리와 함께 설명하고 자신이 생각하는 안전한 의복을 설계해 보자.

관련학과

과학교육과, 물리교육과, 화학교육과, 생물교육과, 가정교육과

7 우주는 우리가 살고 있는 지구와 많이 다르다. 극한의 우주 공간에서 우주복의 기능은 우주인의 생명과 직결되어 있다. 따라서 우주복은 우주공간에서 인체를 보호할 목적으로 제작되었다. 현재 우주복에 숨어 있는 과학적 원리를 조사하여 발표해 보자.

관련학과

과학교육과, 물리교육과, 화학교육과, 생물교육과, 지구과학교육과, 가정교육과

영역 편리한 생활

성취기준

[12생활03-01] 초고층 건물, 경기장, 음악 공연장, 지붕, 다리 구조 등 다양한 건축물을 조사하고 각 건축물에 관련된 과학적 원리를 설명할 수 있다.

[12생활03-02] 인간의 외부 환경, 주거의 개념, 건물의 기능, 편안함, 쓰레기, 안전 등 건축물을 설계할 때 고려해야 하는 사항들을 조사하고 발표할 수 있다.

[12생활03-04] 환경과 생태적 측면에서의 건축물 설립의 장점과 제한점을 실제 사례들을 조사하고 비교함으로써 설명할 수 있다.

[12생활03-05] 자동차, 기차, 선박, 비행기, 신호등, GPS 등에 관련된 과학적 원리를 조사하고 설명할 수 있다.

탐구주제

12. 생활과 과학 — 편리한 생활

1 아치(Arch)란 위쪽으로 활 모양의 곡선을 그리는 구조물로 건물의 지붕, 다리 등에 쓰인다. 매우 오래된 아치의 역사는 고대 이집트, 바빌로니아, 로마 시대로 거슬러 올라간다. 건축물에 아치 구조가 이용된 예를 찾아보고 아치 구조의 원리를 설명해 보자.

관련학과

과학교육과, 물리교육과

2 책과 책 사이에 무거운 추를 올려놓을 수 있는 구조물을 설계를 하려고 한다. 실험을 통해 가장 많은 하중을 견딜 수 있는 구조무를 설계해 보고, 하중을 견딜 수 있는 이유에 대해 설명해 보자.

관련학과

과학교육과, 물리교육과

3 최근 자원고갈 및 환경오염의 문제로 친환경 건축에 대한 관심이 높아졌다. 대표적인 친환경 건축물로 에너지 제로 하우스, 패시브 하우스의 필요성을 알아보고, 열에너지 효율을 높이기 위한 다양한 방법을 적용하여 건축물을 직접 설계해 보자. 또한 여기에 적용한 과학적 원리를 정리하여 발표해 보자.

관련학과

과학교육과, 환경교육과, 물리교육과, 공학관련교육과, 기술교육과

4 영국 런던의 세인트 폴 대성당에 있는 속삭이는 회랑은 타원의 성질을 이용하여 설계된 건물이다. 속삭이는 회랑에서서 속삭이면 다른 위치에 있는 사람은 들을 수 없어도 다른 초점의 위치에 서 있는 사람은 들을 수 있다고 한다. 속삭이는 회랑에 적용된 과학적 원리는 무엇인지 설명해 보자.

관련학과

과학교육과, 물리교육과, 공학관련교육과

5 최근 환경 문제가 심화되면서 이산화 탄소 배출량을 줄이기 위해 다음과 같은 친환경 자동차가 개발되었다. 하이브리드 자동차, 플러그인 하이브리드 자동차, 수소 연료 전지 자동차, 전기자동차의 원리가 무엇인지 알아보고, 환경문제를 해결하기 위한 자신만의 자동차를 개발해 보자.

관련학과

과학교육과, 물리교육과, 화학교육과, 공학관련교육과, 기술교육과

6 탑, 빌딩과 같은 규모가 큰 구조물의 경우에도 공명 현상에 의해 진동이 증폭될 수 있다. 이러한 극단적인 예로 미국 워싱턴 주에 있던 타코마 다리의 붕괴를 들 수 있는데 타코마 다리의 붕괴 현상을 과학적으로 설명해 보자.

관련학과

과학교육과, 물리교육과

7 4차 산업혁명에 대한 관심이 높아지면서 인공지능 자율주행자동차에 대한 관심이 높아지고 있다. 카메라를 통해 수집된 데이터를 토대로 차선을 추출하고, 시야각과 곡률과 같은 개념을 수치로 표현하는 등의 통합적 탐구 과정을 통해 자율주행자동차를 설계해 보자.

관련학과

과학교육과, 물리교육과, 수학교육과, 컴퓨터교육과, 공학관련교육과, 기술교육과.

8 태풍이 강타했을 때 해안가 고층 건물 주변에 바람이 더 강하게 부는 '빌딩풍 현상'에 대한 실험을 설계하고, 이를 통해 빌딩풍 현상의 원인을 찾아 설명해 보자. 또한 이러한 빌딩풍 현상을 해결하기 위한 방안을 토의하여 발표해 보자.

관련학과

과학교육과, 물리교육과

영역 문화생활

성취기준

[12생활04-01] 스포츠, 음악, 미술, 사진, 문학 등에 관련된 과학적 원리 및 개념을 조사하고 설명할 수 있다.

[12생활04-02] 인류 문명사의 관련된 몇몇 사례를 통하여 과학의 발달이 스포츠, 음악, 미술, 사진, 문학 등에 끼친 영향을 조사하고 발표할 수 있다.

[12생활04-04]	안전, 음악 또는 미술 작품의 표절, 문화재 보존 및 복원 기술, 보안 유지, 자료·정보 유출 및 도난 방지 등을 위하여 고려해야 할 내용들과 관련된 사례들을 조사하고 발표할 수 있다.
[12생활04-05]	공연, 영화, 미디어 아트 등 종합 예술과 관련된 과학적 원리 및 개념을 조사하고 설명할 수 있다.

탐구주제

12.생활과 과학 — 문화생활

1 소리 파형 분석이 가능한 애플리케이션을 설치하여 실행시키고, 소리 분석 프로그램으로 주변의 다양한 악기에서 나는 같은 음을 녹음하여 파형을 분석해 보자. 각각의 파형이 어떻게 다르고 그 이유가 무엇인지 설명해 보자.

관련학과

과학교육과, 초등교육과, 물리교육과, 음악교육과

2 모든 스포츠, 음악, 미술에는 수학과 과학의 원리가 숨어 있다고 한다. 축구의 바나나킥, 야구의 커브처럼 진행방향이 물체의 운동 흐름에 영향을 주는 현상을 베르누이 원리와 마그누스 효과를 통해 설명해 보자. 또한 보다 급격한 변화를 위해서는 어떻게 해야 하는지 탐구해 보자.

관련학과

과학교육과, 물리교육과, 체육교육과

3 고(故) 천경자 화백의 '미인도'는 위작 논란으로 유명한 작품이다. 화백은 자신의 그림이 위작이라고 주장하였지만, 한국화랑협회 미술품 감정위원회는 진품이라고 주장해 수년째 논란이 지속되고 있다. 예술품의 진위를 파악하기 위한 과학적 원리를 찾아 설명해 보자.

관련학과

과학교육과, 화학교육과, 미술교육과

4 한 음악 케이블에서는 인공지능(AI) 음악 프로젝트 '다시 한번'을 통해 고(故) 터틀맨의 모습을 복원해 주목받았다. 그 외에도 홀로그램과 가상현실을 활용하여 집에서도 박물관의 모습을 확인할 수 있는 기술이 발전하고 있다. 이러한 프로젝트에 사용된 과학적 원리를 조사하고 이를 사회에 긍정적으로 활용할 수 있는 방법을 고안해 보자.

관련학과

초등교육과, 과학교육과, 물리교육과, 생물교육과, 지구과학교육과, 음악교육과, 미술교육과

활용 자료의 유의점

- (!) 과학적 원리, 현상이 실생활에 어떻게 활용되고 있는지 조사
- (!) 과학적 원리가 어떻게 발전하였으며 미래에는 어떻게 적용될 수 있는지 예측, 적용할 수 있는 기술에 대한 탐구
- (!) 과학의 잠정성, 과학적 방법의 다양성, 과학 윤리, 과학·기술·사회의 상호 관련성 등과 관련된 내용을 활용
- (!) 고등학생의 수준에 적합한 탐구 과제를 선정하고 교과 내용을 심화할 수 있는 사례나 주제를 선정하여 탐구 진행
- (!) 탐구 주제와 학생의 흥미 및 관심에 따라 문헌조사, 사례 조사, 자료 수집 등 적절한 탐구 방법을 선택
- (!) 인터넷 자료나 참고 문헌 등을 인용할 경우에는 정확한 출처를 표시
- (!) 결과 발표 후 탐구 과정 및 산출물에 대하여 반성하고 자기 평가 및 동료 평가 실시

과학과

과학과

13

융합과학

핵심키워드

☐ 천체 관측 ☐ 빅뱅 우주론 ☐ 지구 밖 행성 생명체 ☐ 유전자 ☐ 근거리 통신 ☐ 광통신
☐ 초전도체 ☐ LMO와 GMO ☐ 유전자 치료 ☐ 기후 변화 ☐ 신재생 에너지

영역 우주의 기원과 진화

성취기준

[12융과01-05]	은하의 크기, 구조, 별의 개수 등이 다양하고, 은하와 은하 사이의 공간 등이 우주의 전체 구조를 이루고 있음을 우주 거대 구조를 관측한 결과를 활용하여 설명할 수 있다.
[12융과01-06]	성간 공간에서 수소, 탄소, 질소, 산소 원자들로부터 수소와 질소 분자, 그리고 일산화 탄소, 물, 암모니아 등과 같은 간단한 화합물이 만들어지는 과정을 설명할 수 있다.

탐구주제

13. 융합과학 — 우주의 기원과 진화

1. 최근에는 고가의 천체 망원경 없이도 천체를 관측할 수 있는 다양한 프로그램 및 앱이 등장하고 있다. 천체 관측을 위한 프로그램 및 앱을 알아보고, 다양한 프로그램을 직접 설치, 실행하여 천체를 관측해 보자. 천체 관측 프로그램의 장단점을 공유하고 천체 관측 결과를 설명해 보자.

관련학과

과학교육과, 지구과학교육과, 초등교육과

2. 우주 팽창이 밝혀진 후 빅뱅 우주론이 확립되는 과정에서 가장 쟁점이 되었던 부분은 새로운 물질의 생성 여부였다. 빅뱅 우주론이 확립되기까지의 과정을 조사하여 설명하고 자신의 생각을 발표해 보자.

관련학과

과학교육과, 지구과학교육과

3. 여러 별빛의 스펙트럼을 분석한 결과 우주의 구성 원소는 수소가 약 74%, 헬륨이 약 24%임이 밝혀졌다. 이러한 관측 사실이 빅뱅 우주론의 증거가 될 수 있는 까닭을 조사하여 발표해 보자.

관련학과

과학교육과, 지구과학교육과

영역 태양계와 지구

성취기준

12융과02-02]	케플러의 법칙은 행성의 운동에 관한 법칙으로 뉴턴의 운동 법칙을 이용하여 케플러 법칙을 설명할 수 있다.
[12융과02-05]	지구의 진화 과정을 통하여 지권, 수권, 기권 등과 같은 지구계 각 권이 형성되었으며, 태양으로부터의 거리가 지구를 특별한 행성으로 만들었다는 것을 추론할 수 있다.

탐구주제

13.융합과학 — 태양계와 지구

1. 행성이 타원궤도로 돌고 있는 이유를 중력과 관성과 같은 과학적 법칙을 통해 설명하고, 행성의 운동에 대한 케플러 제3법칙이 뉴턴의 중력 법칙으로 증명되는 과정을 탐구하고 정리하여 발표해 보자.

관련학과

과학교육과, 물리교육과, 지구과학교육과

2. 최근 우주에 대한 관심이 높아지면서 외계인과 같은 우주의 다른 생명체를 찾기 위한 다양한 연구가 진행중에 있다. 지구 밖 행성에 생명체가 존재하는 것을 어떻게 확인할 수 있는지 관측 분석 방법을 조사하여 정리하고, 그 원리를 발표해 보자.

관련학과

과학교육과, 지구과학교육과, 초등교육과

영역 생명의 진화

성취기준

[12융과03-02]	광합성 박테리아가 출현하여 태양에너지를 이용해 물을 분해하고 이때 나온 수소를 사용하여 이산화 탄소를 탄수화물로 환원시키면서 산소가 발생하고, 이 반응이 지구와 생명의 역사에 변혁을 가져온 과정을 과학적 근거를 들어 설명할 수 있다.
[12융과03-03]	지질 시대에 따른 생물 화석의 변화를 통해 생물 종의 진화 과정을 추론할 수 있으며, 생물 화석이 포함된 지층과 암석의 특징을 바탕으로 과거 생물의 생활환경을 유추할 수 있다
[12융과03-05]	지구의 모든 생명체가 염색체, 유전자, DNA의 개념을 바탕으로 동일한 유전 암호를 사용하는 것에 근거하여 생명의 연속성을 설명할 수 있다.

탐구주제

1. 광합성은 광합성 기구가 빛 에너지를 화학 에너지로 전환하는 과정이다. 현재의 지구 생명체는 광합성 생물의 출현으로 발생한 산소 덕분에 존재할 수 있었다. 만약 광합성 생물이 출현하지 않았다면 지구 생명체의 역사는 어떻게 되었을지 상상하여 탐구해보고 이를 발표해 보자.

관련학과

과학교육과, 화학교육과, 생물교육과, 지구과학교육과

2. 2015년 미국의 과학자들은 호박 속에서 완벽하게 보존된 도마뱀에 대한 연구 결과를 발표하였는데, 이 연구 결과의 주요 내용을 조사해 보자. 화석을 통해 과거 생물의 생활환경을 유추할 수 있는 또 다른 사례를 찾아 괴기의 생활환경을 추측하여 발표해 보자.

관련학과

과학교육과, 지구과학교육과, 생물교육과

3. 세포 내 정보 흐름과 관련하여 모둠별 역할 놀이를 하고, 이를 통해 유전자의 정보로부터 단백질이 만들어지는 과정을 이해해 보자. 이를 통해 지구상의 모든 생명체가 동일한 유전 암호를 사용함으로써 생명의 연속성을 유지하는 원리를 탐구해 보자.

관련학과

과학교육과, 생물교육과, 지구과학교육과, 화학교육과

4. 유전자란 무엇이며 생명 시스템을 유지하기 위해 유전자가 하는 일을 조사해 보자. DNA와 유전자의 형질 발현 모형을 학습할 수 있는 DNA 퍼즐키트 제작하여 핵과 세포질에서 일어나는 유전자 발현 과정을 설명해 보자.

관련학과

과학교육과, 생물교육과, 초등교육과, 화학교육과, 환경교육과

영역 정보통신과 신소재

성취기준

[12융과04-02] 정보를 인식하는 여러 가지 센서의 기본 작동 원리를 이해하고, 휴대전화, 광통신 등 첨단 정보 전달기기에서 정보가 다른 형태로 변환되어 전달되는 과정을 설명할 수 있다.

[12융과04-03] 하드디스크 등 여러 가지 디지털 정보 저장 장치의 원리와 구조를 이해하고, 이 원리가 적용된 자기기록 카드 등에 대해 조사하여 발표할 수 있다.

[12융과04-05] 고체에 대한 에너지 띠구조를 바탕으로 도체, 부도체, 반도체의 차이가 나타난다는 것을 이해하고, 이는 초전도체와 액정 등 새로운 소재의 물리적 원리로 활용될 수 있음을 설명할 수 있다.

[12융과04-07] 고분자 물질의 구조와 이에 따른 특성을 이해하고, 고분자 물질의 특성을 활용한 합성섬유, 합성수지, 나노 물질 등 다양한 첨단 소재를 조사하여 발표할 수 있다.

탐구주제

1 최근 바코드와 QR코드 이외에 블루투스, NFC와 같이 디지털 정보를 이용하여 정보를 교환하는 여러 가지 근거리 통신이 대두되고 있다. 이러한 근거리 통신의 종류와 과학적 원리와 장단점, 실제 생활에 적용되고 있는 사례에 대해 조사하여 발표해 보자.

관련학과

과학교육과, 물리교육과, 컴퓨터교육과

2 광통신은 음성이나 영상의 데이터 정보를 전기 신호로 바꾼 후, 이를 다시 빛 신호로 바꾼 상태에서 광섬유를 통해 전달한다. 이러한 광통신은 보다 빠른 속도를 위해 끊임없이 발전하고 있다. 광통신의 신호 전달 원리와 방법에 대해 조사하고 탐구하여 발표해 보자.

관련학과

과학교육과, 물리교육과, 컴퓨터교육과

3 최근 TV 액정으로는 전기 신호의 종류에 따라 빛의 굴절 패턴을 바꾸어 액정소자를 사용하는 LCD와, 발광 소재의 일종으로 형광성 유기화학물을 기반으로 하는 OLED가 있다. 이 두 가지의 차이점이 무엇인지 알아보고, 각각의 장단점에 대해 발표해 보자.

관련학과

과학교육과, 물리교육과

4 특정 온도 이하에서 전지 저항이 0이 되는 물체를 초전도체라고 한다. 초전도체의 원리가 무엇인지 설명하고 초전도체가 개발되면 우리 생활을 어떻게 바꿀 수 있을지 상상하여 발표해 보자.

관련학과

과학교육과, 물리교육과, 화학교육과, 공학관련교육과

5 그래핀, 탄소 나노튜브, 풀러렌, 초전도체, 형상기억합금, 유기발광 다이오드와 같은 다양한 신소재를 모둠별로 한가지씩 정해 보자. 신소재의 특성과 개발과정 및 생활에서 활용되고 있는 사례에 대해 조사하여 발표하고, 자신이 찾은 신소재 이외의 내용에 대해 정리하여 보고서를 작성해 보자.

관련학과

초등교육과, 과학교육과, 화학교육과, 공학관련교육과, 가정교육과, 기술교육과, 환경교육과, 미술교육과

MEMO

영역 인류의 건강과 과학기술

성취기준

[12융과05-02]	식량 자원의 지속적인 개발 및 확보와 관련하여 생태계와 생물 다양성의 가치 및 종자은행의 중요성을 이해하고, 물의 소독, 살균, 세제의 사용이 인간 수명의 증가와 건강의 증진에 기여하였음을 조사하여 발표할 수 있다.
[12융과05-03]	건강한 생활의 유지를 위해 세포의 물질대사, 생장, 조직 형성 및 에너지 공급을 위한 영양소의 고른 섭취가 필요함을 이해하고, 일과 운동을 통하여 에너지가 소비되는 과정을 설명할 수 있다.
[12융과05-05]	의료에 사용되는 청진기, 혈압계, 내시경과 MRI를 비롯한 첨단 영상 진단 장치에는 물리적 원리가 적용되었으며, 혈액 검사 등에는 화학적 원리가 적용되었다는 것을 설명할 수 있다.
[12융과05-06]	생태계와 생물 다양성의 가치를 천연 의약품과 관련지어 설명하고, 아스피린 등 합성 의약품의 중요성에 대해 토의할 수 있다.
[12융과05-07]	암의 발생은 유전적·환경적 요인과 관련됨을 알고, DNA 염기 서열과 단백질의 상세 구조에 대한 지식을 바탕으로 개발된 신약이 암의 진단과 치료에 활용되는 사례를 설명할 수 있다.

탐구주제

13.융합과학 — 인류의 건강과 과학기술

1. 최근 농작물을 해충이나 곰팡이로부터 보호하기 위해 농약을 사용함으로써 식량 생산을 증대하고 있다. 식량 문제를 해결하기 위해 화학을 활용하는 사례를 찾아 발표하고 이러한 노력이 어떠한 이익과 문제점을 가지고 있는지 발표해 보자.

관련학과

과학교육과, 초등교육과, 화학교육과, 환경교육과, 가정교육과, 사회교육과, 윤리교육과

2. LMO(Living Modified Organisms)와 GMO(Genetically Modified Organism)용어의 차이점을 이해하고 우리 생활 속에서 이용되고 있는 LMO의 종류를 알아본다. LMO가 인간의 생활과 생태계에 미치는 영향을 조사하고, LMO 기술의 긍정적인 면과 부정적인 면을 중립적으로 발표해 보자.

관련학과

과학교육과, 생물교육과, 윤리교육과, 환경교육과, 가정교육과

3. CT, MRI, PET는 원통형 장치에 환자가 출입하면서 영상 촬영을 하는 방식으로 각 장비의 모양이 유사하다. CT, MRI, PET의 영상 촬영 방식과 과학적 원리에 대해 각각 알아보고, CT, MRI, PET는 언제 어떻게 사용하는지에 대해 조사하여 발표해 보자.

관련학과

과학교육과, 물리교육과

탐구주제

4 세계 인구의 증가로 식량 생산이 큰 사회적 문제가 되고 있다. 이에 최근 유전공학의 발달로 유전자를 조작하여 만든 식품이 연구되고 있는데, 유전자 조작 식품의 종류를 알아보자. 유전자 조작 식품에 대한 긍정적 입장과 부정적 입장을 조사하여 정리하고, 이를 종합하여 자신의 입장을 발표해 보자.

관련학과

과학교육과, 화학교육과, 생물교육과, 초등교육과, 환경교육과

5 인류는 항생제의 발명으로 여러 질병으로부터 생명을 지킬 수 있게 되었지만 항생제의 개발 및 남용으로 인해 항생제 내성 세균이 생겨나면서 슈퍼 박테리아에 대한 우려가 높아지고 있다. 현재 잘못된 복용 습관이나 강력한 항생제의 사용 등 오남용이 문제가 되고 있는데, 항생제의 바른 사용법에 대한 자료를 제작하고 캠페인을 진행해 보자.

관련학과

과학교육과, 화학교육과, 생물교육과

6 동물원은 종의 보전 또는 인간의 자연 관찰을 위한 긍정적인 모습도 있지만, 동물을 우리에 가둬 사육함으로써 동물들의 비정상적인 정형행동을 야기하기도 한다. 구체적 사례를 들어 동물원의 장단점에 대해 조사하고, 동물원에 대한 자신의 생각과 이러한 문제를 해결하기 위해 현재 동물원이 기울이고 있는 노력에 대해 발표해 보자.

관련학과

초등교육과, 과학교육과, 환경교육과, 윤리교육과, 사회교육과

7 유전자 치료는 DNA를 직접 환자에게 넣거나 운반체를 이용하는 방법을 통해 유전 질환을 치료하거나 완화시키는 것이다. 단일클론항체, 유전자 치료, 줄기세포가 난치병 치료에 적용되는 원리를 소개하고, 난치병 치료에 어떻게 적용될 수 있는지 발표해 보자.

관련학과

과학교육과, 생물교육과, 윤리교육과, 사회교육과

영역 에너지와 환경

성취기준

[12융과06-05]	화석연료의 사용은 산화와 환원 과정이며, 화석연료의 과다 사용이 지구온난화와 기후 변화를 일으킨다는 것을 논증할 수 있다.
12융과06-07]	화석연료와 방사성 에너지 자원의 생성 과정을 이해하고, 에너지 자원 고갈로 발생한 문제를 해결하는 방안에 대해 토론할 수 있다.
[12융과06-08]	태양, 풍력, 조력, 파력, 지열, 바이오 등과 같은 재생 에너지와 핵융합이나 수소 등과 같은 신에너지 자원을 이해하고, 지속 가능한 발전의 관점에서 신재생 에너지를 활용하는 방안을 설명할 수 있다.

탐구주제
13.융합과학 — 에너지와 환경

1 최근 화석연료의 사용으로 이산화 탄소 배출이 증가하며 기후 변화가 심각해지고 있다. 기후 변화의 원인과 영향에 대해 알아보자. 이에 대한 해결 방안을 선진국, 개발도상국, 저개발국의 입장에서 이해해 보고, 환경정의의 측면에서 올바른 해결 방안을 제시해 보자.

관련학과

초등교육과, 유아교육과, 아동보육학과, 과학교육과, 환경교육과, 생물교육과, 지구과학교육과, 화학교육과, 사회교육과, 윤리교육과

2 풍력 발전의 원리에 대해 설명하고, 풍력 발전의 대표적인 유형 두 가지인 프로펠러형과 토네이토형의 장단점을 비교하여 설명해 보자. 그리고 두 풍력 발전기의 효율성을 확인할 수 있는 실험 방법을 고안하여 발표해 보자.

관련학과

과학교육과, 환경교육과, 물리교육과, 공학관련교육과, 기술교육과, 초등교육과

3 다양한 단체에서 탈핵을 선언하고 신규 원전 건설을 중단해야 한다고 주장하고 있다. 역할놀이, 모의법정 등과 같은 다양한 방법을 통해 핵발전의 긍정적인 부분과 긍정적인 부분에 대해 생각해 보자. 마지막으로 여러 관점에 대한 자신의 생각을 정리하여 발표해 보자.

관련학과

과학교육과, 환경교육과, 물리교육과, 화학교육과, 공학관련교육과, 기술교육과, 초등교육과, 사회교육과, 일반사회교육과

4 최근 자원고갈과 환경오염 문제가 심각해짐에 따라 신재생 에너지에 대한 관심이 높아지고 있다. 핵발전, 태양광 발전, 풍력 발전 이외의 신재생 에너지의 종류 및 장단점을 논의하고 우리 지역의 신재생 에너지 현황 지도 또는 커뮤니티 맵핑을 만들어 보자. 이 과정에서 우리 지역에 적용 가능한 신재생 에너지의 종류와 그 이유를 발표해 보자.

관련학과

과학교육과, 환경교육과, 물리교육과, 화학교육과, 공학관련교육과, 기술교육과, 사회교육과, 일반사회교육과

5 신재생 에너지에 대한 관심과 함께 에너지 하베스팅에 대한 연구가 활발히 진행중에 있다. 에너지 하베스팅의 정의와 설치 사례에 대해 조사해 보자. 압전, 소음, 파력을 활용한 하베스팅 중 자신이 생각하는 에너지 하베스팅의 주제를 선정하고, 에너지의 효율성을 높이기 위한 다양한 방법을 탐구하여 발표해 보자.

관련학과

과학교육과, 환경교육과, 물리교육과, 화학교육과, 생물교육과, 공학관련교육과, 기술교육과

활용 자료의 유의점

- 과학적 원리, 현상이 실생활에 어떻게 활용되고 있는지 조사
- 과학적 원리가 어떻게 발전하였으며 미래에는 어떻게 적용될 수 있는지 예측, 적용할 수 있는 기술에 대한 탐구
- 과학의 잠정성, 과학적 방법의 다양성, 과학 윤리, 과학·기술·사회의 상호 관련성 등과 관련된 내용을 활용
- 고등학생에서 수준에 적합한 탐구 과제를 선정하고 교과 내용을 심화할 수 있는 사례나 주제를 선정하여 탐구 진행
- 과학적 원리와 함께 기술, 공학, 예술, 수학 등 다른 주제와 입장에 대해 통합적으로 탐구
- 탐구 주제와 학생의 흥미와 관심에 따라 문헌조사, 사례 조사, 자료 수집 등 적절한 탐구 방법을 선택
- 인터넷 자료나 참고 문헌 등을 인용할 경우에는 정확한 출처를 표시
- 결과 발표 후 탐구 과정 및 산출물에 대하여 반성하고 자기 평가 및 동료 평가 실시

MEMO

교육계열편

영어과 교과과정

영어과

1

영어

핵심키워드

☐ 영웅의 특징 ☐ TED 강연 ☐ 받아쓰기 방법 ☐ 쉐도잉 학습 방법 ☐ 말과 대화의 흐름
☐ 필자의 의도 파악 ☐ 작문 ☐ 영어학습 멘토링 ☐ 진로 관심사 ☐ 대중문화 콘텐츠

영역 듣기

성취기준

[10영01-04] 친숙한 일반적 주제에 관한 말이나 대화를 듣고 세부 정보를 파악할 수 있다.

탐구주제

1.영어 — 듣기

1 Matthew Winkler의 TED-ed 강연 'What makes a hero?'를 시청해 보자. '해리포터'나 '반지의 제왕'의 프로도와 같은 영웅들은 어떤 시련을 겪을까? 문학작품에 나오는 영웅들과 보통 사람들 사이에는 어떤 공통점이 있는지 이 강연을 통해 알아 보자. 이 강연을 듣고 영웅이 되도록 만들어주는 중요한 사건들이 무엇인지 알아보고, 영어로 이야기해 보자.

관련학과

교육학과, 초등교육과, 영어교육과, 언어교육과, 국어교육과, 윤리교육과, 사회교육과

2 효과적 듣기 연습을 위해 'Dictation(받아쓰기)' 방법을 활용하여 보자. CCNN 뉴스나 영어권 강좌의 교육 영상, 팝송, 영화나 드라마의 오디오 파일 등을 구하고, 전체 듣기와 끊어 듣기 등을 적절히 활용하여 듣기 및 받아 적기 활동을 집중적으로 반복해 보자. 자신의 듣기 실력 향상의 변화 추이를 포트폴리오 자료의 형태로 누적하여 점검하면서, 외국어 듣기 영역의 학습에도 적용할 수 있는 자신만의 공부 팁을 정리하여 영어로 소개해 보자.

관련학과

교육학과, 초등교육과, 영어교육과, 언어교육과, 국어교육과, 윤리교육과, 사회교육과

탐구주제

1.영어 — 듣기

③ 정확한 듣기 연습을 위해 '쉐도잉(Shadowing) 학습' 방법을 활용하여 보자. 쉐도잉은 원어민이 들려주는 음성을 듣고(Listening) 거의 동시에 그와 똑같이 억양, 어조, 제스처, 표정까지 따라서 말하는(Speaking) 언어 학습법을 일컫는다. 동영상 포털사이트에서 Shadowing Practice로 검색하거나, 'Learning English-VOA(learningenglish. voanews. com/)'에 접속하여 초급, 중급, 고급의 수준별 비디오 중에서 자신에게 맞는 레벨의 영상을 선택하여 듣기실력을 꾸준히 향상해 보자. 듣기 학습의 마무리는 항상 자신의 말하기를 녹화한 후 원어민의 오디오와 비교해서 발음(Pronunciation), 강세(Accent), 억양(Intonation), 말투(Tone) 등 자신이 정한 점검항목에 체크하여 포트폴리오로 누가 기록해 보자. 그리고 이렇게 학습한 과정과 결과를 영상으로 제작하여 듣기 실력 향상 과정에서의 어려움과 경험담을 전하는 영어학습 멘토링 활동을 해 보자.

관련학과

교육학과, 초등교육과, 영어교육과, 언어교육과

영역

말하기

성취기준

[10영02-03] 일상생활이나 친숙한 일반적 주제에 관해 자신의 의견이나 감정을 표현할 수 있다.

탐구주제

1.영어 — 말하기

① 'My Life Vision'을 주제로 자신의 신념과 그 신념을 실천하기 위해서 어떤 진로나 직업을 선택할 것이고 어떤 성과를 내고 싶은지 간단한 영어 표현을 활용해 개요를 작성해 보자. 자신이 작성한 개요를 바탕으로 중심 내용과 세부 정보를 매끄럽게 구조화하여 에세이를 작성하고 이를 친구들 앞에서 영어로 발표해 보자.

관련학과

교육학과, 초등교육과, 영어교육과, 언어교육과, 국어교육과, 윤리교육과, 사회교육과

② COVID-19 Pandemic과 같은 시사적 이슈에 대한 소그룹 토의를 영어로 진행해 보자. 민주적이며 자유로운 토의를 위한 에티켓을 사전에 약속하고 준수할 것을 전제할 필요가 있다. 토의 중 다른 친구들의 발언을 경청하며 상대방이 말할 때 사용하는 어휘, 발음, 표현의 적절성, 의사 전달력, 에티켓 등에 대해 '상호 관찰지'를 작성한 후 자신의 토의 성숙도를 피드백하는 시간을 갖자. 나아가 해외 뉴스 기사나 자신이 관심을 가지는 해외 블로거의 콘텐츠 등을 검색하고 자신의 의견과 감정을 성숙한 댓글로 표현해 보자.

관련학과

교육학과, 초등교육과, 영어교육과, 언어교육과, 국어교육과, 윤리교육과, 사회교육과

영역 **읽기**

성취기준

[10영03-04] 친숙한 일반적 주제에 관한 글을 읽고 필자의 의도나 글의 목적을 파악할 수 있다.

탐구주제

1 국제기구나 주요 민간단체가 운영하는 웹사이트에서 가장 최근에 주도하는 사업이나 관심 연구, 국제 행사, 봉사 등에 관해 조사해 보자. 이들 중 자신의 진로 관심 분야와 관련된 것을 찾아서 읽고 그 주요 내용에 대해 요약하여 친구들에게 소개해 보자.

관련학과

교육학과, 초등교육과, 영어교육과, 언어교육과, 국어교육과, 윤리교육과, 사회교육과

2 'Dead Poets Society'는 미국 명문 사립고등학교 문학선생님이 새로이 부임해 오면서 학생들이 진정한 삶에 대해 느끼고 행동하는 모습을 그린 영화다. NYDailyNews의 영화 평론 'Dead Poets Society' seizes the day: 1989 review'를 읽어보자. 이 기사의 평론 내용을 읽고, 진정한 교사의 역할에 대해 영어로 이야기해 보자.

관련학과

전 교육계열

3 친구들과 '영어 독서 클럽'을 결성하여 인문, 철학, 과학, 수학, IT, 예술, 문학, 역사, 스포츠 등 다양한 분야의 원서를 함께 읽는 정기 모임을 조직해 보자. 같은 책을 읽고 각자 자신이 파악한 필자의 의도를 분석한 후 발제문을 작성하여 상호 교류하는 독서모임을 만들어서 활동해 보자.

관련학과

전 교육계열

영역 **쓰기**

성취기준

[10영04-01] 일상생활이나 친숙한 일반적 주제에 관하여 듣거나 읽고 세부 정보를 기록할 수 있다.

탐구주제

① Lisa Bu의 TED 강연 'How books can open your mind'를 시청해 보자. 어린 시절부터 꿈꿔왔던 미래가 실현되지 않을 때 우리는 어떻게 해야 할까? 강연자는 이런 상황에서 진정한 꿈을 꾸도록 해준 책들을 설명하고 있다. 강연에서 독서를 통해 성장한 강연자의 경험을 듣고 느낀 점을 영어로 요약해 보자. 그리고 소개된 책 중에서 한 권을 선택하여 읽고 나의 생각과 행동에 변화가 생긴 부분에 대해 리뷰(Review)를 작성해 보자.

관련학과

교육학과, 초등교육과, 영어교육과, 언어교육과, 국어교육과, 음악교육과

② COVID-19 Pandemic으로 인해 학생들이 학교에 등교하지 못하고 가정에서 원격으로 학업을 진행하는 상황이 발생했다. 학생의 입장에서 경험한 팬데믹 상황을 영어 노래 가사, 웹툰, 공익 광고 등으로 표현해 보자. 그리고 기존에 널리 알려진 대중문화 콘텐츠의 원작을 바탕으로 자신이 흥미롭게 각색한 패러디 작품을 제작해 보자.

관련학과

교육학과, 초등교육과, 영어교육과, 언어교육과, 국어교육과

활용 자료의 유의점

- 영어권 언어 공동체의 주요 담화 및 표기 방식에 대해 고려
- '영어'의 교육과정 단계에 따른 어휘 수준을 지나치게 벗어나지 않는 범위 내에서 탐구
- 다양한 듣기·말하기·읽기·쓰기 숙달을 위한 효과적인 전략을 모색
- 일상생활에서의 경험이나 대중매체에 제시된 여러 의사소통 상황의 사례 적용
- 책, 사전, 신문, 방송, 인터넷, 멀티미디어 등 다양한 자료를 통한 풍부한 영어 사용 경험 확보
- 학교밖 영어 학습 환경을 일상적으로 조성하기 위한 매일 진행할 수 있는 누적형 탐구주제 활용
- 탐구를 위한 주제 또는 소재가 자신의 수준·상황·목적에 부합되도록 설계
- 듣기 평가를 위한 녹음 대본을 만들 때는 대화문을 사용하거나 음성 언어로 된 실제 자료를 활용
- 자신의 진로 및 관심 분야와 관련된 소재를 활용하여 영어에 흥미와 자신감 형성

MEMO

영어과

2

영어 회화

핵심키워드

☐ 대상 ☐ 주제 ☐ 그림 ☐ 사진 ☐ 도표 ☐ 줄거리 ☐ 주제 ☐ 요지 ☐ 순서 및 전후관계
☐ 화자 이해 ☐ 자기소개 ☐ 의견 ☐ 감정 ☐ 방법 ☐ 절차 ☐ 경험 ☐ 계획 ☐ 원인과 결과

영역 듣기

성취기준

[12영회01-04] 일반적 주제에 관한 말이나 대화를 듣고 화자의 의도나 말의 목적을 파악할 수 있다.

▶ 일상생활이나 학업과 관련된 일반적 주제에 관한 말이나 대화를 듣고 전체적인 흐름을 이해하여 화자의 의도나 말의 목적을 이해할 수 있다는 의미이다.

탐구주제

2.영어 회화 — 듣기

1 Anita Collins의 TED 강연 'How playing an instrument benefits your brain'을 시청해 보자. 이를 통해 악기를 연주하는 것이 두뇌 활동에 어떤 긍정적인 영향을 미치는지 알아보자. 또한 자신이 장차 교사가 된다면 이러한 악기 연주의 긍정적인 효과를 학생들의 교육활동과 어떻게 관련지을 수 있을지 아이디어를 제시해 보자.

관련학과

교육학과, 초등교육과, 음악교육과

2 우리나라 학생들은 전 세계에서 가장 적은 수면을 취하는 학생들 중 하나이다. 8시간 후에 중요한 시험이 있는 하나의 상황을 가정해 보자. 당신은 여러 날 동안 공부해왔지만, 여전히 준비가 안 된 기분이다. 커피를 더 마시고 남은 시간 동안 벼락치기 공부를 해야만 할까? 아니면 잠을 자러 가야 할까? Shai Marcu의 TED-ed 강연 'The benefits of a good night's sleep'을 시청해 보자. 이 강연을 통해 문제에 대한 해답을 찾고 영어로 이야기해 보자.

관련학과

전 교육계열

영역

말하기

성취기준

[12영회02-04] 일상생활이나 친숙한 일반적 주제에 관한 정보를 묻고 답할 수 있다.

탐구주제

2.영어 회화 — 말하기

1 학교는 우리의 일상생활에서 가장 많은 부분을 차지하고 있다. 자신이 학교의 신문 기자라고 생각하고, 학교의 행사, 특별 강연, 인물을 주제로 영어 인터뷰 상황을 기획해 보자. 자신의 취재 방식에 대한 소개 내용과, 취재 대상에게 질문할 내용을 영어로 짜임새 있게 구성하여 인터뷰 활동의 전체 시나리오를 작성하고 시연해 보자.

관련학과

교육학과, 초등교육과, 영어교육과, 언어교육과, 국어교육과, 윤리교육과, 사회교육과

2 고등학교에 신입생이 입학하면 얼마 지나지 않아 새로운 동아리를 조직하고 부원들을 모집한다. 이를 위해 동아리 안내 및 홍보 영상을 영어로 제작해 보자. 특히 동아리의 활동 목적, 대표적인 활동 내용 및 연간 행사에 대해 설명하고, 어떤 신입 부원을 모집하는가에 관하여 안내하는 내용을 영어로 표현해 보자.

관련학과

전 교육계열

활용 자료의 유의점

- 실생활의 다양한 주제뿐만 아니라 학업과 관련된 정보를 중심으로 자주 활용하는 표현을 활용
- 자신의 수준에 맞으면서도 학습 도전 의욕이 생길 수 있는 상황별 콘텐츠를 활용
- 일상생활이나 친숙한 일반적 주제에 대하여 목적, 상황, 형식에 맞게 의사소통
- 듣기 평가를 위한 녹음 대본을 만들 때는 대화문을 사용하거나 음성 언어로 된 실제 자료를 활용
- 목적이 있는 말하기 활동을 위해 짜임새 있는 시나리오를 작성하고 효율적 의사소통 전략 마련
- 체험 중심의 의사소통 기회를 확대하고, 자신의 말하기 활동을 녹음하여 스스로 모니터링 실시
- 말하기 역량 함양을 위해서는 혼자 하는 활동보다 상호성장이 가능한 팀 활동을 적극 활용

MEMO

영어과

3

영어 I

핵심키워드

☐ 반 고흐 ☐ 성공한 사람들의 특징 ☐ 교육 관련 이슈 ☐ 롤모델 ☐ 원격 수업 ☐ 동아리 소개
☐ 그레타 툰베리의 연설 ☐ 기사문 분석 작성

영역

듣기

성취기준

[12영 I 01-04] 일반적 주제에 관한 말이나 대화를 듣고 화자의 의도나 말의 목적을 파악할 수 있다.

탐구주제

3.영어 I — 듣기

1 Natalya St. Clair의 TED-Ed 강연 The unexpected math behind Van Gogh's "Starry Nigh"을 시청해 보자. 강연자는 반 고흐의 그림 별 헤는 밤에 들어있는 수학 원리에 대해 설명하고 있다. 반 고흐가 어떻게 그 깊숙히 숨어있는 운동, 유체, 그리고 빛의 신비로움을 그의 작품에 표현을 했는지에 대해 알아보고 느낀 점을 영어로 이야기해 보자.

관련학과

교육학과, 과학교육과, 수학교육과, 과학교육과, 예술교육과

2 Richard St. John의 TED-Ed 강연 'The 8 traits of successful people'을 시청해 보자. 강연자가 이야기하는 성공한 사람들의 여덟 가지 특징을 알아보고, 이 특징들에 대한 자신의 생각을 영어로 이야기해 보자.

관련학과

교육학과, 초등교육과, 영어교육과, 언어교육과, 국어교육과, 윤리교육과, 사회교육과

영역

말하기

성취기준

[12영 I 02-05] 친숙한 일반적 주제에 관해 자신의 의견이나 감정을 표현할 수 있다.

탐구주제

3.영어 I — 말하기

1 현재 교육과 관련하여 이슈가 되고 있는 기사를 찾아 읽어 보자. 그리고 자신이 찾은 이슈에 대한 다양한 입장을 찾아 조사하고 그 내용을 영어로 요약 정리해 보자. 친구들에게 이슈에 대한 상반된 쟁점을 소개한 후 자신의 의견을 영어로 이야기해 보자.

관련학과

교육학과, 초등교육과, 영어교육과, 언어교육과, 국어교육과, 윤리교육과, 사회교육과

2 자신의 롤 모델에 대해 영어로 이야기해 보자. 그 인물에 대해 조사해 보고, 왜 이 인물을 닮고 싶은지 생각해 보자. 친구들 앞에서 자신의 롤 모델에 대해 간략하게 설명하고, 이 롤모델이 자신에게 끼친 영향과 이유를 영어로 설명해 보자.

관련학과

교육학과, 초등교육과, 영어교육과, 언어교육과

영역

읽기

성취기준

[12영 I 03-06] 일반적 주제에 관한 글을 읽고 함축적 의미를 추론할 수 있다.

탐구주제

3.영어 I — 읽기

1 자신이 관심을 가지고 있는 우리나라의 한류열풍(K-POP, K-드라마, K-푸드, K-코스메틱, K-방역 등)에 대해 다루고 있는 영어 기사나 보도 방송 등을 찾아 보자. 이들이 어떤 측면에 강조점을 두고 소개하고 있으며 현지 반응은 어떠한지에 대해 분석하여 발표해 보자.

관련학과

교육학과, 초등교육과, 영어교육과, 언어교육과, 국어교육과, 윤리교육과, 사회교육과

탐구주제

3.영어 Ⅰ — 읽기

2 PR Newswire의 기사 'How Can Schools Foster Student Agency and Engagement in Distance Learning?'을 읽어 보자. 이 기사에서는 학생의 자발성을 키울 수 있는 7가지 실천 방안에 대해 이야기하는데, 기사를 읽고 느낀 점을 이야기해 보자. 그리고 효과적인 원격 수업 방안에 대한 자신의 생각을 영어로 이야기해 보자.

관련학과

전 교육계열

3 「The Last Lecture」는 카네기 멜론 대학교의 컴퓨터 공학부 교수인 Randy Pausch 교수가 2007년 9월에 '당신의 어릴 적 꿈을 진짜로 이루기'라는 제목으로 강의한 내용을 출판한 책이다. 이 책을 읽고, 자신의 꿈을 이루기 위한 삶의 태도 'The attitudes with which I achieve my dream'을 자신의 진로와 관련지어 영어로 이야기해 보자.

관련학과

전 교육계열

영역 쓰기

성취기준

[12영 Ⅰ 04-03] 친숙한 일반적 주제에 관해 자신의 의견이나 감정을 쓸 수 있다.

▶ 일상생활이나 학업과 관련된 친숙한 일반적 주제에 관해 생각, 주장, 느낌 등을 자신의 글로 표현하도록 한다.

탐구주제

3.영어 Ⅰ — 쓰기

1 2014년, 17세로 최연소 노벨평화상 수상자가 된 파키스탄 출신 '말랄라 유사프자이'에 이어 스웨덴의 17세 환경운동가 '그레타 툰베리'가 2020년 강력한 노벨평화상 후보로 지명되었다. 이 두 소녀가 자신의 신념에 대해 이야기 한 연설을 찾아 조사해 보자. 지구촌의 보편적인 문제를 하나 선정하고, 이 문제의 해결에 관한 자신의 의견을 밝히고 호소하는 영어 연설문을 써보자.

관련학과

교육학과, 초등교육과, 영어교육과, 언어교육과, 국어교육과, 윤리교육과, 사회교육과

2 '1일 1뉴스 기사문 필사하기' 활동을 실천해 보자. 매일 하나의 보도 기사글을 정해 필사한 후 마지막에 자신의 간단한 Comment를 덧붙여 쓰는 방식으로 포트폴리오를 꾸준히 누적해가는 활동을 통해 비판적 판단력과 글쓰기 역량을 함께 키워보자.

영어 기사문을 검색하고 선정하기 위해서 기사문을 영역별로 분류해서 제공하는 'The Korea Times'(koreatimes.co.kr/www/sublist_740.html), 'Engoo Daily News'(engoo.com/app/daily-news), 'TIME'(time.com/) 등 다양한 기사 제공 사이트를 참고하자.

관련학과

교육학과, 초등교육과, 영어교육과, 언어교육과, 국어교육과

활용 자료의 유의점

- 영어권 언어 공동체의 주요 담화 및 표기 방식에 대해 고려
- 다양한 듣기·말하기·읽기·쓰기 역량을 심화하기 위한 효과적인 전략을 모색
- 일상생활에서의 경험이나 대중매체에 제시된 여러 의사소통 상황의 사례 적용
- 책, 사전, 신문, 방송, 인터넷, 멀티미디어 등 다양한 자료를 통한 풍부한 영어 사용 경험 확보
- 학교 밖 영어 학습 환경을 일상적으로 조성하기 위해 매일 진행할 수 있는 누적형 탐구주제 활용
- 탐구를 위한 주제 또는 소재가 자신의 수준, 상황, 목적에 부합되도록 설계
- 듣기 평가를 위한 녹음 대본을 만들 때는 대화문을 사용하거나 음성 언어로 된 실제 자료를 활용
- 자신의 진로 및 관심 분야와 관련된 소재를 활용하여 영어에 흥미와 자신감 형성

MEMO

영어과

4

영어 독해와 작문

핵심키워드

☐ 관심 진로 분야 ☐ 한국 전래 동화 ☐ 출입국 신고서 ☐ 상징적 표현 ☐ 영어 명함

영역 읽기

성취기준

[12영독03-02] 비교적 다양한 주제에 관한 글을 읽고 주제 및 요지를 파악할 수 있다.

▶ 실생활과 다양한 진로와 전공 분야에서 필요로 하는 읽기 능력을 향상시키도록 한다.

탐구주제

4.영어 독해와 작문 — 읽기

1. 자신의 진로 관심 분야와 관련된 전문적인 도서 및 자료를 집필한 저자의 원서나 인터뷰 내용을 찾아서 읽어보자. 그 주요 내용을 파악한 후 향후 자신이 연구하거나 발전시키고 싶은 분야에 대한 전망 및 탐구계획을 발표해 보자.

관련학과

교육학과, 초등교육과, 영어교육과, 언어교육과, 국어교육과, 윤리교육과, 사회교육과

2. The guardian의 기사 'Deadliest plastics: bags and packaging biggest marine life killers, study finds'를 읽어 보자. 이 기사에서는 고래, 돌고래와 거북 등 해양의 미세 플라스틱으로 인해 위험에 처해 있는 동물들을 다루고 있다. 기사를 읽고, 이 문제의 해결을 위해 학교와 가정에서 실천할 수 있는 구체적 방안을 영어로 발표해 보자.

관련학과

교육학과, 초등교육과, 영어교육과, 언어교육과, 국어교육과, 윤리교육과, 사회교육과

영역

쓰기

성취기준

[12영독04-05] 미래의 계획이나 진로 등에 관하여 글을 쓸 수 있다.

탐구주제

4.영어 독해와 작문 — 쓰기

1 자신이 여행하고 싶은 나라를 적어보자. 이들 국가들 중 출입국 신고서를 작성하지 않아도 되는 국가와 작성해야 하는 국가를 분류하고, 출입국 신고서를 제출해야 하는 국가의 해당 항공사 홈페이지에 접속하여 출입국 신고서 양식을 다운받고 직접 작성해 보자.

관련학과

교육학과, 초등교육과, 영어교육과, 언어교육과, 국어교육과, 사회교육과

2 현재의 자신에 대해 잘 표현하고 설명할 수 있는 함축적인 단어 또는 비유적인 단어를 선택하여 상징적으로 표현해 보고 그렇게 표현하게 된 이유를 써보자. 나아가 앞으로의 자신을 상징하고 싶은 단어를 활용하여 미래에 대한 포부를 표현한 영어 명함을 제작해 보자.

관련학과

교육학과, 초등교육과, 영어교육과, 언어교육과, 국어교육과, 윤리교육과

3 심리학자 Robert Yerkes와 John Dodson은 스트레스와 수행 간 상관관계를 밝혀냈다. 그들은 적정량의 전기 자극을 쥐에게 주었을 때 최상의 수행능력을 보이는 걸 증명했다. 인간 역시 적정량의 스트레스 수준은 집중력과 몰입을 이끌어 내며, 우리에게 스트레스 관리 능력은 매우 중요하다. 'Optimal performance and stress levels' 또는 'Effective methods of stress management'를 주제로 영어 에세이를 작성해 보자.

관련학과

교육학과, 초등교육과, 영어교육과, 언어교육과, 사회교육과, 체육교육과

활용 자료의 유의점

- 영어권 언어 공동체의 주요 담화 및 표기 방식에 대해 고려
- '영어 독해와 작문'의 어휘 수준을 넘지 않도록 하며 적절한 수준의 언어 형식을 사용
- 외국의 다양한 문화를 담고 있는 다양한 콘텐츠 자료를 활용한 효율적인 읽기·쓰기 전략을 모색
- 일상생활에서의 경험이나 대중매체에 제시된 여러 의사소통 상황의 사례 적용
- 책, 사전, 신문, 방송, 인터넷, 멀티미디어 등 다양한 자료를 통한 풍부한 영어 사용 경험 확보
- 자신의 진로 및 관심 분야와 관련된 소재를 활용하여 영어에 흥미와 자신감 형성

영어과

5

영어Ⅱ

핵심키워드

☐ 교육에 대한 관점 ☐ 음성일기 쓰기 ☐ 효과적인 교수학습 방법 ☐ 숨어있는 즐거움 찾기
☐ 행복한 삶 ☐ 미래 사회 준비 ☐ 외국어 악센트 ☐ 미래 학교 디자인 ☐ 문화유산

영역 듣기

성취기준

[12영Ⅱ01-01] 다양한 주제에 관한 말이나 대화를 듣고 세부 정보를 파악할 수 있다.

▶ 실생활과 다양한 진로와 전공 분야에서 필요로 하는 읽기 능력을 향상시키도록 한다.

탐구주제

5.영어Ⅱ — 듣기

1. '알릴 가치가 있는 아이디어(Ideas worth spreading)'를 모토로 하는 'TED(Technology, Entertainment, Design)'는 미국의 비영리 재단에서 운영하는 강연회이다. 정기적으로 기술, 오락, 디자인, 과학, 국제적인 이슈 등으로 다양한 분야와 관련된 강연회를 개최하며 미국의 'TED', 영국의 'TED 글로벌', TED 형식의 지역적 행사인 'TEDx'에서 다양한 국적과 인종의 강연자가 자기 생각을 영어로 발표한다. TED 앱이나 동영상 공유포털사이트의 강연들 중 자신의 진로나 관심 분야에 대한 내용을 집중 선택한 후, 자신의 듣기 실력에 따라 속도를 조절하며 듣고 스크립트를 보며 독해를 해보자. 그리고 한 편당 5줄 이내의 문장으로 내용을 요약하고 소감을 남겨보자.

관련학과
전 교육계열

2. Sir Ken Robinson의 TED 강연 'How to escape education's death valley'를 시청해 보자. 강연자는 현재의 교육이 인간의 정신을 풍요롭게 해주는 세 가지 원칙을 거스르고 있다고 이야기한다. 이 강연을 시청하고, 인간의 정신을 풍요롭게 해주는 세 가지 원칙이 무엇인지 이야기해 보자. 그리고 강연자가 이야기하는 내용과 현재 우리나라 교육을 비교하여 자신의 생각을 친구들과 공유해 보자.

관련학과
전 교육계열

영역 말하기

성취기준

[12영 II 02-01] 비교적 다양한 주제에 관하여 듣거나 읽고 세부 정보를 설명할 수 있다.

탐구주제

5.영어 II — 말하기

1. 「Joyful: The Surprising Power of Ordinary Things to Create Extraordinary Happiness」의 저자 Ingrid Fetell Lee의 TED 강연 'Where joy hides and how to find it'을 시청해 보자. 이 강연에서 강연자는 숨어있는 즐거움을 찾아내는 방법에 대해 이야기하고 있다. 강연자가 말하는 물리적인 세상과 즐거움의 관계가 무엇인지 영어로 이야기해 보자. 그리고 자신을 행복하게 만들어주는 것을 영어로 이야기해 보자.

관련학과

전 교육계열

2. 스마트폰 등 전자기기에서 지원하는 음성인식기술을 활용하여 '음성일기(Audio Diary)'를 꾸준히 기록해 보자. 음성일기란 말로 일기를 녹음하는 형식이다. 자신의 하루 일과 중 중요한 것을 시간 순서대로 언급해도 좋고, 중요한 사건이나 감정에 대한 주제일기 형식으로 해도 좋으며, 총 5분 이내의 분량으로 말하고 녹음해 보자. 영어로 녹음된 음성을 텍스트로 변환하는 기능을 함께 활용하면 자신의 말하기에 대한 내용과 형식을 즉시 모니터링 할 수 있으며 누적하여 자료를 확보할 수 있으니 자신의 변화과정을 기록물로 저장해 보자.

관련학과

전 교육계열

3. 유튜브에서 'Future Design School - What Will You Do?' 영상을 시청해 보자. 이 영상에서는 지금까지 인류가 해낸 것처럼 우리의 미래는 밝다라고 이야기하며, 그러한 미래를 위해 당신은 무엇을 할 것인지 묻고 있다. 이 영상을 보고 느낀 점을 영어로 이야기해 보자. 그리고 'What will you do for making our future bright?'에 대한 자신의 생각, 해답을 영어로 이야기해 보자.

관련학과

전 교육계열

영역 읽기

성취기준

[12영 II 03-03] 다양한 주제에 관한 글을 읽고 내용의 논리적 관계를 파악할 수 있다.

탐구주제

1 영미문화권의 고전 단편 명작을 읽고 줄거리를 요약한 후 등장인물에 대해 비판적으로 분석해 보자. 이때 필자가 처한 시대적, 사회적 배경을 이해하기 위해 자신이 주목한 문맥 속 단어, 어구, 문장 등을 집중 탐구하여 내용의 논리적 관계, 숨겨진 의미 등을 파악하는 표현 방법에 대해 파악해 보자.

관련학과

교육학과, 초등교육과, 영어교육과, 언어교육과

2 인공지능, 과학, 환경 및 생태계, 자원, 경제, 국제분쟁, 바이러스 등 일상생활이나 학업과 관련된 다양한 주제를 다룬 제시글(교과서 및 교육과정 내에서 발췌한 글)을 읽어보자. 글의 전개 순서나 논리적 구조를 파악하여 종합적으로 이해할 수 있도록 하기 위해 일반적으로 많이 적용하고 있는 학습방법의 효과에 대해 탐구해 보자. 즉 주제 및 중심문장의 위치 찾기, 글의 순서 바르게 배열하기 연습, 빈칸에 연결어 채워 넣기, 글의 흐름과 관계없는 문장 찾아내기, 주어진 문장의 들어갈 위치 찾기 활동 등의 학습 효과에 대한 기존 연구 논문을 찾아 검토하고 친구들에게 직접 설문 조사하여 분석해 보자.

관련학과

교육학과, 초등교육과, 영어교육과, 언어교육과

3 Architect Magazine의 기사 'The Future of School Design'을 읽어 보자. 이 기사에서는 Alexandra Lange의 책 「The Design of Childhood」를 소개하며, 미래 교육을 위한 학교 건축에 대해 다루고 있다. 기사에서 다룬 미래 학교 디자인의 예시 중 가장 인상 깊은 학교의 예를 들고, 미래 교육과 관련지어 영어로 이야기해 보자.

관련학과

전 교육계열

4 The Atlantic의 기사 'Why Do Cartoon Villains Speak in Foreign Accents?'를 읽어 보자. 이 기사를 읽고, 다양성 'Diversity' 교육에 대한 자신의 생각을 영어로 이야기해 보자. 그리고 다른 애니메이션이나 영화에서 인종적 편견을 나타내는 사례를 찾아 비판적으로 분석한 후 이를 발표해 보자.

관련학과

교육학과, 초등교육과, 영어교육과, 언어교육과, 국어교육과, 윤리교육과, 사회교육과

MEMO

영역

쓰기

성취기준

[12영 II 04-05] 비교적 다양한 주제에 관해 짧은 에세이를 쓸 수 있다.

탐구주제

5.영어 II — 쓰기

1 영미문화권의 인문 고전, 현대 소설, 정보 잡지, 학술지, 뉴스 기사 등을 읽고 인간의 궁극적 행복의 실현을 위해 사람들마다 전달하는 메시지와 표현 방식이 어떻게 다른지 파악해 보자. 그리고 '행복한 삶'을 위한 자신만의 의견 또는 주장을 담백한 문체의 에세이 형식으로 표현해 보자.

관련학과

교육학과, 초등교육과, 영어교육과, 언어교육과, 국어교육과, 윤리교육과, 사회교육과

2 고전 문학이나 음악, 미술, 건축 등 전 세계 인류가 사랑하고 보존해야하는 문화유산 중에서 특히 자신이 가장 사랑하고 높게 평가하는 문화유산을 선정해 보자. 그것과 관련된 그림이나 사진 등을 포함하여 문화유산에 대한 기본 정보를 소개하고 더불어 자신의 감상평을 영문으로 기록한 '감상에세이'를 작성하여 발표해 보자.

관련학과

교육학과, 초등교육과, 영어교육과, 언어교육과, 국어교육과, 윤리교육과, 사회교육과, 예술교육과

3 The Atlantic의 기사 'What Is Good Teaching? Over the past two years, I talked with veteran educators across the country as I tried to answer this question'을 읽어 보자. 이 기사에서는 잘 가르치는 것에 관한 주제로 만난 교육자들을 만났던 경험을 다루고 있다. 이 기사와 관련하여 'Good teaching'에 대한 자신의 생각을 영어 에세이로 작성해 보자.

관련학과

전 교육계열

활용 자료의 유의점

- (!) 실제적인 의사소통능력을 신장할 수 있도록 듣기·말하기·쓰기 기능을 상호 유기적으로 연계
- (!) 타문화에 대한 이해도를 높여 배타적 편견 또는 무조건적인 추종의 태도를 갖지 않도록 유의
- (!) 자신의 진로 및 전공 분야 영역과 관련된 실제적이고 유용한 탐구 활동 필요
- (!) 다양한 멀티미디어 자료, 정보 통신 기술 도구 등을 활용하여 효율성을 확보

영어과

6

실용 영어

핵심키워드

☐ 소셜미디어 ☐ 실생활 영어 ☐ 광고의 이해 ☐ 학교가 필요한 이유 ☐ 형용사 ☐ 핵심 역량 ☐ 세계 시민

영역 듣기

성취기준

[12실영01-01] 실생활 중심의 다양한 주제에 관한 방송, 광고, 안내 등을 듣고 세부 정보를 파악할 수 있다.

탐구주제

6.실용 영어 — 듣기

1. 영어 사용권에서 일상생활 중 경험하게 될 주요 상황(교통수단 이용 시 안내 방송, 기상예보 안내 방송, 길안내 음성 앱, 쇼핑을 위한 상품설명 광고, 계산 및 환불 요청, 미팅 약속, 사전 예약, 관공서, 응급·재난 상황 파악, 공항 및 기내 안내 등)에 따른 영어 듣기를 통해 문제 해결을 할 수 있도록 상황별 시나리오를 제작하고, 반복 학습을 통해 실용적 의사소통 실력을 갖추어 보자.

관련학과

전 교육계열

2. BBC Ideas의 'Why people are choosing to quit social media'를 시청해 보자. 이 영상에서는 소셜미디어를 이용하지 않기로 결정한 사람들의 이야기를 다루고 있다. 이 영상을 시청한 후 영상 속 사람들이 소셜미디어를 그만둔 이유에 대해 알아보고, 이와 관련하여 자신의 생각을 친구들과 공유해 보자.

관련학과

전 교육계열

영역

말하기

성취기준

[12실영02-04] 실생활 중심의 다양한 주제에 관한 정보를 묻고 답할 수 있다.

탐구주제

6.실용 영어 — 말하기

1 영어 사용권에서 일상생활 중 경험하게 될 주요 상황(교통수단 이용, 친구 사귀기, 길 찾기, 관광시설 이용, 물건 구매, 음식 주문, 약속 및 예약, 응급 구조 요청, 공항 이용, 면접 및 심사)에 따른 영어 말하기를 통해 문제 해결을 할 수 있도록 대화 상황별 가능성이 높은 질문과 답변을 정리해 보자. 이를 시나리오로 제작한 후 반복 학습을 통해 실용적 의사소통 실력을 갖추어보자.

관련학과

전 교육계열

2 회의, 프레젠테이션, 보고, 영어 면접, 비자 발급, 취업 준비 등 '격식이 요구되는 말하기 상황'에서 필요한 실용 문장들을 대화 상황별로 정리해 보자. 쉐도잉 학습을 위한 계획을 세운 후, 이를 날마다 정해진 시간에 꾸준히 실천함으로써 '자신감 있게 말하기'에 도전해 보자.

관련학과

교육학과, 초등교육과, 영어교육과, 언어교육과

3 형용사는 말하기에 있어 표현을 보다 풍부하게 만들어 주는 역할을 한다. '형용사'의 종류 및 역할을 분석하고 형용사를 활용해서 말하는 경우와 그렇지 않은 경우의 예문을 비교·대조해보자. 이를 통해 말하기의 품격과 정보 전달력을 높이기 위한 방법을 주제로 탐구 보고서를 작성해 보자.

관련학과

교육학과, 초등교육과, 영어교육과, 언어교육과

4 인터넷과 컴퓨터를 활용한 원격 수업이 도입되어 블랜디드 수업 운영 방식으로 점차 자리를 잡고 있다. 이러한 상황에서 '학교가 과연 필요할까?'라고 반문하는 사람도 있는데, 질문에 대한 답변을 생각해 보자. 학교는 왜 필요한가?(Why schools are needed?)에 대한 자신의 생각을 영어로 이야기해 보자.

관련학과

전 교육계열

영역 **읽기**

성취기준

[12실영03-01] 실생활 중심의 다양한 주제에 관한 광고, 안내문 등을 읽고 세부 정보를 파악할 수 있다.

[12실영03-02] 실생활 중심의 다양한 주제에 관한 글을 읽고 주제 및 요지를 파악할 수 있다.

탐구주제

6.실용 영어 — 읽기

① '글로컬리즘(Glocalism)'은 세계화(Globalism)와 지역화(Localism)가 결합해 탄생한 새로운 개념이다. 이는 세계를 이분하여 대립시키지 않고 양쪽의 특징 및 장점을 서로 인정함으로써 지역화를 세계화 속에서 실현하며 새로운 질서를 형성해 나가는 것을 목표로 한다. 이에 대한 해외 전문가들의 논평이나 다른 나라의 성공 사례에 대한 자료를 찾아 읽고, 우리 마을 또는 나라 고유의 지역 축제를 세계인들과 공유할 수 있는 광고 자료를 제작해 보자.

관련학과

교육학과, 초등교육과, 영어교육과, 언어교육과, 국어교육과, 윤리교육과, 사회교육과

② 자신이 주로 구매하며 좋아하는 해외 제조 상품(영양제, 화장품, 시계, 전자기기, 식품, 약품 등)을 제조사별로 정리해 보자. 관련 제품설명서를 다운받아 읽고 우리말로 해석하여 제품에 대한 분석과 상품 사용에 대한 후기 등을 정리 및 공유해 보자.

관련학과

교육학과, 초등교육과, 영어교육과, 언어교육과

③ The Atlantic의 기사 'Stop Trying to Raise Successful Kids'을 읽어 보자. 이 기사에서 아이들은 어른들의 말보다 어른들이 어디에 관심사를 두느냐에 따라 어른들이 중요시 여기는 것을 안다고 하였다. 즉 어른들이 아이의 예의바른 행동보다 성취에 관심을 두면, 아이들은 어른들이 성취를 중요시 여긴다는 것을 알게 된다는 것이다. 이 기사를 읽고, 교사 또는 부모님에게 아이들 교육에 관해 이야기하고 싶은 것을 영어로 이야기해 보자.

관련학과

전 교육계열

④ '10 Awesome Education-Related Advertising & Marketing Campaigns from 2015' 기사를 읽어 보자. 이 기사는 교육과 관련된 광고 중 혁신적이거나 훌륭한 광고를 소개하고 있다. 이 기사를 읽고, 자신에게 가장 인상 깊은 광고와 그 이유를 영어로 이야기해 보자.

관련학과

전 교육계열

영역 **쓰기**

성취기준

[12실영04-01] 실생활 중심의 다양한 주제에 관하여 듣거나 읽고 필요한 정보를 기록할 수 있다.

탐구주제

6.실용 영어 — 쓰기

1. 인터넷의 발달로 개인들은 필요한 상품의 구매를 위해 국내를 넘어 해외 직접 구매를 하는 일이 늘어났다. 해외 직구의 장단점에 대해 조사하고, 해외 직구를 위한 절차 및 방법에 대해 알아보자. 실제 구매 상황을 통해 필요한 서식 작성 방법을 습득해 보자.

관련학과

교육학과, 초등교육과, 영어교육과, 언어교육과, 국어교육과, 윤리교육과, 사회교육과

2. 세계시민으로서 전 지구적인 문제에 공감하기 위한 '환경보호 실천 체험수기' 활동을 진행해 보자. 이를 위해 자신이 중점적으로 실천할 내용(플라스틱 사용 안 하기, 걸어서 이동하기, 음식 남기지 않기, 세제 사용)과 이론적 근거, 실천 기간을 정해 보자. 그리고 이를 직접 실천하는 과정에서 직접 겪은 어려움과 활동을 통해 얻게 된 결과 등을 영어 저널로 작성해 보자.

관련학과

교육학과, 초등교육과, 영어교육과, 언어교육과, 국어교육과, 윤리교육과, 사회교육과

3. 「21세기 핵심역량」의 저자 Charles Fadel은 아이들에게 4C를 키워줘야 한다고 강조한다. 4C란 Creativity, Communication, Critical thinking, Collaboration을 가리킨다. 이 네 개의 핵심역량 중 한 가지를 선정하여 '학교에서 이 역량을 키울 수 있는 방안(How to improve 4C in school)'에 대한 영어 에세이를 작성해 보자.

관련학과

전 교육계열

활용 자료의 유의점

- (!) 영어권 언어 공동체의 실생활에서 필요한 주요 담화 및 표기 방식에 대해 습득 유도
- (!) 다양한 듣기·말하기·읽기·쓰기 역량을 발휘하여 실용적 의사소통능력의 향상 전략을 모색
- (!) 일상생활에서의 경험이나 인터넷 등 멀티미디어 매체에 제시된 여러 의사소통 상황의 사례 적용
- (!) 광고, 신문, 방송, 안내문, 서식 자료 등 실제적 자료를 통한 영어 사용의 경험 확보
- (!) 실생활의 다양한 자료와 정보를 활용하여 진로를 탐색하는 능력을 배양

영어과
7

영어권 문화

핵심키워드

☐ 문화적 차이 ☐ 애플 광고 ☐ 유사 문화적 특징 ☐ 개인적 공간 ☐ 대통령 후보자 토론
☐ 저맥락 사회 ☐ 고맥락 사회 ☐ 컵홀더 ☐ 인포그래픽

영역 듣기

성취기준

[12영화01-01] 영어권 문화에 관한 말이나 대화를 듣고 생활양식, 풍습, 사고방식 등을 파악할 수 있다.

[12영화01-03] 영어권 문화에 관한 말이나 대화를 듣고 화자의 의도나 말의 목적을 파악할 수 있다.

탐구주제

7.영어권 문화 — 듣기

1. 언어와 문화의 관계를 알 수 있는 다양한 자료를 검색하고 멀티미디어를 통한 시청각적 체험을 해 보자. 나아가 같은 언어권에서 유사한 문화적 특징이 나타나는 사례들을 조사하여 정리하고, 영어권 및 비영어권 문화 관련 자료를 탐색하여 비교해 보자. 타 문화 존중의 관점에서 문화적 차이로 인해 나타나는 의사소통 방식의 차이점에 대해 분석하여 발표해 보자.

관련학과

교육학과, 초등교육과, 영어교육과, 언어교육과, 국어교육과, 윤리교육과, 사회교육과

2. 영어권이란 영어를 제1언어로 사용하면서 비슷한 문화적 가치관을 공유하는 권역을 일컫는다. 이러한 영어권 스포츠 문화에서는 풋볼 계열 스포츠나 배트를 쓰는 구기 종목인 야구 등이 인기 있다. 이러한 영어권 스포츠 경기 중 하나를 정하여 중계방송을 청취하고 같은 종목의 국내 중계 방송을 비교 분석하여 각 문화에 따른 고유의 특징과 공통점을 구분할 수 있는지 경험해 보자.

관련학과

교육학과, 초등교육과, 영어교육과, 언어교육과, 체육교육과

탐구주제

7.영어권 문화 — 듣기

3 BBC Learning English의 'Cultural differences and body language'를 시청해 보자. 이 영상을 통해 새롭게 알게된 점들을 정리해 보고, 이것들을 우리 문화와 비교하여 영어로 이야기해 보자.

관련학과

전 교육계열

4 Apple의 광고 'Inclusion & Diversity — Open'을 시청해 보자. 이 광고에서 Inclusion과 Diversity가 의미하는 바를 영어로 설명해 보자. 이 광고를 보고 느낀 점을 학교 상황에서 어떻게 실현시킬 수 있는지 영어로 이야기해 보자.

관련학과

전 교육계열

영역

말하기

성취기준

[12영화02-03] 영어권 문화와 우리 문화를 비교·대조하여 서로의 의견을 주고받을 수 있다.

▶ 영어를 사용하는 국가들의 문화와 우리 문화를 비교·대조하여 서로의 생각이나 의견을 교환할 수 있다는 의미이다. 영어를 사용하는 사람들의 문화와 우리의 문화를 비교·대조하고 공통점과 차이점을 찾아내어 발표하는 학습 활동을 통하여 타 문화에 대한 유용한 정보를 파악한다. 또한 타 문화와 관련된 폭넓은 체험을 통해 유연하고 개방적인 사고를 신장시키도록 한다.

탐구주제

7.영어권 문화 — 말하기

1 영어권 나라의 전통적 교육 문화와 우리나라의 전통적 교육 문화를 상호 비교·대조하여 언어가 문화에 미치는 영향을 각각의 구체적 교육방법, 교사관, 학생관, 핵심 가치의 요소 등을 비교 분석해 보자. 나아가 교육 외의 다른 영역들과의 상관관계에도 관심을 확장하며 주제 탐구를 심화해 보자.

관련학과

교육학과, 초등교육과, 영어교육과, 언어교육과, 국어교육과, 윤리교육과, 사회교육과

2 영어권 나라들의 '대통령선거 후보자 상호 토론' 장면과 우리나라의 '대통령선거 후보자 상호 토론' 장면을 영상자료로 찾아 시청해 보자. 두 문화 간의 토론 방식을 비교·대조하고 각각의 말하기 방식에서 문화적 특성이 드러나는 요소들을 찾아본다. 이에 대해 언어적·비언어적 의사소통 방식을 포함하여 종합적으로 분석하고, 이를 영어로 발표해 보자.

관련학과

교육학과, 초등교육과, 영어교육과, 언어교육과, 국어교육과, 윤리교육과, 사회교육과

탐구주제

7.영어권 문화 — 말하기

3 BBC의 사회적 실험에 관한 'Invading Personal Space in Public'을 시청해 보자. 이 영상에서는 거리에서 낯선 사람에게 가까이 다가가 사적인 공간을 침범하는 실험을 한다. 이 영상을 통해 'Personal Space'에 대한 문화적 차이가 있는지 알아보고, 자신의 생각을 영어로 이야기해 보자.

관련학과

교육학과, 초등교육과, 영어교육과, 언어교육과, 국어교육과, 윤리교육과, 사회교육과

영역 읽기

성취기준

[12영화03-01] 영어권 문화에 관한 글을 읽고 생활양식, 풍습, 사고방식 등을 파악할 수 있다.

탐구주제

7.영어권 문화 — 읽기

1 미국의 문화 인류학자 에드워드 홀(Edward Hall)은 그의 저서 「문화를 넘어서(Beyond Culture)」에서 고맥락 문화(High-context Culture)와 저맥락 문화(Low-context culture)라는 개념을 제시하였다. 그가 구분한 바에 따르면 영어권은 저맥락 사회이고, 우리나라는 고맥락 사회가 된다. 이에 대한 자료와 사례를 찾아 읽고 자신의 생각을 발표해 보자.

관련학과

교육학과, 초등교육과, 영어교육과, 언어교육과, 국어교육과, 윤리교육과, 사회교육과

2 우리나라에서 일상적으로 사용하는 외래어 표현 중 실제 영어권에서 사용하지 않는 용어들에는 무엇이 있는지 조사하고 영어권의 정확한 표현에 대해 알아보자.

관련학과

교육학과, 초등교육과, 영어교육과, 언어교육과, 국어교육과

3 BBC의 기사 'How East and West think in profoundly different ways'를 읽어 보자. 이 기사는 심리학자들이 밝혀주는 지리적 영향에 따른 추론 방식, 행동, 자아개념의 차이를 다루고 있다. 기사를 읽고, 심리학자들이 말하는 근본적 차이에 대한 생각을 영어로 이야기해 보자.

관련학과

교육학과, 초등교육과, 영어교육과, 언어교육과, 국어교육과, 윤리교육과, 사회교육과

영역

쓰기

성취기준

[12영화04-03] 영어권 문화에 관해 자신의 의견이나 감정을 쓸 수 있다.

탐구주제

7.영어권 문화 — 쓰기

1 '특집 기사'란 사람들이 흥미 있어 할만한 어떤 사건이나 인물, 현상 등에 대해 집중적으로 다루는 기사이다. 영어권 나라의 특집 기사를 하나 선택하여 분석한 후 같은 주제에 대하여 자신만의 논조를 담은 영어 표현으로 기사문을 재작성해 보자.

관련학과

교육학과, 초등교육과, 영어교육과, 언어교육과, 국어교육과, 윤리교육과, 사회교육과

2 '인포그래픽(Infographics)'은 인포메이션 그래픽(Information graphics) 또는 뉴스그래픽(News graphics)이라고도 하며, 일반인을 대상으로 특정 정보와 메시지를 빠르고 분명하게 전달하기에 적합하다. 이러한 인포그래픽을 활용하여 21세기를 살아가는 영어권 및 전 세계가 공동 대처해야 할 '기후 문제', '생물의 멸종'과 같은 환경 위기에 대한 심각성을 알리고 환경문제 해결에 동참을 유도하는 자료를 제작·배포해 보자.

관련학과

교육학과, 초등교육과, 영어교육과, 언어교육과, 국어교육과, 윤리교육과, 사회교육과

3 'When and Why: The Invention of Car Cup Holders BY Martin Aguilar' 기사를 읽어 보자. 이 기사에서는 미국의 자동차에 있는 컵홀더가 어떤 문화를 창출했는지를 다루고 있다. 이 기사를 읽고, 자신의 생각을 자유롭게 영어 에세이로 작성해 보자.

관련학과

교육학과, 초등교육과, 영어교육과, 언어교육과, 국어교육과, 사회교육과, 공학교육과

활용 자료의 유의점

- ! 영어를 사용하는 다양한 문화적, 언어적 배경의 사람들과 의사소통을 위한 문화적 소양의 함양
- ! 영어권 문화의 다양한 생활양식, 풍습, 사고방식 등에 관해 이해하고 표현
- ! 영어권 문화에 대한 다양한 정보와 폭넓은 체험이 가능한 다양한 멀티미디어 콘텐츠의 활용
- ! 정보 수집, 분석, 활용 능력, 정보 윤리, 다양한 매체 활용 능력을 통해 영어권 문화와 우리 문화를 올바르게 이해하는 비판적 사고력 필요

영어과

8

진로 영어

핵심키워드

☐ 희망 진로 ☐ 실무자 인터뷰 ☐ 업무매뉴얼 ☐ 핀란드 교육 ☐ 교사와 학생의 관계 ☐ 영어 멘토링 봉사활동 ☐ 비대면 원격 수업 ☐ 에듀테크 ☐ 영어권 작가 문학 작품 ☐ 상급학교 진학 ☐ 자기주도적 학업 계획 ☐ 이메일 쓰기

영역 듣기

성취기준

[12진영01-01] 다양한 직업 및 진로에 관한 말이나 대화를 듣고 세부 정보를 파악할 수 있다.

탐구주제

8.진로 영어 — 듣기

1 자신이 희망하는 진로 및 직업 분야에 종사하는 실무자를 직접 인터뷰하거나 또는 해당 직업에 대해 자세히 소개하는 동영상을 검색하여 내용을 자세히 경청해 보자. 이를 통해 자신에게 장차 필요한 주요 직무 내용, 업무 처리 방법, 필요한 자격 및 요건들에 대한 세부 정보를 습득하여 자신의 진로를 탐색하고 구체적으로 설계하는 기회를 가져보자.

관련학과

교육학과, 초등교육과, 영어교육과, 언어교육과, 국어교육과, 윤리교육과, 사회교육과

2 다양한 직업 및 진로와 관련하여 일어나는 업무수행 과정이나 업무상 관계로 만나는 사람들과의 의사소통 과정에서 폭넓게 사용되는 어휘와 표현들에 대해 조사하여 정리해 보자. 이를 직접 녹음하여 일상적 직무상황에서 실제로 활용 가능하도록 꾸준히 반복하여 익혀보자.

관련학과

교육학과, 초등교육과, 영어교육과, 언어교육과, 사회교육과

3 Michael Moore의 다큐멘터리 영화 'Where to Invade Next?'의 Finland's Schools편을 시청해 보자. 이 영상에서는 핀란드의 학업성취도가 전 세계 1위인 이유를 설명하고 있다. 이 영상을 보고 핀란드의 교육가들이 말하는 학생들이 성취도가 높은 이유가 무엇인지 알아보자. 이 영상을 보고 느낀 점과 교육에서 정말 중요한 것이 무엇인가 영어로 이야기해 보자.

관련학과

전 교육계열

탐구주제

8.진로 영어 — 듣기

4 Rita Pierson의 TED 강연 'Every kid needs a champion'을 시청해 보자. 이 강연에서는 교사와 학생의 관계에 대해 이야기하고 있다. 강연자가 말하는 'A champion'이란 누구인지 알아보고, 영어로 이야기해 보자. 이 강연을 보고 교사와 학생의 관계에 대한 자신의 생각을 영어로 이야기해 보자.

관련학과

전 교육계열

영역 말하기

성취기준

[12진영02-01] 다양한 직업 및 진로에 관하여 듣거나 읽고 세부 정보를 설명할 수 있다.

탐구주제

8.진로 영어 — 말하기

1 '영어 멘토링 봉사활동' 계획을 수립하여 실천해 보자. '1365 자원봉사포털사이트'에서 자신이 거주하는 지역의 다문화가정 아이들, 소외계층 학생들에게 영어 도서를 읽어주거나 독서 지도, 기본 단어학습 지도 등을 주로 하는 영어 멘토링 봉사활동에 신청하고, 직접 실행해 보자. 이 봉사활동을 하며 새롭게 알게 된 것이나 변화한 점을 영어로 발표해 보자.

관련학과

전 교육계열

2 코로나19 확산에 따라 초·중·고교의 비대면 원격수업이 확대되면서 학습 공백 및 학습 격차 해결이 중요한 현안으로 대두되었다. 인공지능(AI), 가상현실(VR), 증강현실(AR) 기술을 접목한 '에듀테크' 산업에 대한 이해를 기반으로 기존의 대면 수업 방식의 대안으로 '내가 개발하고 싶은 교육콘텐츠'에 대해 탐구하고 아이디어를 제안해 보자.

관련학과

전 교육계열

3 유니세프와 레고 재단에서 발간한 브로셔 또는 영상 'Learning through play'를 읽거나 시청해 보자. 아이들에게 놀이가 왜 중요한지 자신의 경험에 비추어 영어로 발표해 보자.

관련학과

교육학과, 유아교육과, 초등교육과

영역 **읽기**

성취기준

[12진영03-03] 다양한 직업 및 진로에 관한 글을 읽고 논리적 관계를 파악할 수 있다.

탐구주제

8.진로 영어 — 읽기

1 대부분의 직업은 소속된 직원들에게 회사나 조직의 업무 처리 원칙이나 절차 등 기준과 방법을 표준화하여 만든 '업무매뉴얼'을 제시하고 있다. 자신이 희망하는 직업 계열의 업무매뉴얼을 찾아서 읽고 작업의 순서, 수준, 방법, 위기 대응 요령 등을 파악해 보자. 창직을 희망하는 경우는 자신이 직접 업무매뉴얼을 만들어 보자.

관련학과

전 교육계열

2 영어권 작가의 문학 작품 중에서 작가 자신의 어린 시절이나 실제 경험이 자기가 창조한 작품 속 주인공의 삶이나 성격, 사건 속에 유사하게 반영된 작품을 골라서 읽어보자. 그리고 이것이 독자에게 어떤 공감을 불러일으키는지에 대한 자신의 소감을 바탕으로 소개해 보자.

관련학과

교육학과, 초등교육과, 영어교육과, 언어교육과, 국어교육과

3 아르헨티나의 축구 국가대표인 리오넬 메시가 경기에서 지고난 후 국가대표를 은퇴한다고 발표했을 때, 한 초등학교 선생님 Yohana Fucks가 그에게 편지를 썼다. 'Don't give up, Leo! Read this Argentina fan's beautiful plea for Messi to change his mind' 기사에 나온 선생님의 편지를 읽어보자. 이 편지를 읽고, 메시가 마음을 돌릴 수밖에 없었던 이유와 느낀 점을 영어로 이야기해 보자.

관련학과

전 교육계열

4 TheNewYorkTimes의 기사 'Not Just a Hot Cup Anymore'를 읽어보자. 이 기사에서는 1992년에 맥도날드에서 커피를 무릎에 흘리고 회사를 고소했던 Stella Liebeck 사건을 다루고 있다. 이 기사를 읽고, 알게 된 점과 느낀 점을 영어로 이야기해 보자.

관련학과

교육학과, 초등교육과, 영어교육과, 언어교육과, 사회교육과

영역 **쓰기**

성취기준

[12진영04-05] 자기소개서, 서식, 이메일 등을 상황과 목적에 맞게 작성할 수 있다.

탐구주제

8.진로 영어 — 쓰기

1 상급 학교 과정에 진학한 후 학업을 수행하기 위하여 자신의 전공 분야에 대한 열의와 관심, 자신의 학교생활에서의 주요활동 설계, 졸업 후 진로 등 자기주도적 학업 계획을 구체적으로 수립해 보자. 이를 위해 자신이 진학하고자 하는 학교의 전공 교수님들이 짠 강의계획서와 학점 이수 및 졸업 규정을 미리 살펴보자. 또한 자신이 진행할 전체적인 학업과정을 염두해 두고 실질적인 학업 계획서를 미리 작성해 보자.

관련학과

전 교육계열

2 미래에 자신이 진학한 대학의 원어민 전공 교수님에게 메일을 보내는 상황을 설정해 보자. 자신이 부상으로 병원에 입원하여 '과제 제출일을 5일 연장해 주기를 부탁하는 이메일'을 보내는 상황을 가정하여 직접 내용을 작성해보고 동료나 선생님의 평가를 통해 피드백을 받아 점검해 보자.

관련학과

전 교육계열

3 교육대학, 사범대학을 지원하는 학생으로서 자기소개서를 작성해 보자. 이 중에서 지원 동기 부분을 영어로 작성해 보자. 자신이 교육학을 전공하고자 하는 이유 또는 교사가 되고자 하는 이유를 생각해 보고, 이러한 지원동기를 영어로 작성해 보자.

관련학과

전 교육계열

4 자신의 진로에 영향을 준 인물을 생각해 보자. 이 사람에게 영어 이메일로 감사의 편지를 보낸다고 생각하고, 형식을 갖춰서 이메일을 작성해 보자. 자신에게 끼친 영향과 그로 인한 자신의 변화에 대해 그려보고, 궁금한 점이 있다면 질문도 함께 작성하여 영어 이메일을 써보자.

관련학과

교육학과, 초등교육과, 영어교육과, 언어교육과, 국어교육과, 사회교육과, 윤리교육과

활용 자료의 유의점

- (!) 다양한 직업 및 진로 분야에서 필요한 실용적인 의사소통능력 함양
- (!) 다양한 직업 분야에서 수행하는 업무에 관한 영어를 학습하여 실무 능력을 함양
- (!) 다양한 직업 및 진로 분야의 업무 관련 영상, 성공한 인물과의 인터뷰 음성 자료 등을 활용
- (!) 창의적이고 융합적인 사고 능력을 배양할 수 있도록 창의적인 활동 및 다양한 매체를 활용

영어과

9

영미 문학 읽기

핵심키워드

☐ 오 헨리 ☐ 심미적 표현 ☐ 찰스 디킨스 ☐ 소설과 드라마 ☐ 모리와 함께한 화요일
☐ 학교 내 고립, Speak ☐ 영미 문학 작품 각색 및 창작

영역 **읽기**

성취기준

[12영문03-05] 문학 작품을 읽고 필자의 의도나 목적을 추론할 수 있다.

[12영문03-07] 문학 작품을 읽고 심미적 표현과 의미를 파악할 수 있다.

탐구주제

9.영미 문학 읽기 ─ 읽기

1 미국의 소설가 오 헨리(O Henry)의 단편 소설 중에서 자신이 가장 감명 깊게 읽은 원서에 대한 소감문을 작성해 보자. 이때 일반적인 글에서는 찾을 수 없는 문학 작품만의 '심미적 표현'을 오 헨리의 소설 내용에서 발췌하고, 그 부분에 대해 자신이 유추한 의미와 감상평을 소개해 보자.

관련학과

교육학과, 초등교육과, 영어교육과, 언어교육과, 국어교육과, 윤리교육과, 사회교육과

2 영국의 소설가 찰스 디킨스(Charles Dickens)의 소설 중 한 편을 선택하여 읽어 보자. 작가로서의 그가 자신이 살았던 시대적, 환경적 배경을 작품에 반영하여 말하고자 하는 바가 무엇이며 사람들로부터 인기를 얻게 된 디킨스만의 탁월한 표현 방법은 어떤 것인지에 대해 책 속의 구체인 문장과 이야기의 장면을 예시로 들면서 자신의 감상평을 말해 보자.

관련학과

교육학과, 초등교육과, 영어교육과, 언어교육과, 윤리교육과, 역사교육과, 사회교육과

3 Mitch Albom의 소설 「Tuesdays with Morrie」는 죽음을 앞둔 교수님이 제자에게 들려주는 삶의 중요한 가치와 교훈에 대한 이야기이다. 이 책의 각 챕터에서 다루는 주제의 내용과 그에 대한 자신의 느낀 점을 영어로 작성해 보자.

관련학과

교육학과, 초등교육과, 영어교육과, 언어교육과, 국어교육과, 윤리교육과

탐구주제

9.영미 문학 읽기 — 읽기

4 Laurie Halsd Anerson의 소설 「Speak」는 고등학교 여학생의 고립을 다룬 소설이다. 이 소설을 읽고 주인공이 처한 고립을 분석하고, 이 고립에서 벗어나기 위한 방안을 영어로 작성해 보자.

관련학과

교육학과, 영어교육과, 윤리교육과, 사회교육과, 국어교육과

영역 쓰기

성취기준

[12영문04-06] 문학 작품을 읽고 상황극의 대본을 작성할 수 있다.

탐구주제

9.영미 문학 읽기 — 쓰기

1 학교를 배경으로 하는 영미 소설을 선정하고 소설의 가장 중요한 부분만 추출하여 영어 대본으로 각색해 보자. 각색하기 전에 먼저 이 드라마 대본의 주제를 선정하고, 이를 어떻게 표현할 것인지 생각해 보자. 즉 소설과 드라마의 차이를 이해한 후에 드라마로 각색하여 영어 대본을 완성해 보자.

관련학과

교육학과, 초등교육과, 영어교육과, 언어교육과, 국어교육과, 예술교육과

2 기존에 잘 알려진 영미 문학 작품을 '패러디' 해 보자. '패러디(Parody)'란 기존의 원작을 새롭게 수정, 가공하여 재생산하는 방식으로 문학적 표현의 한 장르이다. 자신이 읽은 유명한 영미 문학 작품의 결말을 원작과 다르게 새로 창작한 후, 자신의 창작 의도에 대해 설명하고 작품을 발표해 보자.

관련학과

교육학과, 초등교육과, 영어교육과, 언어교육과, 국어교육과

3 영국의 위대한 작가인 William Shakespeare의 작품을 각색해 보자. Shakespeare는 중세 영어로 자신의 작품을 썼지만, 그의 작품 및 그에 관한 다양한 사이트들이 있으니 이를 활용해 보자. 그의 작품 중 하나를 선정하고, 이를 현대물의 형태로 각색해 보자. 이때 주제를 변형하거나 인물과 시대를 바꿔 현대 영어로 대본을 작성해 보자. 그리고 이를 연기하여 드라마 영상으로 제작해 보자.

관련학과

외국어교육과, 언어교육과, 영어교육과, 국어교육과

활용 자료의 유의점

- (!) 문학 작품에 대한 토론을 통하여 생각과 느낌을 공유하며 다양한 가치관과 세계관을 탐색
- (!) 문학 작품의 비평이나 평론을 읽어 문학 작품을 종합적으로 이해
- (!) 이미지, 은유, 상징 등 다양한 문학적 장치가 실제로 문학 작품에 어떻게 활용되는지 파악
- (!) 문학 작품을 읽고 줄거리, 배경, 인물, 사건 및 감상, 비평에 대하여 일관성 있게 글로 표현
- (!) 문학 작품의 문학적 표현을 익히고 활용함으로써 예술을 감상하는 심미적 소양을 배양

MEMO

MEMO

※ 참고문헌

• K.메데페셀헤르만, F. 하마어, H-J.크바드베크제거. (2007). 화학으로 이루어진 세상 (pp. 1-455). 서울: 에코리브르.
• 가치를꿈꾸는과학교사모임. (2019). 정답을 넘어서는 토론학교 : 과학 (pp. 1-232). 서울: 우리학교.
• 강원도교육청. (2018). 전공 연계 선택과목 가이드북 - 고교학점제 연계 학생 선택중심 교육과정.
• 한국과학창의재단. 과학 교양 교수·학습자료.
• 교육부. (2015). 2015 개정 교육과정. 교육부 고시 제2015-74호. 교육부.
• 권숙자 외. (2020). 도덕수업, 책으로 묻고 윤리로 답하다 (pp. 1-320). 서울: 살림터.
• 금동화. (2006). 재미있는 나노 과학기술 여행 (pp. 1-192). 양문출판사.
• 길벗R&D 일반상식 연구팀. (2019). 시나공 일반상식 단기완성 (pp. 1-464). 서울: 길벗.
• 김난도 외. (2019). 트렌드 코리아 2020 (pp. 1-448). 서울: 미래의창.
• 김동겸 외. (2020). 취업에 강한 에듀윌 시사상식 9월호 (pp. 1-208), 서울: 에듀윌.
• 김미란, 정보근, 김승. (2018). 미래인재 기업가정신에 답이 있다. 미디어숲.
• 김범수. (2016). 진짜 공신들만 보는 대표 소논문 (pp. 1-242). 서울: 더디퍼런스.
• 김선옥, 박맹언. (2015). 광물성 약재(광물약)의 표준화에 관한 연구. 자원환경지질, 48(3), pp. 187-196.
• 김성원 외. (2020). 자유 주제 탐구 학생 안내서. 서울: 이화여대.
• 김성훈 외. (2020). 수학과 함께하는 AI 기초 (pp. 1-240). 경기도: EBS.
• 김영호. (2019). 플레밍이 들려주는 페니실린 이야기 (pp. 1-160). 서울: 자음과모음.
• 김응빈 외. (2017). 생명과학, 신에게 도전하다 (pp. 1-292). 동아시아.
• 김준호. (2017). 미래산업, 이제 농업이다 (pp. 1-164). 가인지캠퍼스.
• 김채화. (2020). 나는 탐구보고서로 대학간다 : 인문계 (pp. 1-288). 미디어숲.
• 김현. (2009). 한국문학의 위상 (pp. 1-256). 문학과지성사.
• 김형진, 윤원기, 김환묵. (2006). 전자변형생물체(GMO)의 인체위해성평가. 한국보건교육건강증진학회 학술대회 발표논문집, pp. 16-17.
• 김혜영. 정훈. (2016). 소논문을 부탁해 (pp. 1-236). 서울: 서울: 꿈결.
• 김혜원. (2017). 로봇수술을 담당하는 간호사의 직무 인식(석사학위논문). 경희대학교 공공대학원, 서울.
• 낸시포브스, 배질 마혼. (2015). 패러데이와 맥스웰 (pp. 1-408). 서울: 반니.
• 네사 캐리. (2015). 유전자는 네가 한 일을 알고 있다 (pp.1-480). 해나무.
• 데이비드 앳킨슨. (2020). 위험한 일본 경제의 미래 (pp. 1-280). 서울: 더난출판.
• 도나 디켄슨. (2012). 인체쇼핑 (pp. 1-312). 서울: 소담출판사.
• 라정찬. (2017). 고맙다 줄기세포 (pp. 1-344). 끌리는책.
• 랄프 뵌트. (2011). 전기로 세상을 밝힌 남자, 마이클패러데이 (pp. 1-392). 21세기북스.
• 레이첼 카슨. (2011). 침묵의 봄 (pp. 1-400). 서울: 에코리브르.
• 로버트 P 크리스. (2006). 세상에서 가장 아름다운 실험 열 가지. 경기도: 지호.
• 로버트 앨런 외. (2011). 바이오미메틱스 (pp. 1-192). 서울: 시그마북스.
• 롭던. (2018). 바나나 제국의 몰락 (pp. 1-400). 서울: 반니.
• 류대곤 외. (2016). 국어교과서로 토론하기 1 (pp. 1-328). C&A에듀.
• 박주희. (2016). 국어교과서로 토론하기 2 (pp. 1-288). C&A에듀.
• 마이클 샌델. (2014). 정의란 무엇인가 (pp.1-443). 와이즈베리.
• 메트 리들리. (2016). 생명 설계도, 게놈 (pp. 1-440). 서울: 반니.
• 명혜정. (2013). 토론의 숲에서 나를 만나다 (pp.1-308). 살림터.
• 바츨라프 스밀. (2011). 에너지란 무엇인가 (pp. 1-272). 삼천리.
• 박건영. (2012). 발효식품의 건강기능성 증진효과. 식품산업과 영양, 17(1), pp. 1-8.
• 박경미. (2009). 수학비타민 플러스 (pp.1-367). 김영사.
• 박경미. (2013). 박경미의 수학콘서트 플러스 (pp.1-372). 동아시아.
• 박규상. (2016). 중고등학생을 위한 처음 쓰는 소논문 쓰기 (pp. 1-272). 경기: 샌들코어.
• 박재용 외. (2020). 100가지 예상 주제로 보는 중고등학교 과학토론 완전정복 (pp. 1-400). MID.
• 배영준. (2019). 자신만만 학생부 세특 족보 - 전2권 (pp. 1-864). 예한.
• 백제헌, 유은혜, 이승민. (2019). 과제 연구 워크북 (pp. 1-260). 서울: 나무생각.
• 백제헌, 유은혜, 이승민. (2016). 진로선택과 학생부종합전형을 위한 고등학생 소논문 쓰기 워크북 (pp. 1-256). 서울: 나무생각.
• 법정스님. (2004). 무소유 (pp.1-142). 경기도: 범우사.
• 봉명고등학교 주제탐구프로젝트 누리집.
• 사이먼 싱. (2008). 우주의 기원 빅뱅 (pp.1-552). 영림카디널.
• 사토 겐타로. (2019). 세계사를 바꾼 12가지 신소재 (pp. 1-280). 북라이프.
• 샘 킨. (2011). 사라진 스푼 (pp. 1-500). 해나무.
• 서강선. (2016). 토크콘서트 과학 (pp. 1-240). 서울: 꿈결.
• 서대진, 장형유, 이상호. (2016). 소논문 작성법 (pp.1-320). 경기도: 북스타.
• 서울특별시교육청교육연구정보원. (2017). 수업-평가-기록 이렇게 바꿔볼까요(고등학교 통합사회).
• 헨리 데이비드 소로. (2011). 월든 (pp. 1-503). 서울: 은행나무.
• 손보미. (2011). 세상에서 가장 이기적인 봉사여행 (pp. 1-328). 서울: 쌤앤파커스.
• 수학동아 편집부. 수학동아(월간). 서울: 동아사이언스.
• 에르빈 슈뢰딩거. (2020). 생명이란 무엇인가 (pp. 1-234). 한울.
• 스티마. (2020). 2020 Stima 면접. 혜음출판사.
• 시사상식연구소(2020). 신문으로 공부하는 말랑말랑 시사상식. ㈜시대고시기획.
• 박문각 시사상식편집부. (2020). 2020 최신시사상식 200-205집. 서울: 박문각.
• 앤드류 H. 놀. (2007). 생명 최초의 30억 년 (pp. 1-391). 서울: 뿌리와이파리.
• 에리히프롬. (2020). 자유로부터 도피 (pp. 1-348). 서울: 휴머니스트.
• 엘리자베스 콜버트. (2014). 6번째 대멸종 (pp.1-344). 서울: 처음북스.
• 연세대 인문학연구원. (2014). 10대에게 권하는 인문학 (pp. 1-240). 서울: 글담출판.
• 오승종. (2019). 생각하는 십대를 위한 토론콘서트 법 (pp. 1-288). 서울: 꿈결.
• 오정근. (2016). 중력파 아인슈타인의 마지막 선물 (pp. 1-300). 동아시아사.
• 오중협. (2009). 항공우주의학의 이해와 한국의 항공우주의학 역사. 대한평형의학회지. 8(1). pp. 87-89.
• 와다 다케시 외. (2016). 함께 모여 기후변화를 말하다 (pp. 1-240). 서울: 북센스.
• 유광수 외. (2013). 비판적 읽기와 소통의 글쓰기 (pp.1-242). 박이정 출판사.
• 유발 하라리. (2015). 사피엔스 (pp.1-636). 서울: 김영사.
• 육혜원, 이송은. (2018). 생각하는 십대를 위한 토론 콘서트 정치(pp. 1-260). 서울: 꿈결.
• 윤용아. (2014). 생각하는 십대를 위한 토론 콘서트 사회 (pp.1-288). 서울: 꿈결.
• 윤용아. (2015). 생각하는 십대를 위한 토론 콘서트 문화 (pp. 1-280). 서울: 꿈결.
• 이본 배스킨. (2003). 아름다운 생명의 그물 (pp. 1-352). 돌베개.
• 이상헌. (2018). 4차 산업혁명 시대의 의료계 현황 및 전망. 한국성인간호학회 춘계학술대회. pp. 8-33.
• 이소영. (2016). 생각하는 십대를 위한 토론콘서트 문학 (pp. 1-256). 서울: 꿈결.
• 이수빈, 차승한. (2014). 도덕교과서로 토론하기(pp. 1-320). C&A에듀.
• 이완배. (2016). 생각하는 십대를 위한 토론 콘서트 경제 (pp.1-260). 서울: 꿈결.
• 장 폴 사르트르. (1998). 문학이란 무엇인가 (pp. 1-444). 민음사.
• 정유희. 안계정. 김채화. (2020). 의학·생명계열 진로 로드맵 (pp. 1-256). 미디어숲.
• 제니퍼라이트. (2020). 세계사를 바꾼 전염병 13가지 (pp.1-384). 산처럼.
• 제리 브로턴. (2014). 욕망하는 지도 (pp. 1-692). 서울: 알에이치코리아.
• 제임스 러브록. (2008). 가이아의 복수 (pp. 1-263). 서울: 세종서적.
• 제임스 왓슨. (2019). 이중나선 (pp. 1-260). 경기도: 궁리출판.
• 조나단 월드먼. (2016). 녹 (pp.1-344). 서울: 반니
• 조명선. (2019). 재난 피해자의 삶의 질에 영향을 미치는 요인: 제3차 재난피해자 패널 자료 분석. 지역사회간호학회지, 30(2). pp. 217-225.
• 조앤 베이커. (2010). 물리와 함께하는 50일 (pp.1-336). 서울: 북로드.
• 즐거운 수학, EBS Math.
• 최재붕. (2019). 스마트폰이 낳은 신인류 포노 사피엔스 (pp. 1-336). 서울: 쌤앤파커스.
• 칼 포퍼. (2006). 삶은 문제해결의 연속이다 (pp. 1-302). 부글북스.
• 클라이브 해밀턴. (2018). 인류세 (pp. 1-272). 서울: 이상북스
• 태지원. (2020). 토론하는 십대를 위한 경제+문학 융합 콘서트 (pp. 1-235). 서울: 꿈결.
• 페니 르 쿠터. 제이 버레슨. (2007). 역사를 바꾼 17가지 화학 이야기 - 전 2권. 서울: 사이언스북스
• 폴 스트레턴. (2003). 멘델레예프의 꿈 (pp. 1-372). 몸과마음
• 피터 앳킨스. (2014). 원소의 왕국 (pp. 1-270). 서울: 사이언스북스.
• 한스 요나스. (1994). 책임의 원칙 (pp.1-378). 서광사.
• 한승배, 김강석, 허희. (2020). 학과바이블 (pp. 1-624). 캠퍼스멘토.
• 헤르만 헤세. (2006). 헤르만 헤세의 독서의 기술 (pp. 1-284). 뜨인돌.
• 후쿠오카 신이치. (2020). 생물과 무생물 사이 (pp. 1-251). 은행나무.

※ 참고사이트

- e-대학저널 www.dhnews.co.kr/
- LG 사이언스랜드 lg-sl.net/home.mvc
- LG사이언스랜드 lg-sl.net/home.mvc
- LG사이언스랜드 lg-sl.net/home.mvc
- NCIC 국가교육과정 정보센터 ncic.kice.re.kr/
- SCIENCE ON scienceon.kisti.re.kr
- The ScienceTimes www.sciencetimes.co.k
- YTN 사이언스 science.ytn.co.kr/
- 경기도 융합과학 교육원 www.gise.kr/index.jsp
- 경기도융합과학교육원 www.gise.kr
- 과학기술정보통신부블로그 blog.naver.com/with_msip
- 과학동아 dongascience.donga.com
- 과학문화포털 사이언스 올 www.scienceall.com/
- 과학창의재단 STEAM 교육 steam.kofac.re.kr/
- 교수신문 www.kyosu.net
- 교육부공식블로그 if-blog.tistory.com/
- 국가에너지국 www.nea.gov.cn
- 국가직무능력표준(NCS) www.ncs.go.kr
- 국립국어원 www.korean.go.kr
- 국립산림과학원 nifos.forest.go.kr
- 국립중앙과학관 www.science.go.kr/mps
- 내일 교육 재수 없다 nojaesu.com/
- 네이버 백과사전 terms.naver.com/
- 더 사이언스타임지 www.sciencetimes.co.kr
- 동북아역사재단 www.nahf.or.kr
- 동아사이언스 dongascience.donga.com/
- 두산백과 www.doopedia.co.kr/
- 문화재청 www.cha.go.kr
- 사이언스 타임즈 : www.sciencetimes.co.kr/
- 수학동아 www.polymath.co.kr/
- 에듀넷 www.edunet.net
- 위키백과 ko.wikipedia.org/
- 청소년 과학 탐수 소논문(밴드). 리더 바람난 과학자 band.us/
- 청소년과학탐구소논문 band.us/band/58305057
- 최강 자격증 기출문제 전자문제집 CBT www.comcbt.com
- 탐구스쿨 www.tamguschool.co.kr
- 통계지리정보서비스 sgis.kostat.go.kr/view/community/intro
- 통계청 kostat.go.kr/
- 통계청 전국 학생활용대회 www.xn--989a71jnrsfnkgufki.kr/report/main.do
- 한국과학교육학회 www.koreascience.org
- 한국과학창의재단 사이언스올 www.scienceall.com
- 한국교육학술정보원 www.keris.or.kr
- 한국생명공학연구원 www.kribb.re.kr/
- 한화사이언스첼린지 www.sciencechallenge.or.kr/main.hsc
- 해피학술 www.happyhaksul.com
- 환경공간정보서비스 egis.me.go.kr/main.do

교과세특 탐구주제 바이블 교육계열편

1판 1쇄 찍음 2021년 6월 23일
1판 6쇄 펴냄 2024년 5월 27일

출판 (주)캠퍼스멘토
제작 (주)모야컴퍼니
저자 한승배, 강서희, 근장현, 김강석, 김미영, 김수영, 김준희, 김호범, 노동기,
배수연, 신경섭, 안병무, 위정의, 유현종, 이남설, 이남순, 최미경, 하희

총괄기획 박선경(sk@camtor.co.kr)
책임편집 (주)엔투디
연구기획 김예솔, 민하늘, 최미화, 양채림
디자인 박선경, (주)엔투디
경영지원 지재우, 윤영재, 임철규, 최영혜, 이석기
커머스 이동준, 신숙진, 김지수, 조용근
발행인 안광배, 김동욱

주소 서울시 서초구 강남대로 557(잠원동, 성한빌딩) 9F
출판등록 제 2012-000207
구입문의 (02) 333-5966
팩스 (02) 3785-0901
홈페이지 www.campusmentor.co.kr (교구몰)
smartstore.naver.com/moya_mall (모야몰)

ISBN 978-89-97826-73-5 (54080)